宮本常一

伊勢参宮

宮本常一 伊勢参宮

宮本常一［編著］

八坂書房

目次

伊勢神宮 外宮

はじめに

伊勢神宮関係の書物はこれまで実に多く出版せられているし、神宮文庫に納められている記録類も夥しい量にのぼっている。また地方に散在している伊勢参宮や伊勢講などの記録など丹念にあつめてみる機会があるとすれば、それもまた厖大な量にのぼるであろうことが予想せられる。そして伊勢信仰はほぼ全国にゆきわたっていた。浄土真宗の盛んなところでは雑修雑行が禁ぜられ、神棚に伊勢の大麻をまつることをとどめていた例も少なくなかったにかかわらず、伊勢へはこぞって参ったという記録をのこしているところもある。どうしてそういうことになったのであろうか。このことを明らかにするためにはやはり全国にわたって残存している伊勢信仰関係の資料をあつめ、これを整理してみなければならないと思うのであるが、ここには現存してわれわれの目のとどくかぎりのものをなるべくあつめて、それらを読みかつ検討してこの書物をまとめてみた。

この書物は三部から成り、第一部は伊勢神宮の歴史、第二部は伊勢講の変遷、第三部は伊勢参宮の変遷についてである。第一部は佐藤健一郎、第二部は宮本常一、第三部は田村善次郎が書いた。

伊勢は皇室の宗廟としてまつられて来た。そして一般民衆の私幣は禁じられていたにもかかわらず、平安中期頃から一般の参拝がふえて来る。それにつれて民間からの神領、御厨の寄進がすすみ、その御厨の管理のために下級神人の地方下向がおこなわれ、やがて武士たちによって御厨が奪われるようになっても、民衆の伊勢信仰の組織である伊勢講はのこり、その伊勢講は下級神人である御師たちによって掌握せられ、両者の関係は明治維新までつづくのである。

そして伊勢への参拝者は多少の消長はありつつも増加をつづけ、とくにお蔭参りの年には爆発的に人が動いており、そういうものがそのはじめ少数の人の策動によっておこるにしても、これを支える基盤がなければ目を見はるような人の動きはおこらないはずである。その基盤はどういうものであったか。ある識者は中国の文化大革命を伊勢参宮に比較して共通したもののあることにふれていた。日本の民衆社会を正しくとらえようとするためには日本の民家の八割を伊勢講の組織の中にくり入れた伊勢信仰とそのあり方をぬきにすることはできないと思う。しかし伊勢信仰を民衆の立場に立ってとらえるということはなかなか容易でない。手もとのありあわせの資料をもとにして小賢しいことが言いたくなる。そういう書物ならすでにたくさん書かれている。

ここでは日本人とはどういうものであるのかということを少しでもあきらかにしてゆきたい手がかりとして伊勢信仰をとりあげてみた。しかしわれわれがふれた多くの事実とその見方以外に実に多くの見落しがあるのではないかと思う。それについては今後の調査や研究に待たなければならないし、また事実にもとづいた立論がなされなければならない。

なおこの書物をまとめるにあたっては、近畿日本ツーリスト副社長馬場勇氏の御厚意ならびに協定旅館連盟の御協力によるところが大きく、神宮司庁、神宮文庫、徴古館をはじめ多くの御支援によった。記して謝意を表したい。挿入の写真は須藤功氏の撮影になるものが多い。

昭和四十六年十一月五日　宮本常一

〔追記〕

この度、版をあらためるにあたって、新たに第四章として「伊勢信仰の話」を加えた。「伊勢信仰の話」は、宮本先生が昭和十四年六月に書かれたものである。それは文末に（昭一四・六・二二）とあることによって明白であるが、これまでに活字化されてはいない。印刷に付されるのはこれが最初である。

この原稿は、何らかの事情で著者の手を離れ、行方不明になっていたものである。印刷する時につける割付の印、書き込み等は一切つけられていない。雑誌などに掲載する目的で書かれたものであろうが、プリントされないで終わったものであろう。流失の理由は不明である。

平成二十年、田村が古本屋の目録で見つけて入手した。「宮本先生の原稿「伊勢信仰の話」／札幌、サッポロ堂書店より購入／サッポロ堂は東京の市で落札したという。／市に出たのは二年程前というから平成十七年か十八年のことであろう。／平成二十年二月二十六日着」はそのときのメモである。市販の四〇〇字詰め原稿用紙五六枚、二つ折りにして紙縒で綴じられている。少し大きめの桐の文箱に入って送られてきたが、箱に入れられたのは後のことのようで、紙は経年焼けしており、前後何枚かは折り目のきれたものもある。表紙はなく、一枚目の最初の行に「伊勢信仰の話　宮本常一」とある。筆跡は、宮本先生の手になるものであることは紛れもない。

原稿は、旧漢字、旧仮名遣いで書かれているが、今回の収録にあたって、仮名遣いは新仮名遣いにあらため、漢字も全てではないが現行の漢字に改めたものがあるし、いくつか開いたものもある。しかし文字遣いはかえていない。

田村善次郎

◎本書は一九八七年刊行の初版本に、未発表原稿「伊勢信仰の話」を増補したものである。
また、本文中の表記・写真を改訂し、二〇一三年に行われる第六二回式年遷宮に関する写真も追加した。（編集部）

一　伊勢神宮の歴史

1　伊勢に祀られるまで

伊勢というところ

伊勢は、海の幸・山の幸にめぐまれたうまし国であった。

その伊勢の最初の統一者として考えられるのは、度会氏の祖先の磯部氏である。磯部氏は、その名からみて、漁業にたずさわる人びとであったと思われる。伊勢という地名も、おそらくこの磯部氏のイソからきているのであろう。『伊勢国風土記』逸文に、神武天皇の東征のときに天皇の軍勢に敗退して、夜半大風の吹くなかを波にのって東の方へ去っていった伊勢津彦と呼ばれる者が登場する。伊勢津彦は伊勢の男の意であり、この地方の英雄であったのだろう。彼は、海の民にふさわしく波にのって去っていった。これは国譲り神話の一種で、大和系民族に在地勢力が敗退してゆく様を描いたものである。同様の話が『日本書紀』の雄

伊勢神宮・宇治橋

略天皇十八年の条にもみられる。そこでは天皇の命をうけた物部目連《もののべのめのむらじ》が伊勢の朝日郎《あさけのいらつこ》を斬殺している。伊勢地方は、たびたびの戦いを経て、天皇一族の支配下に入っていったのであろう。

天照大神

この南伊勢に、天皇の祖先神を祀る伊勢神宮が鎮座している。大和族の族長である天皇にとって最も大切な神と考えられる天照大神が、なぜ伊勢の地に祀られているのかという疑問は誰もが抱くところだが、諸説がいりみだれていて、いまだ定説といえるものはない。私は、まず、天照大神とはそもそものような神なのか、というところから考えてみたい。

私たちの祖先は、厳しい自然と戦いつつ、その自然の恵みをうけて生きていた。そして、その恵みを確かなものとするために、人間の力を超えた強い力に祈り願ったに違いない。それは、あるときは荒々しく、またあるときはやさしく人びとに対してくれただろう。基本は、自分たちを守ってくれる力あふれるものというところにあったに違いない。それが神であった。神には、人びとの生きる土地に深く結びついた神もいれば、その人間と深く結びついた神もいた。

ところで、人びとは、それらの神々も人間と同じように衰えてゆくと考えていたようである。神の衰えは稔りの衰えにつながっていた。どうしたら神を再び力強いものとすることができるか。そこでおこなわれていたのが、神の死と復活の儀式であった。アイヌは、熊祭で、神である熊を殺すことによってその力の回復を祈っている。狩猟採集の時代においてもこのような考えのあったことを熊祭は示しているが、定時的な周期をもって、とくに太陽と深いかかわりをもっておこなわれてゆく農耕社会の成立とともに、このような考えはより強いものとなっていったと考えられる。農耕社会での主役は太陽であったろうが、もちろん、雷・水・風等も祀られていたに違いない。農耕と関係の深い雷神を祀った神社は全国的に多い。

天照大神は、伊邪那岐命《いざなぎのみこと》が死の世界から帰ってきて、穢れを祓うために海岸で禊《みそ》ぎをしているとき、左の目を洗ったら生まれた。右の目を洗うと月読命が生まれ、鼻を洗うと須佐之男命が生まれた。これは『古事記』にみられるものであるが、『日本書紀』では、伊邪那岐、伊邪那美《いざなみ》の二神が海・川・山・木・草等を生んだのちに、天下の主者を生もうということで、天照大神以下の三神を生んでいる。一個の創造神を設定せず、生殖によって世界を創りあげてゆこうとする日本の神話の特色からみると、後者の方が本来の姿を伝えているようである。天照大神は高天《たかま》の原の支配を、月読命は夜の世界の支配を命ぜられて、それぞれ空へのぼる。天照大神は、最初から月と対になった太陽神で

猪頭を神に捧げる日向銀鏡（しろみ）のまつり

あった。須佐之男命は、『古事記』では海原の支配を命ぜられている。大蛇《おろち》退治の話を治水と結びつけるとすると、須佐之男は水と深い関係をもっているといえる。また、『日本書紀』では、彼は根の国へゆくことになっている。根の国については諸説があるが、多くは母なる大地か海の彼方の霊地を指すものと考えている。ここで、私たちの祖先は、日々の生活を支える上で最も重要な太陽と月と大地・水・海の神々を迎えたということになる。

天照大神は有名な天の岩屋戸神話で主役を演じ、まさに太陽を神格化したそのものとしてその形象が非常に抽象化されていて、その他の神々とくらべると具体的な姿を欠いているようにみえる。しかし、記紀の記述からみると、天照大神は、天上で田を耕し、機《はた》を織り、神を祀り、馬などをも飼っていたと考えられるのである。そして、須佐之男が天上へのぼってきたとき、彼女は男装し、弓矢で武装してみずからの世界を守ろうとしているのである。彼女は、須佐之男の剣を嚙み砕いてしまうほどの力の持主でもある。太陽の恵みとともに、大地や水を司る須佐之男が耕してゆくのではないのである。私は、天照大神のなかに、太陽神というよりはむしろ農耕の民の日々の生活そのものを感じる。須佐之男はのちに大気津比売《おおげつひめ》を殺す。その死体から蚕と稲・粟・小豆・麦・大豆が生まれたという。彼はたしかにこの五穀生成説話と関係をもっている。が、それを種とするのは神産巣日神《かみむすひのかみ》の母神なのである。この『古事記』の記述とは異なり、『日本書紀』の第十一の一書では、死んだ保食神《うけもちのかみ》の体から牛・馬・蚕・粟・稗・稲・麦・大豆・小豆等が生まれるが、そこから種を採り、また糸を紡ぐのは天照大神である。

私は、天照大神が太陽神であることを否定するつもりはない。しかし、天照大神は、単に太陽の神格化というだけではすまない、より具体的な性格をもっているように思えるのである。天照大神の子の天忍穂耳命《あまのおしほみみ》から彦火出見《ひこほでみ》すなわち神武天皇に至る系譜をみると、多くその名に穂（ホ）の文字が使われている。高天の原での天照大神の行動、そして天孫の系譜などからみると、天照大神は稲作と深く結びついた神であり、太陽と限定するよりも、むしろ稲作系文化をもった人びとのすべてが祀らなければならない、稲の生成にかかわる神の統合神であったといえるのではないだろうか。各地に太陽を祀る信仰があったという直木孝次郎・筑紫申真氏等の説も、農耕社会に生きる人びとの素朴な信仰として十分にうなずけるものであるといえよう。稲作と定住といった生産・生活様式が共通する社会が生まれつつあったとすれば、むしろ信仰面で同様の姿がみられないという方がおかしい。

旧五月に水田の畦に置くヘイグシ。災害をさけ、豊作を祈る（茨城の浮島）

伊勢に至る道

崇神天皇は天照大神と倭大国魂神《やまとのおおくにたまのかみ》の二神を皇居内に並祀していたのであるが、神々の勢いが強く、ともに住むことができなくなってしまった。そこで天皇は、天照大神を皇女豊鍬入姫《とよすきいりびめ》に託して笠縫邑《かさぬいのむら》に祀らせ、また倭大国魂神を皇女渟名城入姫《ぬなきのいりびめ》に託して祀らせたが、渟名城入姫は身体が弱く祀ることができなかったという。

『延喜式』をみると、宮中に祀らなければならない神として、神産巣日神・高御産巣日神《たかみむすひのかみ》がまずあ

山辺の道、大神神社の近くにある笠縫邑

げられている。これらの神々が、天皇にとっては最も重要な神であったに違いない。そして、天照大神もその一類である。なぜ天照大神のみ皇居を離れなければならなかったのであろうか。

　神社の勧請などによってもわかるように、神はその身をいくつに分っても力が衰えるということはないという考えがある。神産巣日神・高御産巣日神は、記紀においてはその具体的性格を全く失っているが、神産巣日神の母神が大気津比売の死体から五穀の種を採ったり、農耕神と考えられる天照大神と高御産巣日神が天孫降臨の際に一体となって動いているところなどから考えると、本来は、この二神は農耕神そのものであったとも考えられる。それが、次第に天皇氏の神として抽象化されていったのではないだろうか。農耕に基盤をおいて発展していったと考えられる天皇一

族が、天照大神を笠縫邑に祀ることができたのは、それが生成力を司る最高の二神の分神だったからであろう。ことばをかえていえば、天皇の支配下に完全には入っていない荒ぶる土地の神々をみまもるために、天照大神は皇居を離れたといえよう。

天照大神は、『日本書紀』によると、垂仁天皇二十五年三月に豊鍬入姫の手を離れて倭姫と旅に出、菟田《うだ》の篠幡《ささはた》（宇陀郡榛原町篠幡神社か）・近江国・美濃国を経て伊勢国へ至った。農耕的な名の豊鍬入姫から倭姫へと祀る者が変わったということは、天照大神の役割の変質を示しているように思われる。大和の女に祀られる大和系民族の神として次第に具体性を失ってきているのではないだろうか。伊勢国に至って天照大神は、

是《こ》の神風の伊勢国は、常世の浪の重浪《しきなみ》よする国なり。傍国《かたくに》のうまし国なり。是の国に居らむと欲《おも》ふ。

といった。そこで祠《やしろ》を立てたという。天照大神は、なぜ傍国まで旅をつづけなければならなかったのであろうか。

現在、多度町下野代にある野代の宮旧跡

その道すじは『日本書紀』では簡単だが、延暦二十三（八〇四）年成立の『皇大神宮儀式帳』によると、三輪の御諸宮《みむろのみや》を出発して、宇太の阿貴の宮・佐々波多の宮・伊賀の穴穂の宮・阿閇《あえ》の柘殖《つみえ》の宮・淡海

の坂田の宮・美濃の伊久良賀の宮・伊勢の桑名野代の宮・河曲《かわわ》の鈴鹿の小山の宮・壱志《いちし》の藤方片樋の宮・飯野の高の宮・多気《たけ》の佐々牟江《ささむえ》の宮・磯の宮・宇治の家田田上《いえだたがみ》の宮を経て現在地に鎮座したとある。そして、そのとき倭姫に随行したという阿倍武渟川別《あへのたけぬなかわわけ》・和珥彦国葺《わにのひこくにぶく》・中臣大鹿嶋《なかとみのおおかしま》・物部十千根《もののべのとをちね》・大伴武日《おおとものたけひ》の五人の武将の名がみえるのである。そして、この倭姫の旅の道々で国造《くにのみやつこ》たちは次々と神領を寄進しているのである。

神を先頭に立てて戦いをおこなうということは、神功皇后の三韓征伐の際に住吉の神が奉ぜられていたことでもわかるように当然のことであった。氏の神に守られて人びとは戦ったのである。『皇大神宮儀式帳』の記述は、天照大神を奉じて東方へ勢力をひろげてゆく大和の武人たちの歩みを示しており、神領寄進は、在地勢力の敗北のあかしではないだろうか。

西方への戦いに際して住吉が祀られていることは興味深い。大和を中心にして、山をへだてた西の海岸にある住吉の神が西方の守りをしていたとすれば、山をへだてた東方の伊勢の海の近くに天照大神が鎮座したということの意味は明白である。それは、東方の守りであると同時に、東国への攻撃の拠点でもあった。

倭建命《やまとたける》が、熊曾征伐の際に、伊勢の倭姫から衣装を受け、また東征の際には草那芸剣と火打入りの袋をもらい、それが彼の危地を救っていることなどは、伊勢神宮のもつ役割を強く示すものといえるであろう。『古事記』では西征の場合も倭建命は倭姫を訪れているが、『日本書紀』では、西征は景行天皇自身がおこない、そのときは伊勢に参るということはなく、磯津山の賢木《さかき》に八握剣《やつかのつるぎ》・八咫鏡《やたのかがみ》・八尺瓊《やさかのに》をつけて先頭に立てているのである。そして、再度の熊曾の反乱に際しては倭建命が征伐にいっているのであるが、そのときも伊勢にはよっていないのである。しかし、東征の場合には、『日本書紀』でも、倭建命は伊勢神宮に参拝し倭姫と会っているのである。天照大神の伊勢鎮座が、大和系民族の東方経営と深いつながりをもつことは、この倭建命の話からもうかがえるであろう。

　たしかに、倭建命の戦いをみると、東征の方がはるかに呪術的な面を色濃く残している。『古事記』によると、力強い熊曾を童女に化けて酒宴にのりこんでいって殺し、また出雲建に対しては木刀をだましてもたせて殺しているのである。西征に際しては、このように知略を用いて征服しているのである。しかし、東征の場合は、沼のなかに住む神を殺そうとして、逆に国造にだまされて殺されそうになったり、浦賀水道を渡るとき舟が進まなくなったので后の弟橋比売を海に投じたり、白い鹿と化していた坂の神

内宮宮中図（「伊勢参宮名所図会」より）

を蒜で打ち殺したり、白猪と化した伊吹山の神に敗れたり、そのどれもが非常に古代的な神話の世界のものとなっているのである。この表現の相違は、当時のわが国の状態をそれなりに表わしているのだろう。東国は、まだ未知の国だったのである。

内宮鎮座

それでは、いつごろ伊勢神宮は現在地に鎮座したのであろうか。四世紀から五世紀へかけて、大和朝廷は朝鮮半島へ目を向け、たびたび戦いをいどみつつ、同時に日本の統一事業をはかっていった。そして、その朝鮮政策の失敗とともにとくに東国へ目が向けられはじめたといわれている。日本の南朝鮮支配の後退は雄略天皇の頃から始まり、六世紀初頭の継体天皇の代となるとますますその力を失っていった。そして、次第に力を貯えていった百済・新羅に任那は奪われていったのである。欽明天皇二十三（五六二）年、ついに任那は新羅の手によって亡ぼされた。『日本書紀』にみられる直接伊勢神宮と関係をもつと思われる記事は、五世紀後

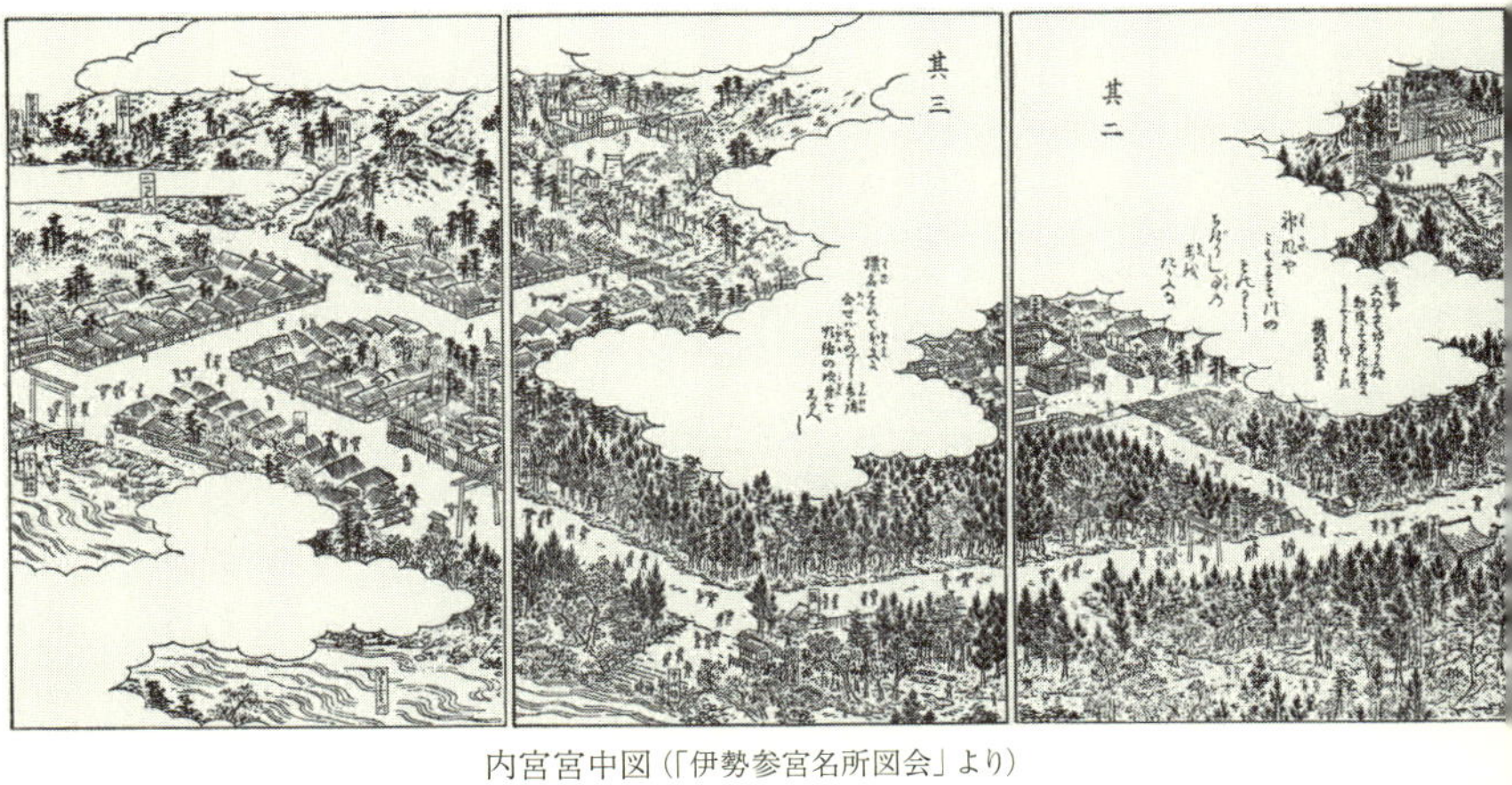

内宮宮中図（「伊勢参宮名所図会」より）

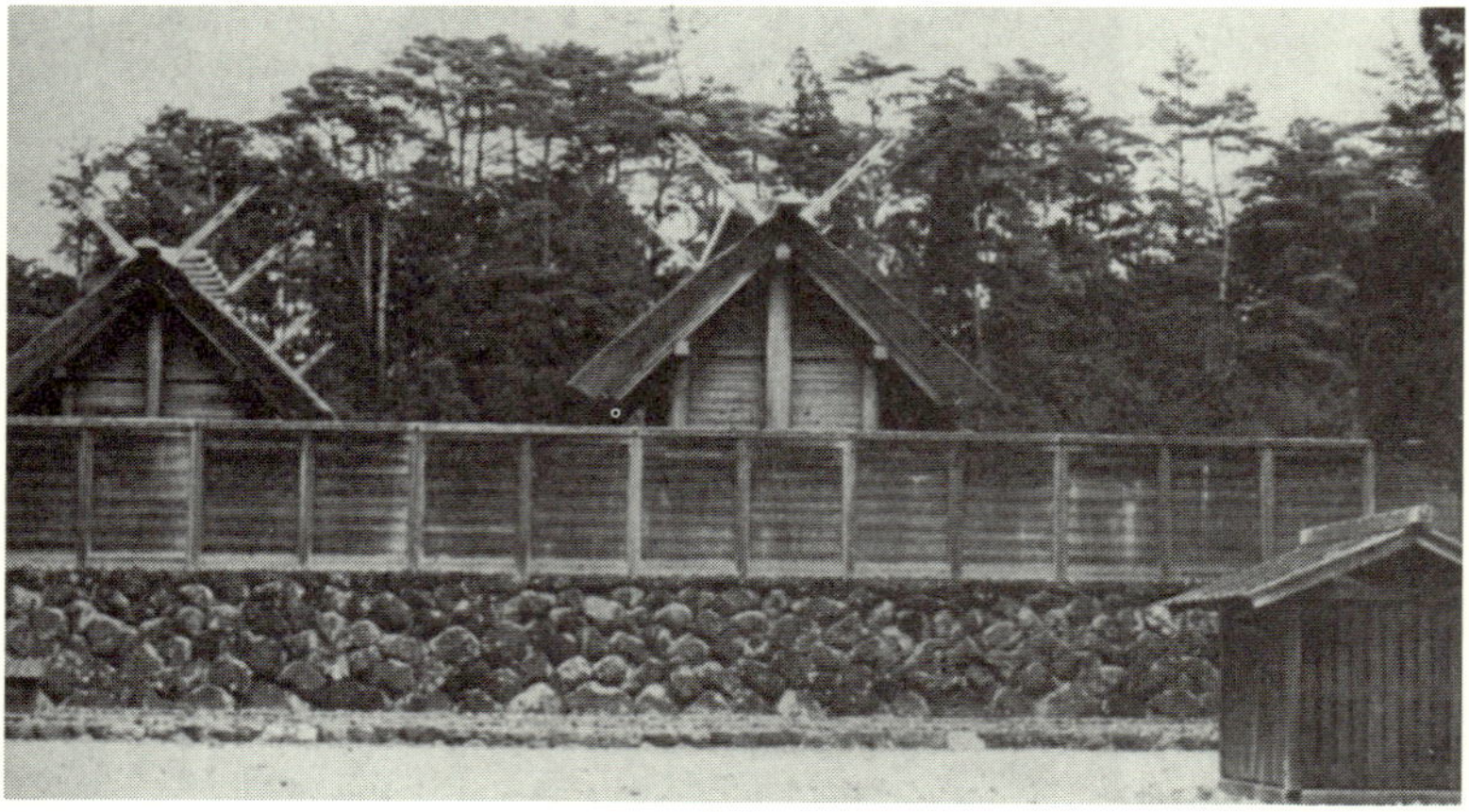

内宮

半の雄略天皇の条から多くなってくる。さきに述べたが、伊勢の朝日郎が物部目連に斬殺されたのも雄略天皇十八年のことであった。伊勢地方がこの時代に注目されはじめたことはたしかであろうと思われる。

ところで、日本の朝鮮政策の失敗が決定的となった時代の天皇であった継体天皇はいくつかの謎につつまれている。いまそれについて詳説するいとまはない。継体天皇は、近江の高嶋郡の三尾にいた振媛《ふるひめ》を越前国の三国に迎えた彦主人王《ひこうしのおおきみ》の子であった。そして、武烈天皇に皇子がいなかったために大伴連金村等によって天皇に迎えられたのであった。また尾張連草香の女の目子媛《めのこひめ》を妻として二人の男子を得ていた。それがのちの安閑・宣化天皇である。一方、即位の年に、仁賢天皇の皇女手白《たしら》香皇女《かのひめみこ》を皇后とし、同じく男子を得た。のちの欽明天皇である。継体天皇二十三（五二九）年に任那へ派遣されて衰えゆく日本府の確立を画した近江の毛《け》野臣《なのおみ》は、しかしそれをはたすことができなかった。彼は完全に失敗して、帰途病を得て対馬で没した。こうして、天皇の擁立から朝鮮政策に至る継体朝の政治の中心にいた大伴連金村も次第に力を失っていったのである。このような状態のなかで天皇は崩じた。継体天皇の死後の問題について林屋辰三郎氏は、朝廷内に、安閑《あんかん》・宣化《せんか》天皇と大伴氏による政権、および欽明天皇と蘇我稲目《そがのいなめ》・物部尾輿《もののべのをこし》等による政権とが対立して存在し、宣化天皇の崩御とともに欽明政権が確立したと説いている。

　このような継体天皇没後の混乱のなかで、伊勢地方は大きな意味をもってきたと考えられる。考古遺跡の分布状況などから考えると、大和から東国へゆくには、伊賀の名張を経て北伊勢を通って尾張・三河へ出る陸路が中心となっていたようである。が、いまその地方は継体系の勢力範囲なのである。欽明朝が、朝鮮から敗退するとともに、一方で東国経営に積極的にのりだそうとするとき、陸路をとることはかなり困難であったに違いない。そこで新しい路が考えられた。それは宮川を下って南伊勢の度会の大湊に出て、そこから海路で対岸へ渡ろうというものであった。

　『伊勢国風土記』逸文に「神風の百船の度会の県」とあるように、海上交通の重要地点とし

かつて行きかう船でにぎわった大湊港

て伊勢は古くから意味をもっていたのである。欽明朝においては、少くとも伊勢神宮が伊勢の地に鎮座しているということは重要な意味をもっていたといえるであろう。そして、同時に熱田神宮の存在の意味も大きくなっていったに違いない。

『日本書紀』の景行天皇五十一年の条によると、倭建命が東征に出発する際、倭姫からもらった草那芸剣は熱田神宮に祀られている。伊勢神宮と熱田神宮は草那芸剣で結ばれた神社なのである。天孫降臨の際に天照大神が天津日高日子番能邇邇芸命《あまつひこひこほのににぎのみこと》に与えたという三種の神器を、天照大神が『古事記』で「此れの鏡は、専ら我が御魂として、吾が前を拝《いつ》くがごといつきまつれ」といっているように、天照大神の依り代として倭姫が奉持して大和を出たと考えれば、それは、伊勢神宮と熱田神宮とに分れて祀られたことになるのである。

このような両社を結びつける話が生まれてきたのは、両社が同様に東国へ向けての大和朝廷の政策にとって重要な役割をはたしていたからであろうと考えられる。

『日本書紀』安閑天皇元（五三四）年の条に、日本各地に屯倉《みやけ》をおいたとあり、そこに、上総国・武蔵国・上毛野国・駿河国など東国地方の国々の屯倉についての記述がみられる。六世紀の初頭に、さきに

名古屋に鎮座する熱田神宮

述べた二つの勢力は、積極的に東国へ手をのばしていたのであろう。

また、のちに詳しく述べるが、天皇の未婚の皇女を伊勢神宮へつかわす斎王《いつきのみこ》についての記述も、継体天皇以後次第に多くなってくるのである。したがって、伊勢地方にまで大和朝廷の力が及び、伊勢の地が朝廷にとって意味をもってくるようになる五世紀後半から六世紀へかけての時期に伊勢神宮の鎮座があったと考えてよいのではないだろうか。

伊勢地方はどのようなところと考えられていたのであろうか。さきにしるしたように、天照大神は、倭姫に「傍国のうまし国なり」といっている。傍国なのになぜそこに鎮座したのであろうか。一つの理由として、「常世の浪の重浪よする国なり」ともいっているように、そこが常世の楽土に通ずる浜としての伝承をもっていたからであろうということも考えられる。伊邪那美が死んだとき紀の国の熊野の有馬村に葬ったという伝承もあり（『日本書紀』第五の一書）、また神武東征の際、神武天皇の兄の稲飯命《いなひのみこと》と三毛入野命《みけいりののみこと》の二人は、熊野の沖で入水して常世《とこよ》郷《くに》へいったという伝承もある。これらは熊野の話であり、このような伝承が観音信仰と結びついて熊野から浄土へゆけるといった考えが生まれ、補陀落《ふだらく》渡

熊野灘の日の出

海などもおこなわれたのであろうが、熊野だけでなく伊勢・志摩・紀の国のあたりは、大和からみると未知の世界と深くかかわった地方であった。また大和からみて伊勢が太陽の出る地方であったということも、太陽神である天照大神を祀るにふさわしかったといえるであろう。

さらに一つの疑問として、西方に向った住吉大社は大阪湾に面する海辺にあり、東方の伊勢湾の入口に近い海辺に伊勢神宮があるのはどういうことなのかということがある。出雲大社も神門水海の入口にあったし、鹿島・香取の両社も霞が浦への入口にある。八幡宮の総本社宇佐八幡も周防灘に面してあるし、金刀比羅宮も現在ではかなり奥に入っているが海の信仰との結びつきの強い神社である。諏訪大社も諏訪の海の近くにある。古い大社が海と深くつながっているのはなぜなのだろうか。その向うに常世の楽土をみたからなのであろうか。

神門水海の入口にあった出雲大社

霞ヶ浦の入口にある鹿島神宮

天照大神を祀る伊勢の内宮は、五世紀末には現在の地に鎮座していたと考えられる。そして、その地方の豪族であった磯部氏がその管理をおこなっていたようである。そして、和銅四（七一一）年に度会の姓を賜わり、伊勢神宮の禰宜として公にみとめられてゆくのである。

外宮のこと

ところで、伊勢の外宮はどのような次第でこの地に祀られるようになったのであろうか。『古事記』『日本書紀』には、外宮についてはほとんど記述がない。外宮鎮座についての最も古い記録は、延暦二十三（八〇四）年成立の『止由気宮《とゆけぐう》儀式帳』である。そこには、雄略天皇の代に、天照大神の告げに従って天照大神の食事を司る神として丹波の国の比治の真奈井の等由気《とゆけ》大神を伊勢の度会に遷したとある。

『丹後国風土記』逸文によると、丹波郡の比治の真奈井で水浴をしていた天女八人のうちの一人の天女の衣を老夫婦がとり

外宮

かくし、その天女はしかたなく、老夫婦とともに暮し酒を造った。その酒をのむと万病がなおり、老夫婦の家は豊かになった。すると、老夫婦は天女を追いだしてしまった。天女は、竹野郡船木の里の奈具の村に至り、そこに留まった。それが豊宇加能売命《とようかのめのみこと》であるとある。丹後の国は、和銅六（七一三）年に丹波の国から分れているから、この豊宇加能売命が外宮の祭神であると一応考えられる。右の話ではこの神の神格は不分明であるが、神の飲みものである酒を上手にかもしたというのであるから、天照大神の御食を司る神として位置づけられても不思議ではない。

『摂津国風土記』逸文に、豊宇可乃売神《とようかのめのかみ》は、稲椋山《いなくらやま》にいて、山を膳厨《みくりや》としていたが、事故があって、丹波の比遅《ひじ》の麻奈韋《まない》へ移ったとある。『延喜式』に収められている「大殿祭《おおとのほかい》の祝詞」に、屋船豊宇気姫命に割注して、「こは稲の霊なり。俗の詞にうかのみたまといふ。今の世産屋に辟木《さきき》・束稲《つかしね》を戸の辺に置き、また米を屋中に散らすの類なり」とある。『日本書紀』第二の一書によると、稚産《わくむす》霊《ひ》は蚕と桑と五穀を生んでいる。そして『古事記』では、伊邪那

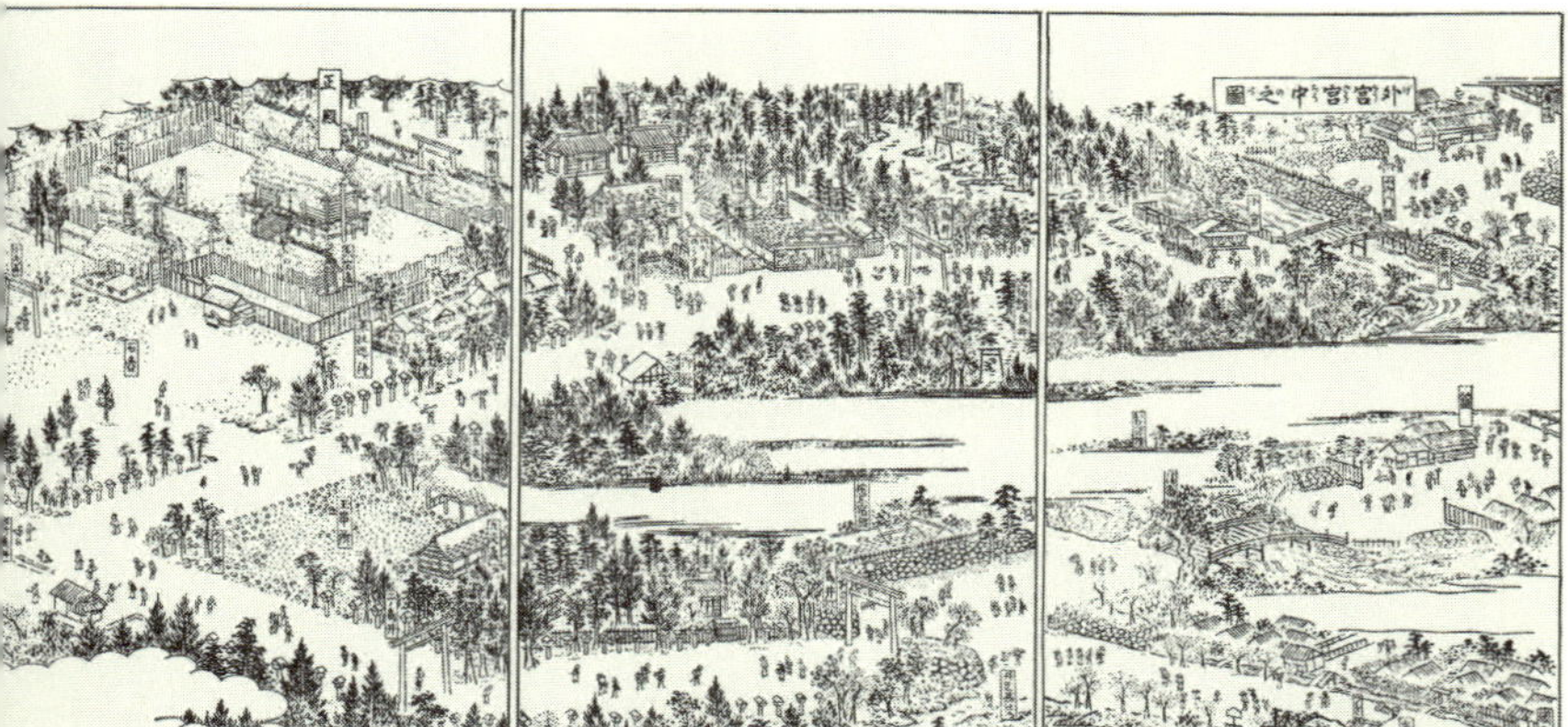
外宮宮中図（「伊勢参宮名所図会」より）

美の尿から生まれた和久産巣日神《わくむすひのかみ》の子が豊宇気毘売神《とようけびめのかみ》なのである。

これらの話を総合すると、等由気大神は明らかに稲の神・穀物神であるといえよう。祝詞に屋船とあるのは、現在でも外宮で海幸大麻を授与しているように、単に穀物神というだけでなく、伊勢の海とのつながりを思わせる。のちに、半島・岬のはずれなどに多くこの神が祀られてゆくが、それも本来海の神としての一面をもっていたからかもしれない。ところで、祝詞の割注からもうかがえるように、このような穀物神はどこにでもいたと考えられる。なぜ、あらためて丹波の国から遷してこなければならなかったのであろうか。『倭名類聚鈔』に「丹波　タニハ」とある。これが田庭であるとすれば、丹波地方は稲作と深いつながりをもったところであったのかもしれない。

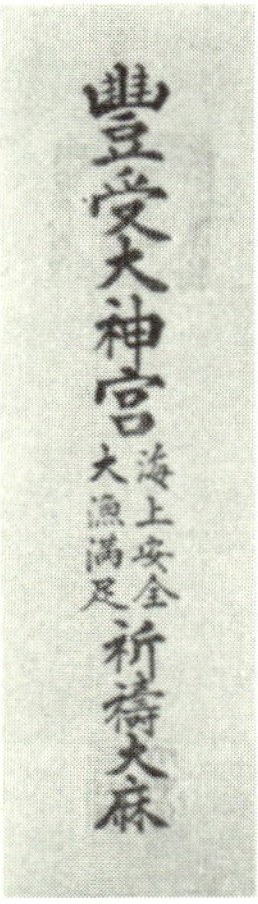

豊漁を祈ってくばられる海幸大麻

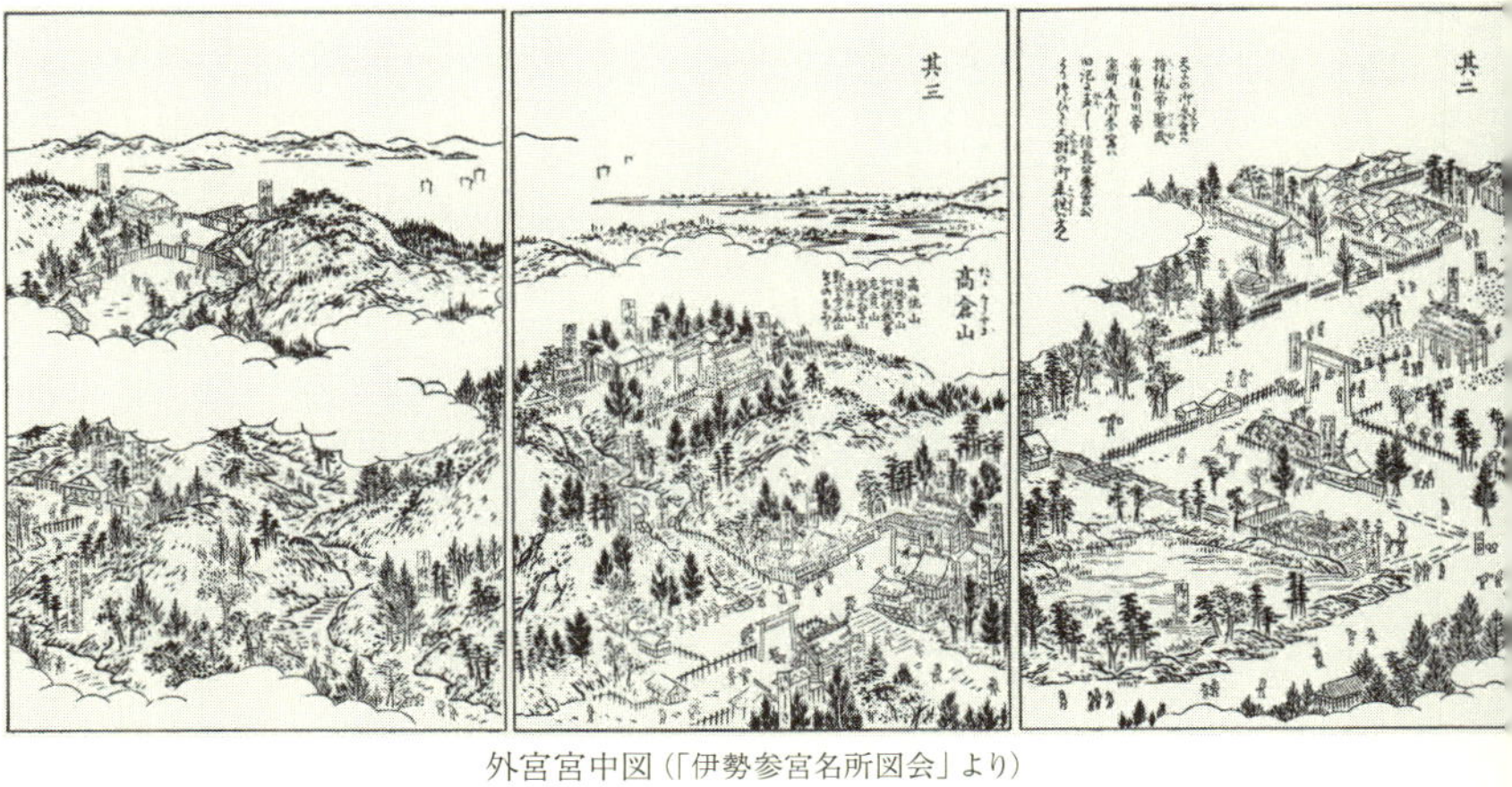

外宮宮中図（「伊勢参宮名所図会」より）

外宮の遷座について記紀に記載がないのは、雄略天皇の頃から伊勢関係の記述が多くなってくるという事実から考えてみても不可思議である。外宮は、本来この地にあった神なのではないだろうか。外宮は高倉山の麓にある。巨大な高倉山古墳の被葬者として考えられる磯部氏も当然氏の神を祀っていたにちがいない。等由気大神が海の神としての一面をもっているのは、海の民磯部氏の氏の神であったからではないだろうか。

二宮制

では、なぜ、内宮・外宮という形で対のものとして考えられてくるのであろうか。みずからの氏の神を祀ると同時に天照大神をも祀っていた神主としての度会氏の役割が、自然に両者を同じ次元のものとしていったとも考えられるが、大和朝廷が公に内宮・外宮の存在を認めてゆくにはそれなりの理由があったに違いない。日本が次第に大和朝廷によって統一されて、天皇制が確立してゆく過程で、唯一無二の太陽を皇祖神とすることによって天皇の絶対化がはかられたのではないだろうか。そしてその過程で、天照大神は農耕神的性格を失っていったと考えられ

丹後宮津の元伊勢の宮籠神社

る。天照ということばは、太陽をあらわすのではなく、すばらしいといった意味であるという説もあるが、天照大神はまさに宇宙に唯一つの太陽でなければならなかったのである。

一方、神には、なによりも豊かな稔りと深くかかわらなければならないといった基本的性格があった。大和系民族が稲作農業を基盤として全国統一に至るまでの力を貯えたと考えられる以上、それは不可欠の条件であったに違いない。そこで、等由気大神がひとり度会氏のものとしてではなく、大和朝廷における農耕神にまで成長せざるを得なかったのではないだろうか。もちろん、そのときには、等由気大神は度会氏の私的な神としての性格をのこしていることはできなかった。そこで、丹波の国からの遷座という説が生まれてきたのであろう。それは、外宮を公の神社として皇室と結びつけるための一つの手段であったと考えられる。

内宮（上）外宮（下）（伊勢参宮名所絵葉書）

2　伊勢神宮と皇室

皇祖神

伊勢神宮に私幣を捧げることは禁じられていた。それは『延喜式』に明確に規定されている。幣帛とは、神に捧げる供物の麻・絹などのことである。供物を供えて祈ることが神を祀るということであり、それによって神はわれわれ人間の世界にあらわれると考えられていたのであるから、私幣禁断とは、天皇以外は伊勢に参詣して天照大神をはじめとする神々に祈ることはできないということであった。にもかかわらず、公式には明治天皇が参拝するまで天皇が直接伊勢神宮へ参詣したことはないのである。なぜなのだろう。

後代になれば、前例がないということだけでできなかったであろうが、皇祖神を祀る神社であるのならば、鎮座のはじめから天皇が直接参拝するのがむしろ当然であったというべきであろう。伊勢神宮の性格が、前節で述べたように、初期の段階では皇祖神として確立していなかったということが、天皇の参詣のない第一の理由としてあげられるであろう。天照大神は分神であり、より大切な神産巣日神・高御産巣日神は皇居内に祀られているのである。また、内侍所《ないしどころ》の存在も、もう一つの理由として考えられるであろう。『古語拾遺』に、崇神天皇の代にあらたに鏡を鋳、剣を造った、それが皇位を示すものとして継承されている神器であるとある。この神器の鏡を天照大神として祀っていたところが内侍所である。その成立年代は不明であるが、少なくとも伊勢神宮と同体と考えられるものが皇居内にあったのである。

前節で述べたように、農耕神的性格を強くもっていた天照大神が、皇祖神として天皇そのものに直結するまでに成長してくるのはいつ頃のことなのか明かなことはわかっていない。しかし、それには壬申の乱(六七二)があずかって大きな力があったようである。

壬申の乱は、表面的には天智天皇の皇子である大友皇子と、天智天皇の弟の大海人皇子《おおあま》との間で争われた皇位継承をめぐっての戦いであったが、その根底には、大化の改新以来おしすすめられてきた中央集権的専制政治に対する地方小豪族たちや、その下で現実に労働に従事していた公民層の不満があったといわれている。しかし、大海人皇子、のちの天武天皇の勝利に終ったこの内乱の結果は、近江朝を支えていた蘇我・中臣・巨勢《こせ》などの有力豪族を追いおとして、天武天皇を中心とした専制政治がますます強力にすすめられてゆく、ということになってしまったのであった。ところで、大海人皇子は、挙兵を決意して吉野からみずからの直領地・湯沐邑《ゆのむら》のある美濃へ向う途中、朝明郡《あさけのこおり》の迹太川《とおかわ》の辺で伊勢神宮を遥拝しているのである。それは、戦いの勝利を祈願したのであった。ここにも、伊勢神宮の一つの性格が明確にあらわれている。そして、神宮は大海人皇子を加護したのであった。『万葉集』にみられる柿本人麿の長歌（巻二―一九九）に、

……度会の斎の宮ゆ　神風に　い吹き惑はし　天雲を　日の目も見せず　常闇に　覆ひ給ひて……

とある。意味は、伊勢神宮から神風が吹いてきて敵をまどわし、天雲で空はまっくらとなったというところである。人麿は、その結果天武天皇が勝利を得たとつづけている。天武天皇は、即位の翌年、大来《おおく》皇女を斎宮に任じ、天武天皇三（六七四）年皇女は伊勢へ下向している。『扶桑略記』の記述などからみると、それは戦勝祈願成就のお礼という意味であったらしい。

天武朝と神宮

天武天皇による政治は、天智天皇がおこなったような合理的事務的な面だけに中心をおいたものではなく、より精神的な面をも含みこんだ総合的支配であった。仏教を保護しつつ監督してゆく政策、あるいは国史の編述、官制の確立、飛鳥浄御原《あすかきよみはら》律令の編纂と、あいついで中央集権化がおしすすめられてゆくなかで、伊勢神宮は皇祖神としての絶対的地位を確立していった。

『豊受大神宮禰宜補任次第』によると、天武天皇元（六七二）年に、度会氏の志己夫が内宮禰宜に、また、兄虫が外宮禰宜となっている。さらに、『神宮雑例集』所引の『大同本紀』の記事によると、度会郡の督造に志己夫の兄の奈波が任ぜられているのである。督造はのちの郡大領のことであろうと考えられる

から、度会氏によってこの地方は支配されていたということができる。しかし内宮禰宜は、この志己夫を最後として荒木田氏の手に渡ってしまうのである。『伊勢天照皇太神宮禰宜譜図帳』によると、初代は進大肆《しんだいし》荒木田首麿である。進大肆という位階の制定は天武天皇十四年のことであるから、天武朝の末期頃に荒木田氏が内宮禰宜の地位についたと考えられる。さきの『伊勢天照皇太神宮禰宜譜図帳』に、

古代に都のあった飛鳥地方

神官の御食の料田三千代を開墾したので荒木田の姓を賜わったとあるから、荒木田は荒墾田《あらきだ》からきた姓であろう。伊勢地方の新興勢力であったと考えられる。その本拠地は、現在の度会郡玉城町田丸の辺であったらしい。内宮からかなり離れた地に住む荒木田氏が内宮禰宜となってゆくのには、当然それなりの理由があったに違いない。すなわち、新興勢力を神宮ではより重要な内宮の禰宜にし、旧勢力を外宮の禰宜とすることによって力の分散をはかるとともに、中央に祭主として中臣氏の中臣大島を任じて、両宮の職員を統轄する役割を与えたのであった。さらに、斎王大来皇女を派遣することによって神宮支配を完成したのである。

なお、宮司の成立については全くわかっていないが、のちには国司に準じて任限六年ということで中臣氏が伊勢へ派遣され、神宮の

祭祀と神郡の行政を管轄している。『二所太神宮例文』によると、宮司が中臣氏に独占されるのは、宝亀元（七七〇）年に任ぜられた中臣比登以後のことで、それ以前には村山連豊家、津島朝臣子松など他姓の者も任ぜられている。都から派遣されて、伊勢の地に駐在して諸事に当ることによって、皇室とこの地方とを具体的に結びつける役割を宮司ははたしていたと考えられるが、同様の性格をもち得るものとして少なくとも斎王とともに中央から伊勢へ随行していったに違いないのちの斎宮頭に相当する者の存在を考えざるを得ない。とすると、天武朝において、ほぼ皇室と伊勢神宮との関係は完成していたということになる。

斎王

皇室と伊勢神宮とを最も強く結びつけているきずなは斎王である。斎王は、天皇が即位すると占いによって決められたが、それを卜定といい、未婚の皇女がなることになっていた。斎王が決定すると、彼女は皇居内の初斎院へ入って斎戒生活を送ることとなる。つづいて、皇居外の清浄の地を定めて野の宮を建てる。野の宮の地は一定していないが、嵯峨の野の宮が有名である。斎王は、翌年の八月に野の宮へ移り、さらに一ヵ年の斎戒生活を送る。そして、卜定から三年目の九月上旬、皇居へ戻り、天皇に挨拶をして伊勢へ向うのである。

斎王は神を祀るにふさわしい清浄な未婚の女性であった。御杖代ともいわれるが、それは神の依り代といった意味であり、神そのものにもおきかえられる存在であった。だからこそ彼女は、長い斎戒生活によってより清浄にならなければならなかったのである。

天皇との別れのときに、御櫛の儀があった。それは『江家次第』によると、長さ二寸ほどの松と鶴の蒔絵のある黄楊《つげ》の櫛を天皇が斎王の額にさして「京の方に趣き給ふな」とのべるものであった。『古事記』で伊邪那岐が黄泉の国から逃げ帰るときに櫛のはたす役割から考えると、この櫛は魔よけであったようである。そして、斎王は、神嘗祭の例幣使と行をともにして、九月の十一日に伊勢へ向った。それを群行といった。斎王は、近江国の国府、甲賀、垂水、伊勢国の鈴鹿、壱志の五ヵ所に新しく造られた頓宮（仮宮）に泊りつつ、途中山城・近江・伊勢の国境や勢多川・甲賀川・鈴鹿川・下樋川・多気川などで禊ぎをおこなって下向したのである。そして、斎王は多気郡の斎宮に住んで斎戒生活をつづけ、三節祭のときのみに両宮に参向して奉仕したのである。以上は『延喜式』等の記述をもとにしてのべたのであって、平安時代の様子であるが、さきの大来皇女も、天武天皇の二年に斎王の決定があり、そののち泊瀬の斎宮で斎戒生活を送り、翌年の十月に伊勢へ下向しているから、天武朝にほぼ同様の形式がすでにあった

斎王が斎戒生活を送った野の宮

と考えてもよいであろう。斎王は、天皇の崩御・譲位の際に任を解かれた。

三節祭《さんせつさい》

伊勢神宮には多くの祭事がある。しかし、最も重要なのは三節祭といわれる、六月の月次《つきなみ》祭、九月の神嘗祭、十二月の月次祭である。この三節祭には、祭主の中臣氏等勅使の一行が伊勢へ下向し、天皇の幣帛を神宮へ奉じた。とくに、神嘗祭には必ず勅使下向がおこなわれたので、それを例幣使といった。例幣使には王・中臣・忌部《いんべ》・卜部《うらべ》の四氏が任ぜられ、それを四姓の使とも呼んだ。斎王はこの三節祭のときにのみ祭事に参加するのである。

斎王の行事は簡単である。もちろん、斎戒生活をすることを仕事としているのであるから、祭事の前に多気川や尾野湊の浜で禊ぎをするなど一連の行事はあるが、祭の日に関していえば、外玉垣内の斎内親王侍殿に入り、そこで木綿《ゆう》鬘《かずら》をつけ太玉串をもって内玉垣門内に入り、座に着き、拝礼のの

神嘗祭（「伊勢参宮名所図会」より）

ち、太玉串を物忌《ものいみ》にわたして退席するといっただけのものである。物忌は太玉串を瑞垣御門の西におく。まさに太玉串をもっての拝礼以外になにもないのである。この行事は外宮では十六日に、内宮では十七日におこなわれた。三節祭はともに十五日より始まり、その内容は同じであった。十五日におこなわれているのは、古く満月の夜が月のはじめであったからであろう。

三節祭において最も重要な儀式は、外宮では十五日に、内宮では十六日におこなわれた御食《みけ》の供進であった。神田でとれた米で飯をむし笥《け》に盛り、また、黒酒《くろき》・白酒《しろき》を造り、さらに、あわび・さざえなどの贄《にえ》を用意して御食とし、亥の刻に夕の御食を、丑の刻に朝の御食を供したのである。

この儀式の主役は、物忌と呼ばれる子供であった。『延喜式』によると、内宮に童男一人童女八人の九人、外宮に六人、荒祭宮《あらまつりのみや》などの別宮に各一人ずつの物忌がいた。物忌は潔斎の意であるから、これを職名としているのは、神に仕える者としては重要な存在であることを示している。『皇太神宮儀式帳』をみると、遷宮のときに、まず物忌が正殿の戸に手をかけ、つ

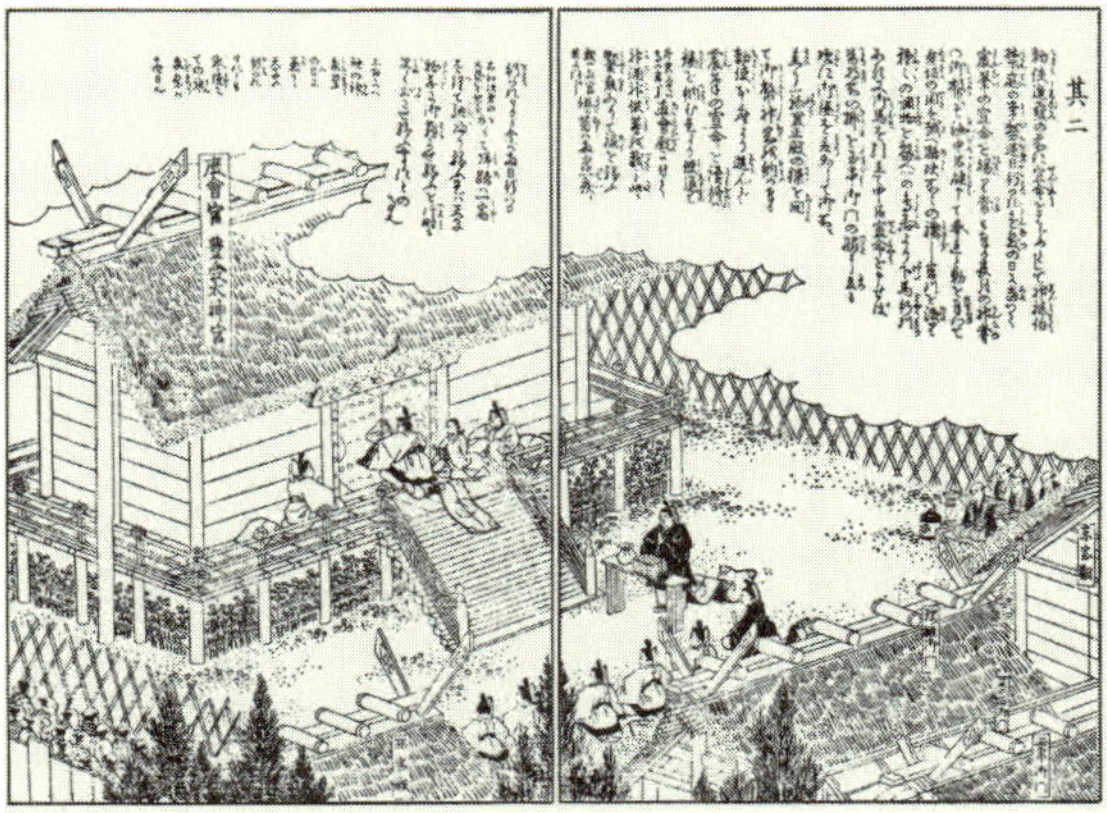

神嘗祭（「伊勢参宮名所図会」より）

普段の日に外宮に供せられる御食

いで禰宜が戸を開けることになっている。形式的にもせよ、直接神に接してゆけるのはこの物忌のみだったのではないだろうか。『建久年中行事』四月十一日の条をみると、物忌が御殿の大床の下を掃除している。そこには、神宮において最も重要な「心の御柱」がある。遷宮の際にこの心の御柱を立てるのも、物忌と禰宜の仕事であったことは『延喜式』等によって明らかである。心の御柱に奉仕することのできたのは、本来はこの物忌のみであったのかもしれない。ところで、三節祭の御食は、『建久年中行事』によると、御殿の下に物忌の手によって供えられているのである。心の御柱に供えられたものであることは疑い得ない。一方に天照大神をあらわす神鏡の存在を考えるとき、ここにも伊勢神宮を考えてゆく上での重要な問題がひそんでいるように思える。朝の御食の供進がすむと、禰宜たちによって歌舞が奏せられた。そして、午の刻にさきの斎王の儀があった。そののち、斎王をのぞく幣帛使・禰宜等は多賀宮へゆき拝礼し、つづいて解斎殿《げさいでん》で酒食の宴があった。そして、再び外玉垣門内へ入って、そこで倭舞《やまとまい》・五節舞《ごせちのまい》・鳥名子舞《となごまい》を演じて行事を終った。

伊勢神宮の祭礼の中心はこの三節祭であった。ところで同様の意味をもつものと考えられる行事が、宮中でおこなわれていた。六月と十二月の十一日の夜の神今食《じんごんじき》と十一月の新嘗祭である。『江家次第』

によると、これらの儀式はみな同様の次第でおこなわれている。簡単にしるすと、天皇はまず天の羽衣と呼ばれる帷子を着て風呂に入り、それを浴槽に脱ぎすてて出て神殿に入る。そこには寝具が用意されている。そして、釆女の手によって夕と暁の御膳が供せられるのである。天皇の儀式が終ってのち、臣下一同も食事をして終るというものであった。新嘗祭は、中の寅の日の鎮魂祭、卯の日の新嘗祭、辰の日の豊明節会とつづく大がかりなものであるが、基本的には神今食と同じである。

多賀宮

これらの儀式は何を意味するのであろうか。天の羽衣を着した天皇、すなわち、天上界の存在が、浴槽中にそれを脱ぎすてて出てくることによって、人間界に登場してくるのではないだろうか。この風呂は産湯ではないだろうか。そして、食事をし、就寝し、成人し、臣下に食事を与えるのではないだろうか。とすると、これは新しい天皇の誕生である。それまでの天皇は衰えて死んだのであろう。年に三度天皇は再生したのである。これこそ、第一節で述べた神の死と復活の儀式であったといえるであろう。

伊勢神宮の三節祭の意味は、この天皇の儀式と対応させてみるとき、明らかとなってくる。ただ単に神に御食を供するというのではなく、そこで新しい神の誕生を祝ったのである。このことはのちに述べる遷宮ともかかわってくる問題である。

年に三度同じ儀式がおこなわれるが、そのうち、六月と十二月の儀式が呼称が同じであることからも対のものと考えられ、そこに他の一つの儀式があとから入っていったように考えられる。一年を二つに分けて考えてゆかなければならない生活から、通年でものを考えることができるようになった時代への移り変りをこれらの儀式の存在は示しているのではないだろうか。

そのほか、興味深い伊勢神宮の祭事として、四月十四日の神衣《かんみその》祭《まつり》がある。『延喜式』によると、四月と九月におこなわれ、この日、両宮および別宮の神々に蓑と笠が奉られているのである。蓑・笠というと、それを着て大晦日や小正月の晩にやってくる秋田のナマハゲや種子島のトシトイドンなどが思いうかぶ。神の衣を供え、それを着て神があらわれるといった素朴な信仰がのこっていたのだと考えられる。九月は、神嘗祭の前日におこなわれていた。蓑・笠を着けた神がやってきて、夕・朝の御食を食したのであろう。

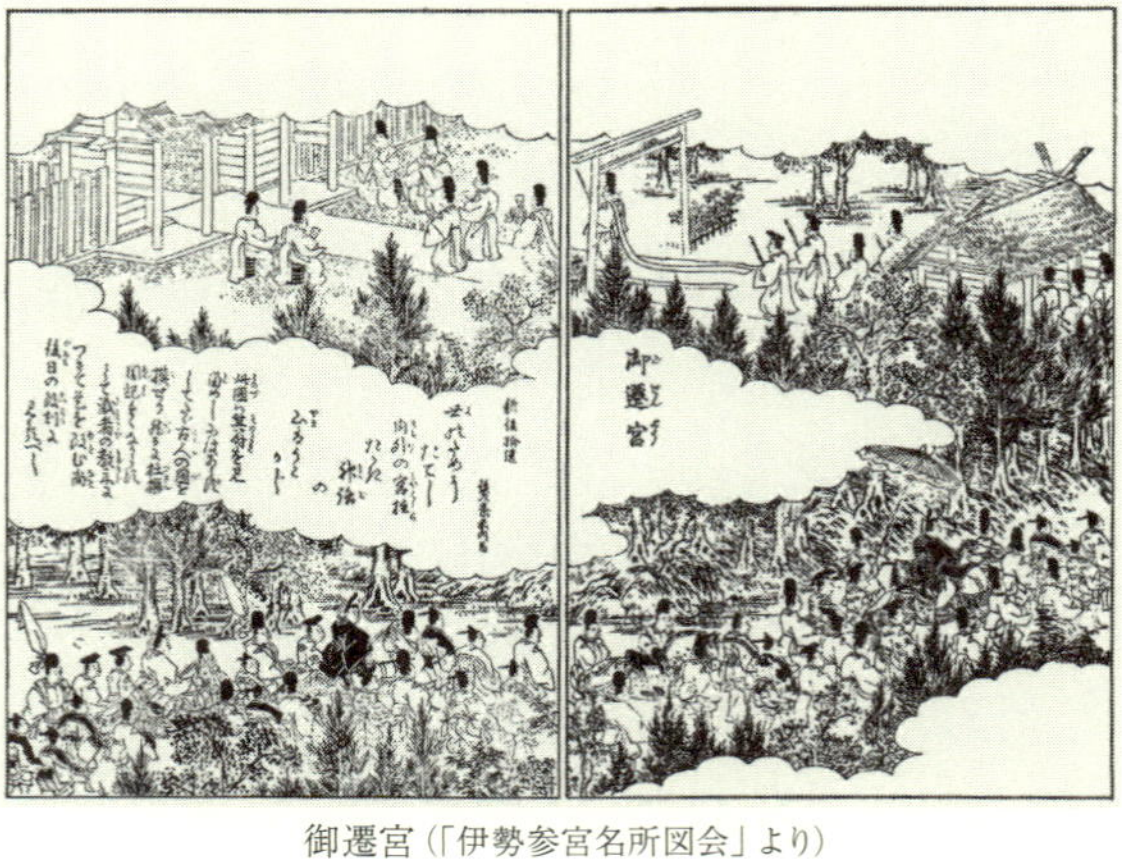

御遷宮（「伊勢参宮名所図会」より）

遷宮

伊勢神宮の社殿は二〇年毎に造りかえられる。ただ単に造りかえられるだけではなく、その場所も、隣あってはいるが別の新しい土地に建てられるのである。何もかもが新しくなるのである。これを式年遷宮という。このような形式がいつ頃からはじまったかについては、諸説があるが不分明である。正史においては、『続日本後紀』の嘉祥二（八四九）年九月七日の条に初めて記されるが、一般には天武天皇十四（六八五）年に決定され、持続天皇四（六九〇）年に最初の遷宮がおこなわれたと考えられている。このような式年制は、なにも伊勢神宮にかぎっておこなわれていたわけではない。住吉・香取・鹿島の三社では少なくとも古くから二〇年毎の式年改築がおこなわれている。また現在もおこなわれている七年に一度の諏訪神社の御柱祭《おんばしらさい》なども同様の行事の一つと考えてよいであろう。伊勢神宮の場合も、社殿を新しくすること以上に大切なのは、心の御柱を新しくすることのように思える。

遷宮とは、たしかに、新しい土地に新しい社殿を造営し、そこへ神を移すことなのだが、心の御柱が新しくなるところから考え

江戸時代の御遷宮（歌川国芳画「伊勢太神宮遷御之図」国会図書館蔵）

て、新しい神が新しく祀られるところに本来の意味があったと考えられる。

伊勢神宮の建築様式を唯一神明造という。大地に柱をじかに立てて造る古風をのこす建物であるから、二〇年ほどで造り替えなければならないような状態になるということは考えられる。事実、現在でも二〇年たつとかなり痛むそうである。しかし、それでは、なぜ土地を新しくするのであろうか。

かつて、天皇がかわる毎に都をかえていたことは人の知るところであるが、それは、天皇の死によって穢れた土地を離れて、新しく清浄な地に新しい天皇は誕生しなければならないという考えがあってのことであろう。同じことが伊勢神宮の遷宮についても考えられるのではないだろうか。遷宮祭が神嘗祭の日におこなわれていることも興味深い。さきにみたように、神嘗祭が神の死と復活の儀式であるとす

皇大神宮古殿地。第60回（1973年）の式年遷宮でこの地に社が建つ

東北に広く分布するオシラサマのひとつ

ると、当然新しい土地を求めて新しい神を祀らなければならない。とすると、古くはむしろ毎年遷宮がおこなわれていたとも考えられよう。伊勢神宮において最も重要なのは心の御柱である。それは、『類聚神祇本源』によると、径四寸、長さ五尺の柱で五色の絁《きぬ》でまとってあるという。ちょうど東北のオシラサマを思わせる姿である。木柱を神体とすることについてはあらためていうまでもなかろう。さきの諏訪の御柱、出雲大社の心の御柱、各所にみられる影向《ようごう》の松、お正月の門松、トシギやケズリカケなどあげてゆけばきりがないほど私たちのまわりにみられるものである。

内宮正宮（上）第62回（2013年）遷宮造営中の正宮（下）

本来、神を祀るためには常設社殿は必要ではなく、神を祀らなければならないときに、依り代を用意してそこに神の降臨を願ったのであったといわれている。しかし皇祖神として確立した伊勢神宮は、単に稔りを祈る、年に一度か二度の祭のときにだけ存在するというわけにはいかなくなったのである。天皇それ自身、常に強大でなければならないのと同じく、皇祖神も常に力強くなければならないのである。

斎王について一言つけ加えておくと、斎王が伊勢へ下向するのは、神嘗祭の直前であったということ、また、三節祭において、御食を供えて神を迎えようと祈った翌日、斎王は神宮から遠く離れた斎宮からやってくるということ、祭の場での斎王の仕事が太玉串をもつということぐらいしかないということ、不断の斎戒生活によって清浄そのものともいえる未婚の女性であることなどから考えると、伊勢神宮の祭の場に登場する神は斎王であったともいえよう。天武朝の政策全体の方向からみても、斎王大来皇女《おおくのひめみこ》を伊勢へ下向せしめた意図は単純ではなかったはずである。

絵葉書「大嘗祭の御儀悠紀主基両殿全景」（主基院）

皇祖神としての確立は、当然社殿の常設を求めたであろうし、むしろそれの絶対化が強まれば新しく造営する必要がない方がのぞましかったであろう。しかし古くからの神を祀る方法をすて去ることは容易なことではでき得なかったに違いない。そこで考えられたのが式年遷宮という方法であった。つまりそれは神を祀る方法の形式化ともいえるもので

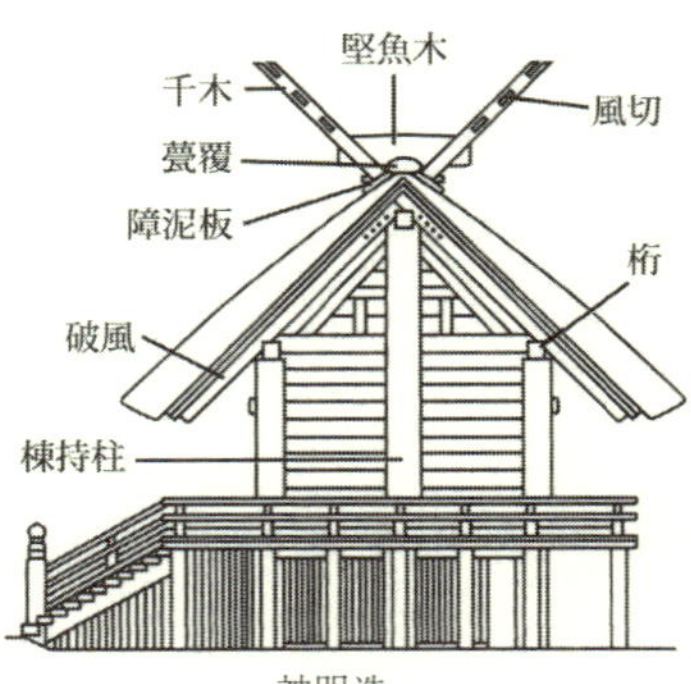

神明造

絵葉書「大嘗祭の御儀悠紀主基両殿全景」(悠紀院)

あって、社殿を新しくしなければならないという心は、はるかに古くからのものであった。

唯一神明造といわれる伊勢神宮の社殿は、総檜造、萱葺きの掘立式の高床の建物で、太い棟持柱が壁から離れて両側面に立っているのが特徴である。切妻、平入である。この棟持柱は、力学的には現在の規模・形式の建物では不必要だということである。それだけに古い形をのこしているといえるであろう。

本来の伊勢神宮は、現在のように美しく削られ節一つないといったものではなく、もっと素朴な建物ではなかったろうか。神嘗祭に対応する宮中儀式は新嘗祭であるが、天皇が即位して最初に迎える新嘗祭はとくに大嘗祭と呼ばれ、天皇の一生のなかで最も重要な儀式となっている。『貞観儀式』によると、この祭をおこなう大嘗宮、すなわち悠紀《ゆき》院・主基《すき》院は、掘立式で「構に黒木を以ってし、葺に青草を以って」する建物で、壁蔀も草で造られているのである。この二院は、祭の一〇日ほど前に材料が用意され、七日前から造りだして五日間でできあがったという。奈良の春日若宮の御祭のときのお旅所も黒木造である。神を迎えなければならない季節がきたから神殿を造るのである。かつての伊勢神宮の姿をここにみることもできるであろう。祭は年毎に祭の場を定めておこなわれていたであろう。

現在の伊勢神宮では、二〇年毎に内宮・外宮および別宮一二宮の社殿を新しく造営し、遷宮をおこなっている。檜材三万五〇〇〇石を用意し、約八ヵ年の歳月がかかるという。『延喜式』には「孟冬之を作り始む」とあるから、十月に作りはじめて、翌年の九月の神嘗祭には、完成していたのではないだろうか。しかし、『神宮雑例集』には、一七年目の十月に山口祭をおこない、心の御柱を採るとある。これによると、三年間かかることになる。次第に、社殿の規模・形式が変化してきているのかもしれない。現在外宮の御饌殿《みけでん》のみが板校倉造であるが、古くはすべての社殿がそうであったとも考えられるだろう。

新宮造営の過程を簡単にみると、まず山口祭があって、杣山の山の口の神を祀る。かつては、神路山・高倉山が杣山であり、そこからの材でまかなっていたが、次第に不足し、志摩の答志郡から材を採った

第60回遷宮の工作場

第62回遷宮の御用材

り、また、三河の設楽山、美濃の白河山などから材を求めていたが、十四世紀の末からは主として木曾の檜を用いている。〔第六二回式年遷宮（二〇一三年）では神宮内に植林された宮域材《きゅういきざい》が初めて利用される。〕しかし、心の御柱だけは、古くからの杣山の木を用いている。木本祭がつづいておこなわれ、かつては造宮使の忌部氏が心の御柱を伐った。木造始めとなって、工事が開始され、鎮地祭があって、物忌と禰宜によって心の御柱が立てられる。つづいて、神殿の柱を建てる主柱祭、上棟祭、神鏡を入れる御樋代《みひしろ》とさらにそれを入れる御船代《みふなしろ》を造る祭、柱の根もとをかためる杵築祭《こつきさい》などとあって、遷宮となるのである。

多くの奉仕者によってなされる
御用材の川曳き（第60回遷宮）

なお、木曾の檜を木曾川を下して海上を大湊まで運び、さらに五十鈴川を川曳でのぼって宮域内に曳き入れる御木曳や御垣の内に白石を敷きつめる白石持の行事などは、神領民が参加しておこなってきた。

　これら遷宮の経費は、『延喜式』によると、神戸からの神税によってまかなわれ、不足の場合にのみ国の正税で補われていた。また、役夫も神戸から

遷宮のときにつかわれる御白石
（第60回遷宮）

御白石（第62回遷宮）

だされていた。『延喜式』にみえる神戸所在地は、伊勢・大和・伊賀・志摩・尾張・三河・遠江であるが、『皇太神宮儀式帳』によると、伊勢・美濃・尾張・三河・遠江の五ヵ国から、国司・郡司が役夫をひきつれて伊勢へきて造営に参加している。

神宮の経済

神戸からの租・庸・調は、「神祇令」によると、国司が徴収して神宮の用に供することになっている。不輸租ではあっても、国の管理のもとにあったのである。ところが、弘仁十二（八二一）年に検納権が宮司に与えられた。律令制度によって、しっかりと国家の統制下で守られていた伊勢神宮の経済は、次第に祭主・宮司を独占する中臣氏の自由になってくるのである。この事実は、一方からみれば神宮の独自性を強調することであったし、それ故にこそみとめられたのであるが、また別の見方をすると、早くも伊勢が律令制をゆさぶる荘園制への一歩を中臣氏を中心に歩みだしたということにもなるであろう。それ以後神郡が増加してゆくのも、このような状況と無縁ではない。神税について、『日本書紀』天武天皇六(六七七)年五月二十八日の条に、それを三つに分け、三分の一を神を祀るために三分の二を神主に分ち与えるようにとある。これが事実とすれば、神官の収入はかなりのものであったと考えられる。そして、中臣氏は、伊勢神宮の神領を積極的にふやしてゆくことを考えたに違いない。

平安中期には、各地で国司が土着し、在地豪族と手を結び、全国的に荘園化も進み、律令制は崩壊してゆく。各地の神戸もその影響からのがれることはできなかった。神郡の内部に、東寺・東大寺の領地が生まれたり、また、神郡内の諸寺の寺領も増加してくる。神宮自体の経済は崩壊し、遷宮もおこなうことができなくなってくる。

ここで考えられたのが役夫《やくぶ》工米《くまい》の制度であった。その開始の時期は不明だが、とにかく全国の田地に対して遷宮のための費用を課したもので、不輸租の荘園といえども例外ではなかった。が、東寺・東大寺・高野山・春日社などの領地は免除されていた。これによって、平安中期以後の遷宮はおこなわれていった。二〇年毎というわけにはいかなかったが、とにかくおこなわれた。しかし、中世も室町期までで、それ以後は、百余年も遷宮をおこない得ない状態がつづくのである。神郡の人びとは、それぞれ神税をだすのみならず、それぞれの形で奉仕をしていた。

斎宮の守衛・仕丁として働く者もあったし、遷宮のための夫役もその一つであった。また、神戸はそれぞれ独自の御食を納めていた。幕末までつづいたものをあげると、度会郡金輪村・若瀬村の白干鮎・鮎鮓、度会郡土路西条村の蛸、度会郡大江村の鰹、多気郡相鹿瀬村の薯蕷・竹子・蕗・菖蒲、多気郡栃原村の柿、多気郡柳原村の芋、飯高郡滝野村の串柿・干栗、奄芸郡玉垣村の糀、志摩国答志郡小浜村の鯛、答志郡的矢村の鱸などが内宮へ、度会郡有滝村の蛸、飯野郡魚見村の蕪菜、志摩国英虞郡立神村の蠣などが外宮へ納められていた。そのほか、志摩の国崎の鰒、篠島の干鯛など古くからつづいたものであった。

伊勢神宮の組織・経済は時代の流れに従って大きく変化していった。が、それをものりこえる神領民の奉仕のエネルギーがあった。素朴な、しかし、それだけに力強い信仰があった。

内宮古図（「伊勢御遷宮参詣群衆之図」神宮徴古館蔵）

3　私幣のおこり

神郡

天皇を中心とする中央集権的国家の確立は、大化の改新以後急速におしすすめられた。そして、その新しい国家体制の基盤となったのが公地公民制であった。そして、大宝律令の制定（七〇一年）によって、日本は統一国家として完成したのである。七世紀の中頃から八世紀へかけてのことである。この統一事業を完成するにあたって大きな役割をはたしたのは天武朝の政治であった。さきにのべたように、伊勢神宮が皇室と強く結びつき皇祖神として確立してくるのも天武朝のことであった。伊勢神宮だけではなく、各地の神社も官社として中央の支配のもとへ統合されていったのである。ところで、令制によると、これらの神社には封戸《ふこ》が給せられていた。それを神戸《かんべ》といった。もちろん、すべての官社に神戸があったわけではない。神社は、その神戸からの収入によって社殿造営や祭事をおこなっていったのである。伊勢神宮は皇祖神を祀る大社であるから、多くの神戸が給せられていたが、さらに、養老七（七二三）年当時、伊勢の度会郡・多気郡が神郡として、筑前国宗像郡、常陸国鹿島郡などとともに存在していたことが『令義解』によって知られている。各地の神郡の実態については、現在ほとんどわかっていない。が、少なくとも伊勢の場合はその全体が伊勢神宮の直轄領といってもよいような状態であったらしい。そして、この神二郡に、寛平九（八九七）年に飯野郡が編入されて神三郡となり、以後この神三郡の神戸からの収入が伊勢神宮を支えてゆくのである。

大同元（八〇六）年の神戸の状態を『新抄格勅符抄』にみると、神戸を有する神社が一六〇社ある。しかし、その多くは数戸を有するにすぎない。が、伊勢神宮には一一三〇戸があり、次は三輪神社で三二七戸である。伊勢神宮の神戸は、諸社のなかでは非常に多いといえる。しかし、太政大臣の職封が三〇〇〇戸、左右大臣の職封が二〇〇〇戸、東大寺の封戸五〇〇〇戸などと比べると、必ずしも多いとはいえないであろう。神社のなかではたしかに伊勢神宮は別格だが、少なくとも封戸の状態からいえば、仏教を中心にした政策があったことは明白である。

今、大同元年の伊勢神宮神戸を国別にみると、大和国一戸、伊賀国二〇戸、伊勢国九四四戸、志摩国六五戸、尾張国四〇戸、三河国二〇戸、遠江国四〇戸である（田中卓氏の説によって大和国を一戸とした）。このほかに神田があった。『延喜式』によると、大和国宇陀郡に二町、伊賀国伊賀郡に二町、伊勢国に

大和　三輪神社

三二町一段の計三六町一段あったことがわかる。これらの神戸の分布からみても、伊勢神宮が、伊勢を中心にして東国へ向けてその勢力を延ばしていった神社であることは明白といえるであろう。

神郡は、天慶三（九四〇）年に平将門追討祈願として員弁郡《いなべぐん》が、応和二（九六二）年に内裏竣成を記念して三重郡が、天禄四（九七三）年に安濃郡が、寛仁元（一〇一七）年に朝明郡《あさけぐん》が、文治元（一一八五）年に飯高郡《いいたかぐん》が各天皇によって寄進されて神八郡となっていった。官社の登録、神戸寄進が衰退していったと考えられる九世紀末以降も伊勢神宮にだけは寄進がつづけられてゆくのである。これは、皇祖神としての伊勢神宮と皇室とが、なんといっても独自の結びつきをもっていたことを示しているといえるだろう。しかし、これらの神郡が、本来の神郡としての役割を十分にはたし得るものであったかどうかは疑問である。さきに述べたように、律令制そのものが崩れてゆく過程のなかで、神戸からの収入の確保が困難になってくるという現実と、神郡と中臣氏の個人的な領有関係の発生とがからみあって、神領の増加をしなければ神宮自体が成立し得ないというところにまで次第に追い込まれていったということは考えられる。が、社会全体がそのような状態となってしまっている以上、新しく追加された神郡も、伊勢神宮自体の経済を安定させるだけの役割をはたし得たとは考えられない。役夫工米という制度の成立が、このような状況をむしろ見事に表わしているといえるであろう。そして、十世紀に入る頃から、神郡・神戸はまさしく荘園となって伊勢神宮の私有地となってゆくのである。それは、神宮を支配する中臣氏の個人的利益と強く結びついてゆくということであった。そして、神宮自体の経営はかえってゆきづまっていったのである。このような状況は、当然古くからの在地勢力である度会氏・荒木田氏と中臣氏との間に複雑な争いを生んでいったと考えられる。こういう時代における神郡の拡大は、まさに形式的なものであって、そこからの収入がどれほど神宮の直接の財政的危機を救うのに役立ったかは全く疑問であるといわざるを得ない。

御厨《みくりや》・御園《みその》

ところで、このような時期に、田堵《たとう》と呼ばれる下級神官・権禰宜層が中心となって土地を新たに開墾しはじめる。それらの人びとは、古くからこの地に生きてきた度会氏・荒木田氏等であった。中央から伊勢へきて土着して領主化してゆこうとしていた中臣氏に対する在地勢力の抵抗であったともいえるであろう。これが御厨・御園と呼ばれるもので、神宮の荘園という形で、神郡内からその周辺にかけて数百ヵ所にも及んでくるのである。水田を御厨といい、畑を御園といった。これらは、いわゆる自墾系の荘園であった。これらの御厨・御園は、中臣氏に対して自らの力をあらためてきずきなおそうとする禰宜・権禰宜層、とくに権禰宜層の手によって開かれたものであり、神宮の荘園とはいっても、その出納など実際の権益はすべて権禰宜層が握っていたのである。当然、この数百に及ぶ開墾地の確立・安定

権禰宜荒木田氏の墓

とともに、これらの権禰宜層が、中臣氏を圧して力を得てくるようになる。これは、神宮禰宜の定員が、もとは内宮・外宮各一名であったのに、十一世紀には六名、十四世紀には一〇名と増加し、また、権禰宜については『延喜式』などには全くみられないのに十一世紀末には一〇〇名近くにも達してくるといった形をとって具体的にあらわれてくる。これらの多くは、現実の土地と結びついて力を貯えていったのである。

さらに、役夫工米の使としてこれらの神人《じにん》たちが全国へ派遣されるようになったことも、神宮の性格を大きくかえてゆくことにつながっていった。ここで活躍したのも権禰宜層である。そして、彼らは、全国の在地と直接結びつくと同時に、伊勢神宮に対する信仰をそこに植えつけていったのである。ここに、のちの全国的な伊勢信仰の広がりの第一歩をみることができる。

そして、十二世紀頃から、御厨は関東地方にまで広がってくる。これらの御厨は、先の自墾系のものとは違って、それらの土地を開発していった名主《みょうしゅ》といわれる新興領主層が、名目上の領主権を強大な貴族や寺社に寄進するという形をとってみずからの土地である名田《みょうでん》を守ろうとしていったものであった。その名目上の領主とし

遠江の御厨あとに建つ神明社

て伊勢神宮がえらばれたわけである。これらの寄進系の御厨は急激に増加していった。それは、役夫工米の使として全国的にその行動範囲を広げていった権禰宜層によって積極的におし進められていった結果であるといわれている。これらの御厨は、名主と権禰宜との個人的なつながりの上で成立していた。そして、寄進を斡旋した権禰宜には口入料《くにゅうりょう》と呼ばれる報酬が与えられていたのである。口入料について一例を示すと、下総国相馬御厨の場合、永暦二（一一六一）年に源義宗は内宮外宮各々に四丈白布一五〇反を奉じているが、そのうち五〇反が供祭料であって、その倍の一〇〇反が口入料であった。このような権禰宜層を中心とした伊勢神人団の活動は、口入料の一面からだけみても、ますますおこなわれていったであろうことは容易に想像できる。いま『神鳳鈔《じんぽうしょう》』によって鎌倉末の御厨・御園の数をしらべると、合計で七三四ヵ所、その分布は伊勢国が五三四ヵ所で圧倒的に多いが、そのほか、尾張・三河・遠江を中心に、摂津・伊賀・志摩・近江・美濃・駿河・伊豆・相模・武蔵・上野・安房・上総・下総・下野・常陸・甲斐・飛驒・信濃・越前・越中・越後・能登・加賀・伯耆・丹波・丹後・但馬・若狭・播磨・備前・備中・長門・伊予・讃岐・阿波の各国にまで及んでいる（なお群書類従本『神鳳鈔』は善本とはいいがたいので御巫家本を調査された萩原龍夫氏の研究を参照した）。これだけ広範囲に分布しているのをみると、それらを単なる寄進系荘園の一つとして把握することに疑問を感じてくる。鎌倉期の武士層と伊勢神宮との関係を考えてみなければ説明のつかないことと思える。そこには、単なる領地保護というだけではない、伊勢神宮に対する信仰の問題があったに違いない。

源氏と神宮

源頼朝は、一の谷の合戦で平氏を亡ぼした寿永三（一一八四）年、四ヵ条の意見を後白河院に奏上して、自分の立場・任務を明らかにしている。その第三条に、頼朝は、

我朝は神国なり、往古の神領相違無し。

としるしているのである。同様の考えは、のちに執権北条泰時が定めた『貞永式目』にも、その第一条に、

神社を修理し、祭祀を専らにす可き事。

とあって、みることができる。東国を基盤としていった源氏政権と、伊勢神宮の古来からの東国への浸透とを考えると、そこには古くからの深い関係があったであろうと推測できる。また、平氏が伊勢の津の辺から中央へ登場し、俗に伊勢平氏と呼ばれていたにもかかわらず、熊野と強く結びついて伊勢を圧迫していったことに対する伊勢神宮側の反平氏感情が積極的に源氏へ働きかけてゆく契機となったことは十分考えられる。寄進系御厨も、頼朝の政権確立以前に、すでに常陸国小栗御厨、伊豆国蒲屋御厨、相模国大庭御厨、武蔵国七松御厨・榛谷御厨、下総国相馬御厨・夏見御

源頼朝像（京都　神護寺蔵）

厨、上野国高山御厨・春柳御厨・玉村御厨、下野国梁田御厨・寒河御厨など東国には多く存在していたのである。これらの御厨の存在は、頼朝以前から東国武士団と口入神主との間に深いつながりのあったことを示している。そして、それは、『貞永式目』の第一章でまず神社について定めてゆこうとする東国武士団のもつ信仰と無縁のものであったとは考えられない。

外宮神人の活躍

『令義解』に、村毎に社があって、その社毎に神人がいて、男女ことごとく集って春秋の祭をおこなうという記事がある。このような信仰が集落毎に古くから存在していたであろうことについては、あらためて考えるまでもないと思う。そして、そこでは、当然豊かな稔りが祈られていたに違いない。ところで、すでにみてきたように、天照大神の本来の姿は具体的な農耕神であったと考えられる上に、平安末から積極的に活躍する権禰宜層の多くは外宮神人だったのであるが、外宮の祭神等由気大神はまさに穀物を司る神であった。伊勢神宮に対する信仰が広まってゆく基盤は、すでにその発生のときからあったともいえるのである。

外宮の神人たちは、それまで内宮に対して従属的な地位にあった外宮をより高めることによって、その活動を容易にしようとした。その支えとして作られたわが神道五部書と呼ばれる『天照坐伊勢二所皇太神宮御鎮座次第記』『伊勢二所皇太神御鎮座伝記』『豊受皇太神御鎮座本紀』『造伊勢二所太神宮宝基

本記』『倭姫命世記』であった。これらの意図するところは、たとえば『御鎮座本紀』に、天照大神の託宣として

吾が祭奉仕するの時、先づ須らく止由気皇太神宮を祭るべき也。然る後我が宮の祭事勤仕すべき也。故に則ち諸祭事止由気宮を以って先と為す也。

とあるのをみても明らかであろう。と同時に、たとえば『御鎮座伝記』に、

止由気太神は、則ち水気を主《つかさ》どり、而して万物を長く養ふ也。

とあるように、生成養育を司る神として強く訴えていったのである。これらを支えとして、外宮の神人たちは、地方の名主層のなかへ入っていった。名田名主層が所領安堵のために伊勢神宮へ寄進をしてゆくのも、単に自らの領地を守るためだけではなく、神宮の主張する信仰が名主層に受け入れられるだけの要素を十分にもっていたからと考えられる。

頼朝政権が、このような荘園名主層や土着した国司・郡司層から成る武士団を基盤において成立している以上、在地信仰、また、それらの階層に浸透していたであろう伊勢神宮に対する信仰を無視することはできなかったに違いない。鎌倉幕府は、むしろ積極的に伊勢神宮を皇祖神か

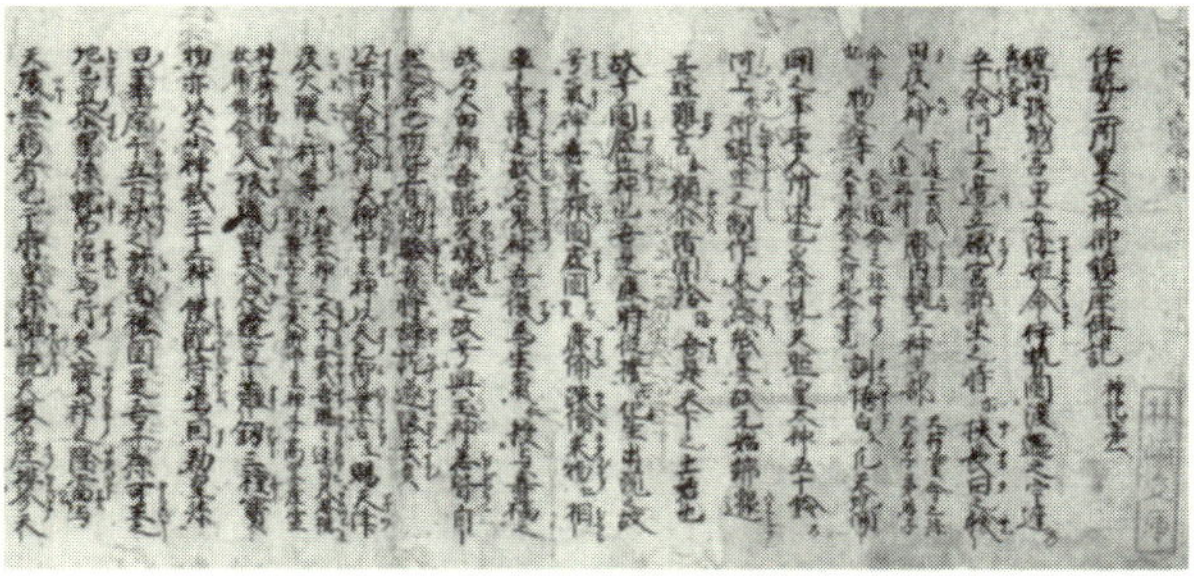

『伊勢二所皇太神御鎮座伝記』(神宮文庫蔵)

ら国家神にまで高めてゆくことによって自らの政権を支える一本の柱としていったと考えられる。
源頼朝は、寿永元（一一八二）年一月に、砂金百両と神馬一〇頭を伊勢神宮に献じた。二月に奉じた願文には、

古今の例を訪て、二宮に新加の御領を申立て、伊雑宮を造替て、神宝を調進せむと祈請する所なり。

としるし、そして寿永三年に武蔵国大河土・飯倉、安房国東条の御厨を寄進しているのである。そのほか『吾妻鑑』にみられる東国武士の伊勢神宮への寄進のいくつかをみると、

寿永元（一一八二）年　十郎蔵人行家　美紙十帖・八丈絹二疋
文治二（一一八六）年　源義経　黄金の太刀
文治三（一一八七）年　源頼朝　砂金二〇両・神馬八頭・太刀二振
建久五（一一九四）年　源頼朝　神馬・太刀

などとある。もちろん、これらの寄進は単なる信仰の問題だけではなかった。行家の場合は平家追討祈願のためであり、

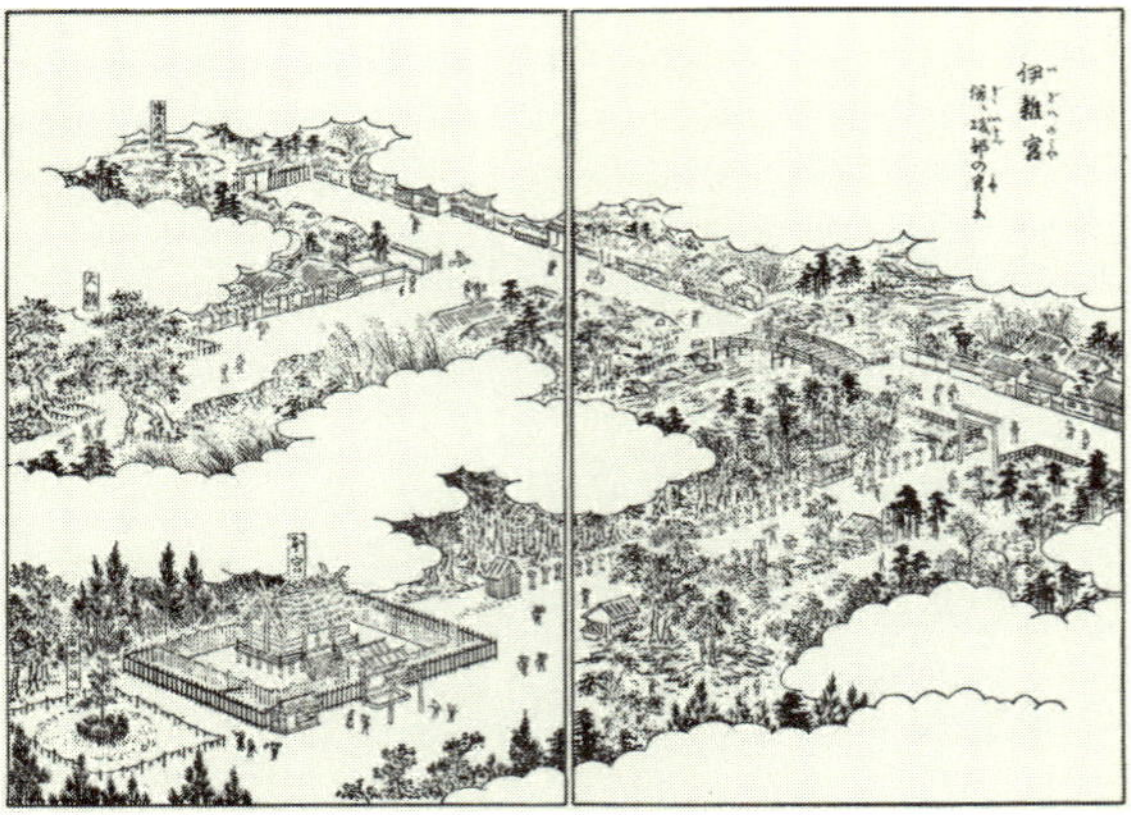

伊雑宮（「伊勢参宮名所図会」より）

義経の場合は平家追討祈願成就の御礼であった。文治三年の頼朝の場合は義経追討祈願のためであった。このように、伊勢神宮は武家にふさわしい現世利益をもつものとしても信仰されていたのである。このような現世利益も、天武天皇の戦勝祈願以前から天照大神のもっていた性格の一つであったことはすでに述べた。頼朝のところへ出入していた神人は、権禰宜の度会光倫・生倫・光親・光生等であり、皆外宮の神人たちであった。

神明社

伊勢神宮は私幣禁断の神社であった。が、もはや、そのようなことをいっていられる時代ではなかった。これらの寄進は、まさに私幣であった。しかし、表面的にはそれを直接神宮に奉献することはできず、あくまでも口入神主の手を経ておこなわれていたのである。私幣が禁ぜられているぐらいであるから、勧請はもちろん許されなかった。しかし、伊雑宮《いざわのみや》が古く志摩の伊勢の神戸内に生まれた神明社と考えられるという阪本広太郎氏の説もあるように、神宮の数多くの別宮・摂社は、

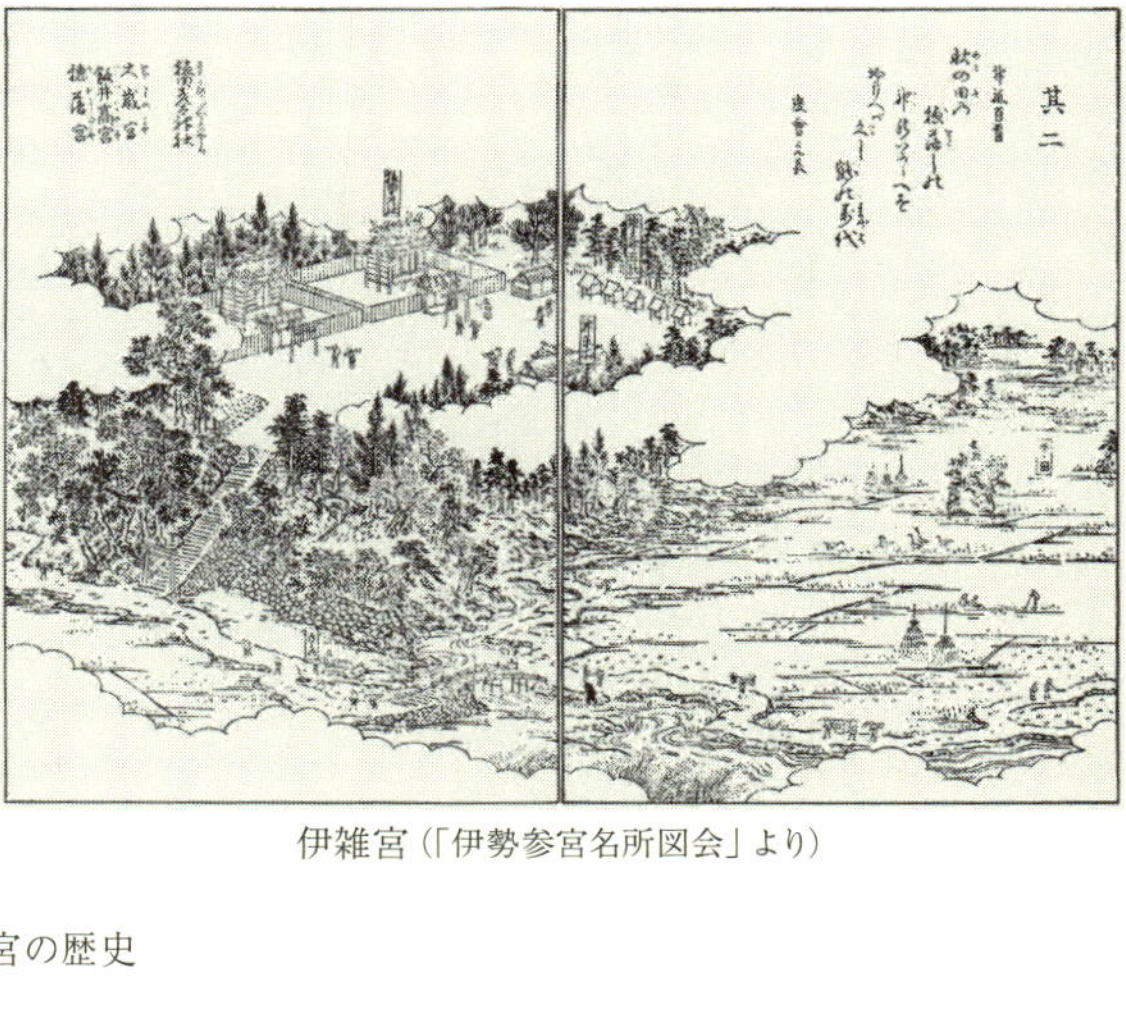

伊雑宮（「伊勢参宮名所図会」より）

皇太神宮の別宮 伊雑宮

丹後大江の河守にある元伊勢宮

頼朝の勧請した甘縄神明社

神領・神戸に勧請された神明社と考えることも可能であろう。伊勢神宮を勧請してのものかは不明であるが、『延喜式』にはいくつかの天照系と考えられる神社名がしるされているのである。『倭姫命世記』をみると、伊勢鎮座までの倭姫の遷幸は二四ヵ所にも及んでいるのである。平安末の大治四（一一二九）年頃成立と考えられるこの書物に、それ以前のものにみられない数多くの遷幸地が記されたのは、それまでに勧請されていた伊勢系神明社を正統化するためであったかもしれない。これらの多くが、神田・神戸寄進の記事とともにしるされているのは、それらが御厨・御園の成立と関係があったからではないだろうか。

御厨・御園には神明社が勧請された。そして、それらは、領民の精神的支柱として、また領内統治の中心としての役割をもってくる。神明社が勧請されることによって、伊勢への信仰は領民の心の奥へと入っていったのである。平安末から鎌倉期へかけての神人層の活動をみるとき、むしろ神明社の勧請は彼らにとっては望ましいことであったと考えられる。相模の大庭御厨、安房の東条御厨、信濃の仁科御厨などにみられる神明社が代表的御厨神明である。仁科神明社などは、伊勢神宮にならって二〇年毎の式年遷宮をおこなっていたことが棟札によってわかっている。鎌倉期以後、もはやかぞえきれないほどの神明社が各地に生まれてゆくが、その初めはこのような御厨神明であった。そして、大庭神明などには下級神人が在任もしていたのである。私幣禁断・勧請禁止といったことは、もはやなんの力ももっていなかった。

頼朝も鎌倉に甘縄神明社を勧請し、厚く信仰していたことが知られている。そして、伊勢神宮が国家神として意識されてくるようになると、神明社も、神宮と直接関係のある御厨神明としてだけではなくより広範囲に勧請されてゆくようになる。

神領の崩壊と勧進聖

室町時代以降になると、それまでの遷宮を支えていた役夫工米の制もおこなうことができなくなってくる。天皇家の衰退とともに国家からの保護は停止し、また、御厨を中心とする神宮領からの年貢の未納も増加し、平安以来の荘園制の崩壊とともに伊勢神宮の経済基盤は完全に崩れおちていったのである。伊勢の神郡内における北畠氏をはじめとして、東国地方の御厨集中地帯も戦国大名の成立によって決定的な打撃をうけたのであった。

大西源一氏の紹介するところによると、足利義満は、明徳元（一三九〇）年、

一、四度の官幣懈怠あるべからざること。

一、造役夫工厳密に下知を加ふべきこと。

といった願文を伊勢神宮に奉じたという。そして、みずからもたびたび参宮し、天下太平・武運長久を祈っているのである。それは、南北朝の騒乱を解決した義満の天下統一のための一つの方法であったろう。義満は、応永年間に一〇回も参宮をおこなっている。その子義持も、第五代の義教もたびたび参宮をおこなっている。しかし、式年遷宮は次第に困難となり、また、文安五（一四四八）年頃から例幣も延引しはじめ、ついに応仁の乱（一四六七〜七七年）によって絶えたのである。そして、永享六（一四三四）年の外宮、寛正三（一四六二）年の内宮の遷宮以後百余年にわたって遷宮はおこなわれなくなるのである。

このような戦国乱世の時代に伊勢を支えた力の一つに勧進聖があった。宇治橋・風宮橋の造り替えな

どはとくに多くの勧進聖の力によってできたものであった。そのような勧進聖のなかに、宇治の慶光院と呼ばれる小さな尼寺の清順がいた。仏像・経巻もない草庵であったといわれている慶光院の清順が式年遷宮復活のための勧進をおこない、その努力によって永禄六（一五六三）年外宮の遷宮が一二九年ぶりにおこなわれたのである。ついで清順のあとを継いだ慶光院周養の努力によって、秀吉の銭一万貫・金子五百枚の寄進を得、天正一三（一五八五）年内宮・外宮の遷宮が完全におこなわれたのである。内宮の遷宮は一二三年ぶりのことであった。天正の遷宮は秀吉の寄進があってはじめて可能になったとはいえ、多くの勧進聖が遷宮のための寄進を求めて諸国をめぐって伊勢に対する信仰を説いてまわったであろうことは疑い得ない。それが、在地庶民層に伊勢に対する信仰が大きく広がってゆくのに一役かっていたこともまた事実であろう。

金剛証寺の奥の院にある
慶光院清順尼と周養尼の墓

4　御師と檀那

御師の成立

平安時代から活躍を開始する伊勢神宮の権禰宜層が、御厨・御園の寄進に際して重要な役割をはたしてきたことについてはすでにのべたが、これらの寄進は、すなわち私的な幣物であった。が、伊勢神宮は表面上は私幣禁断なのであるから、寄進者が直接幣物を奉じて祈ることはできなかったのである。そこで、これらの権禰宜層が御祈禱師として寄進者に代って祈りを捧げたのである。これがのちに御師《おんし》と呼ばれるようになったといわれている。あるいは、役夫工米の御使として全国的活動を開始したとき、すでにこれらの権禰宜層をオンシと呼んでいたかもしれない。

御厨の供神料、すなわち年貢・上分は、そのほとんどが口入神主のものとなり、それはあたかもそれら権禰宜層の私有財産化していった。そして、御師と寄進者との関係は、全くの個人的結合によって成立していたのである。のちに詳しくのべるが、このような個人的結びつきは幕末に至るまで御師を支える基本となっていった。戦国乱世の世を経て、御厨・御園は崩壊する。そして、それまでの領主層との関係も必然的に再編成されなければならなくなってくる。もちろん、多くの御師たちは戦国大名とも結びついていった。新城常三氏の調査によると、蔵田大夫と上杉氏、上部大夫と織田氏、幸福家と武田氏、福島家と大友氏、足代家と今川氏、村山家と毛利氏、佐八家と宇都宮氏などが結びついている。これらは、御厨などの土地を間においての結びつきではなかった。そこには、伊勢神宮に対する信仰があり、それをとりつぐ御師がいたのである。このように信仰によって御師と個人的に結びついていった人びとを檀那といった。また、道者ともいった。なお、御師が大夫号を称えるのは、権禰宜層に五位の位が与えられていたからである。

萩原龍夫氏の調査によると、十四世紀末から十五世紀初頭にかけて、権禰宜が内宮に三五〇人、外宮に三〇〇人もいたというのであるから、当然これらの権禰宜層が御師として特定の大名たちを檀那とするだけではすまなかったに違いない。御師たちは、さらに在地へと深く入っていった。そして、農民層と直接師檀関係を結んでゆこうとするのである。源頼朝と結びついていた度会光倫等も一種

御師の館の門（太郎館大夫邸門 旧慶光院 現祭主職舎）

の御師であり、そこに師檀関係の発生をみることも可能であるが、後世にみられるような師檀関係を結ぶことを御師たちが積極的におしすすめてゆきはじめるのはいつ頃のことなのかはっきりとはわかっていない。しかし、新城氏の調査によると、鎌倉末の御師寂円の檀那は遠江・武蔵・出羽・甲斐・常陸の国にまで及んでいたというし、室町時代に入ると四一ヵ国を地盤とする御師、四六ヵ国を地盤とする御師などが現われてくるという。鎌倉末から室町にかけて、すでにかなりの活動があったと考えられる。もちろん、師檀関係は個人的結合を基盤とするものであるから、その地盤は分散していたし、また、他の御師の地盤と入りくんでいることも多かった。このような御師の積極的活動は戦国乱世のなかで大きくおこってきたと考えられる。それは、もちろん農民層の成長を背景においている。農民層の経済的地位の向上が御師をうけいれるに足るだけの力をもってきたということである。伊勢信仰の伝播定着が全国のあらゆる階層にゆきわたっていったのはこの時代ではなかったろうか。『徴古文府』をみると、十五世紀の初頭に箕曲長楠大夫は、信濃国阿加沢家の支配下にある下人・百姓を檀那としている。あるいは、この場合は阿加沢家の支配を

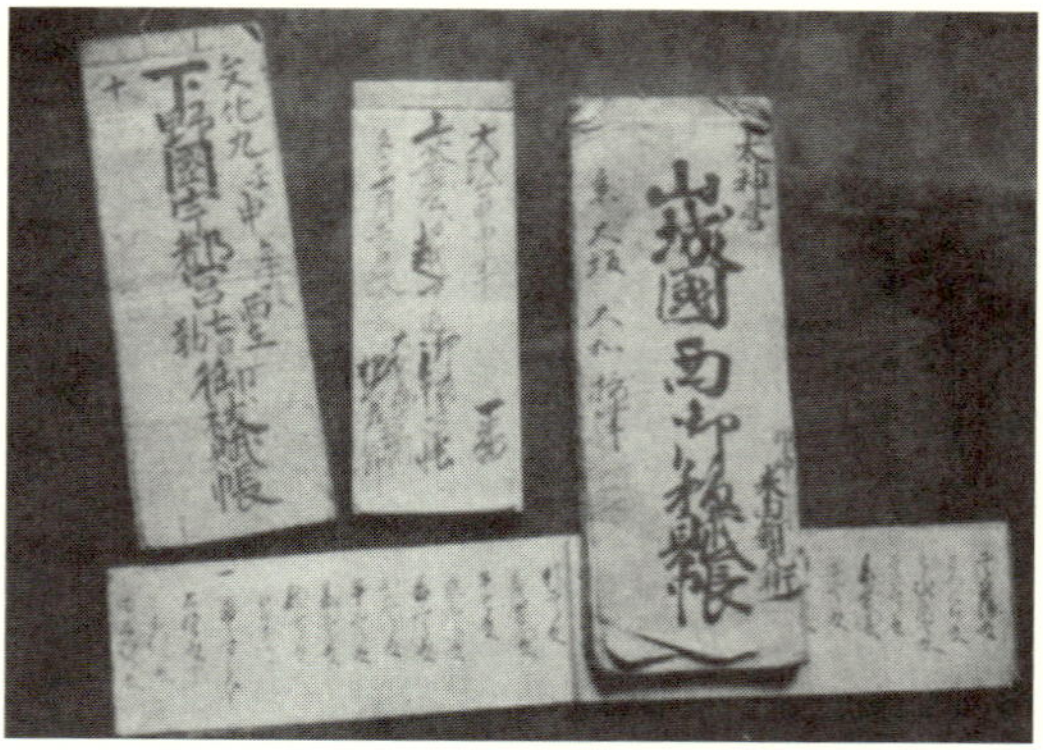

御師の御祓賦帳

通じてのものであったかもしれないが、少なくとも上層階級だけではなく、下人・百姓に至るまでをも檀那としてゆこうとしているのである。これらの百姓が、それぞれ一人前の檀那として成長してゆくのである。

信仰を広めたもの

伊勢神宮に対する信仰の農民層への伝播に重要な意味をもったと考えられるものが、いくつかある。一つは、現世利益である。武士にみられた伊勢信仰にもそれがあったことはすでにのべた。そのほかにも、平安末の文治二（一一八六）年に東大寺再建祈願のために俊乗坊重源が伊勢神宮に参詣したときの記録である『東大寺衆徒参詣伊勢大神宮記』に、夜半重源の夢に大神が現われて「吾近年身疲れ力衰へ大事成り難し、若《も》し此願を遂げんと欲せば、汝早く我身を肥せしむべし」といったという。そこで皆相談して大般若経二部を書写して内宮・外宮で転読した。そののち俊乗坊の弟子の夢に米の袋を積んだ船がやってきて、大般若の米で、米は八十八と書くから長寿を表わすという、これは官長の延寿を示すものだといった話がのっている。このような話は数多くあったのではないだろうか。それが次第により具体的になってゆき、広く庶民の信仰を支えるものとなってゆくのである。

いくつかの例を『伊勢太神宮神異記』にみると、主人にことわらずに伊勢参宮をした下人を主人が怒って殺そうとしたが、大麻に刀疵がついて下人は助かったとか、火事のときに大麻をとって祈ったら急に風が変わって軒までもえていたのに火は他所へいったとか、一向宗だからと大麻を拒否した家が火事で焼けたとか、お産のときに祓箱の帯を解くと安産だとか、子供のない人が伊勢神宮に祈ったら男子を得たとか、腰の骨を打って歩けなかった者が参宮したらたちまち治ったとか、参宮した盲者の目が明いたとか、参宮のために誰もいない家に入った盗人がかなしばりになってすぐとらえられたとかいった形であらわされている。このような現世の利益こそ庶民の信仰にとっては重要な意味をもっていた。もはや、ここには、かつての皇祖神の面影はない。

次に、浄土を求める心が末法思想とあいまって強くあったということを考えなければならない。平安末に神は仏の化現であるという考え、いわゆる本地垂迹説が広まった。そして、伊勢神宮の祭神天照大神の本地についても諸書にみえてくる。が、そこにはいろいろの考えがあった。天照大神が太陽神であるところから大日如来の化現であるとするのは当然であったといえよう。密教方面では毘盧遮那仏《びるしゃなぶつ》を大日如来と同体とみているので、東大寺の大仏を天照大神の本地とする考えもあり、また観音の化現とする考えも強くあったのである。三十三観音巡礼などでもわかるように、観音の慈悲に

観音巡礼の信仰は秩父にもできた

すがって浄土へゆこうとする信仰は強いものであった。そして、天照大神の本地として観音がとなえられたとき、人びとは天照大神に新たなる親しみをもってすがってゆけたのではないだろうか。また、神本仏迹説というのがある。幸若舞の『百合草若大臣』に「神の本地を仏とは、よくも知らざる言葉かな。根本地の神こそ仏とならせ給ひつつ衆生を化導《けど》し給ふなれ」とあるのがそれである。そして『園城寺伝記』には、「経は則ち天照の託宣なり」とあるのである。天照大神を本地として釈迦がいるという考えである。これらのいろいろの主張が、力強く生きながらも一面ではひたすらに救いを求めていった庶民の心と伊勢神宮とを結びつけてゆく契機となったであろうことは十分に考えられる。

さらに三社託宣についても考えておきたい。三社託宣とは、天照皇太神を中心に、右に八幡大菩薩、左に春日大明神を並べて一組とし、それぞれの託宣をしるしたものである。『醍醐枝葉抄』所収の三社託宣は、次のようなものである。

天照皇太神

謀計雖為眼前之利潤、必当神明之罰

正直雖非一旦之依怙、終蒙日月之憐

八幡大菩薩

銅焔雖為食、不受心汚人之物

銅焔雖為座、不至心汚人之処

三社託宣の掛軸は今でも掛けている家が多い

春日大明神
雖曳千日之注連　不至邪見之家
雖為重服之深厚　必至慈悲之室

これは、正直と清浄と慈悲とを重んじる考えで仏教的色彩の強く感ぜられるものではあるが、とにかくこの三社託宣は広く各階層にわたって信仰されたのであった。天照大神と春日との結びつきは、『日本書紀』の天孫降臨の条の第二の一書に、天照大神が天児屋命・太玉命の二神に「惟《これ》いまし二の神、亦同《とも》に殿の内に侍ひて、善く防護を為せ」と宝鏡を守ることを命じたとあるところに始まる。

天児屋命は、春日神社の第三殿の祭神である。そして、中臣氏ののちの藤原氏の遠祖ということになっている。一方、八幡信仰は鎌倉武士の支えとなったものであった。伊勢を中心にして、平安の貴族的世界と鎌倉の武士的世界とを見事に統一したものが三社託宣であったということもできるであろう。

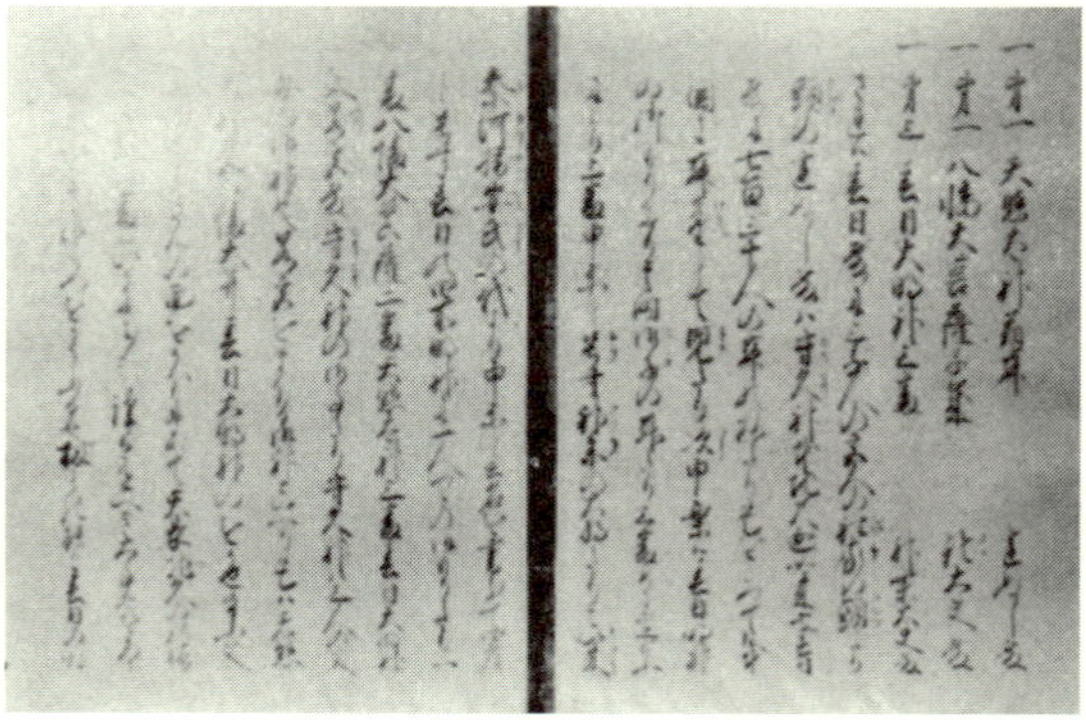
八帖本『花伝書』

ところで、この三社託宣が室町の中頃から広く流行してゆくのには、もう一つの理由があったと考え

られる。それは、八帖本の『花伝書』に、

天照太神　翁舞
八幡大菩薩　千歳
春日大明神　三番

とあるように、この三社が翁芸と結びついていたということである。これらを式三番《しきさんば》といって、申楽芸では最も神聖なものとしていた。現在でも各地に翁系の芸能が多くみられるが、中世の在地の祭礼においては、この翁芸は重要な意味をもっていたと考えられる。世阿弥は『風姿花伝』において、稲積の翁、代継の翁、父助《ちちのじょう》の三つが今の世の式三番であるといっている。これらの翁たちは、稲積の翁・代継の翁といわれるように、稲の稔りや子孫の繁栄をもたらしてくれる神々だったのである。とすれば、翁芸と在地とが結びついてゆくのは、当然である。そして、この翁芸と三社とが一体のものとされていたのである。三社託宣が農民層へ広まってゆく大きな理由の一つがここにあったと私は考える。三社託宣の軸は現在でも生きている。が、

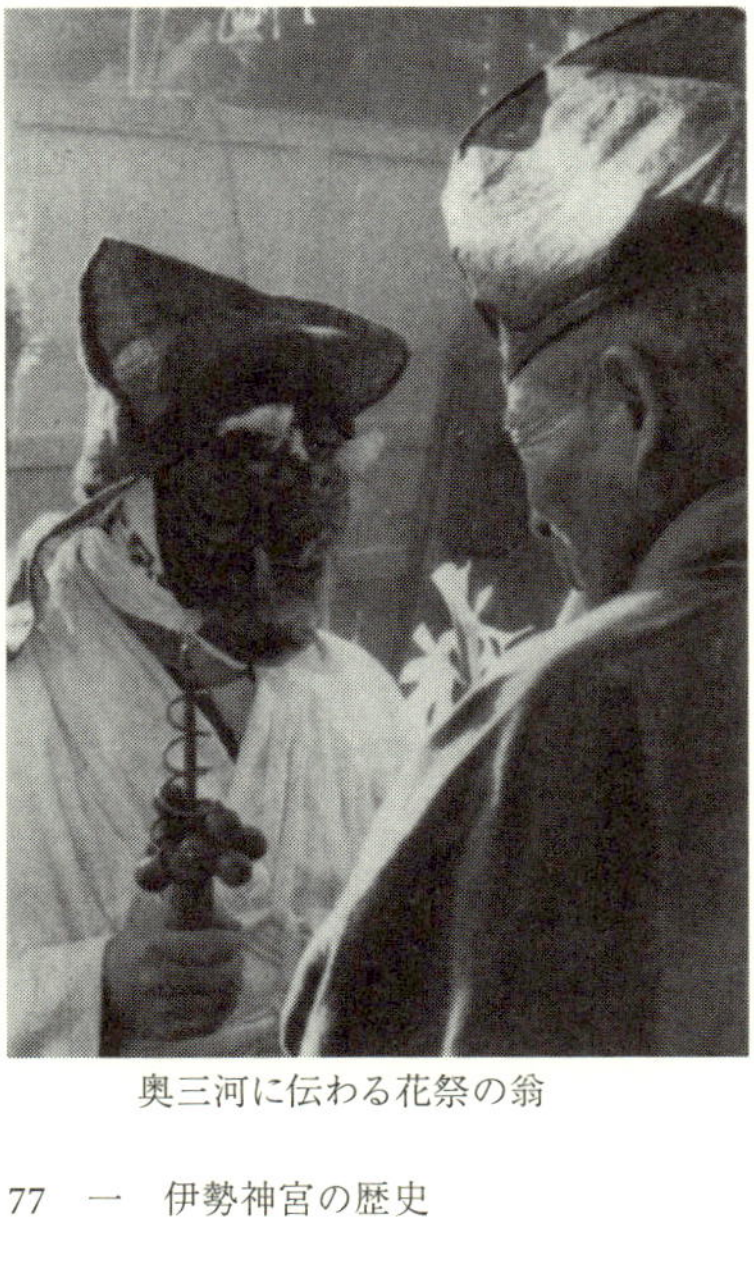
奥三河に伝わる花祭の翁

それらは、神号だけであったり、神像が描かれていたり、三神の由来が記されていたりで、初期の正直・清浄・慈悲を訴える託宣は全く影をひそめてしまっている。このように、託宣そのものから離れて三社の神号が信仰されるようになったのは江戸時代のことであるらしい。このような信仰が成立し得たのは、託宣以上に大切なものがこの組合せのなかにあったからに違いない。天照大神がかつて農耕神であったということ、そして翁芸との結びつき、それらが心の奥底では理解されていたのではないだろうか。

さらに、御師の活動を支えた重要なものに音物《いんもつ》があった。これについてはのちに詳しく述べる。

御師の数

御師の数は、文禄三（一五九四）年の外宮の師職帳をみると、一四六人となっている。なお『文禄御師人数帳』では一七七人である。とにかく、江戸時代直前の山田には、外宮の御師が一五〇人近くいたのである。ところで、先にみた萩原氏の調査による数百人の権禰宜層はどうなってしまったのであろうか。禰宜・官符権禰宜層を神人と呼び、中世以来商人を兼ねたり、神人層の下人として働いていたりしながら次第に新しい御師として成長し活動を開始する度会・荒木田一族以外の新興勢力を神役人と呼ぶが、これら神役人が徐々に宇治・山田の実権を握ってくる。その過程でこれらの御師の間にも激しい消長があったのではなかろうか。十五世紀の中頃から道者株、すなわち檀那場の権利が売買されるようになってくるのもそれを物語っているといえるかもしれない。有力な御師のもとに檀那が集中していったのであろう。

『徴古文符』によると、嘉吉元（一四四一）年以前に、度会文里は箕曲長楠大夫から信濃国阿加沢家の家中から下人・百姓に至るまでの権利を相伝している。これが金銭による売買であったかどうかは不明だが、萩原氏の調査によると、宝徳四（一四五二）年には大和の道者株が五貫文で売買されているから、度会文里の場合も同様であったろう。萩原氏は多くの文書から八四件の道者株売買の記録を示しておられるが、それによると、そのほとんどが現金で売買されているのである。御師の生活が早くから貨幣経済化していたことをこの事実は示している。ということは、御師と檀那との関係は、表面上は信仰の問題であったが、御師の側からみれば全くの商売であったということであろう。道者株を買って御師となっていったとみられる者に、薬屋小五郎、大塗師屋宗左衛門、麻屋小三郎、米屋宗吉、塩屋善左衛門、酒屋藤次郎などの商人たちもいた。また、和泉の堺材木町の伊勢屋四郎衛門も買っている。御師の生活が貨幣経済化すればするほど、これらの新興勢力はますます力を得ていったに違いない。このようにして、十六世紀末頃までに檀那場の統合がかなりおこなわれたのではないだろうか。中島の北家のように、二一回にわたって、淡路・阿波・摂津・近江・土佐・讃岐・紀伊・越後・丹波・因幡などの檀那場を買い求めている者もいるのである。かつての権禰宜層のすべてが、御師として生きつづけられたわけではないのである。

ところで、御師の数は江戸時代に入ると急激に増加する。貞享元（一六八四）年の『山田惣師職人数覚帳』では四四〇人、『正徳師職名帳』では五四六人、寛保三（一七四三）年の『師職名帳』では五五三人、宝暦五（一七五五）年の『師職名帳』では五七三人となっている。これらは、山田の外宮の御師の数であるから、これに内宮の御師を加えなければならないが、内宮関係の記録はほとんどない。わずかに『原時芳記』で正徳頃の宇治の師職数を一四一人と知ることができる。少なくとも、正徳年代（一七一一～一六年）には内宮・外宮あわせて七〇〇人近い御師がいたということになる。このような御師の増加は、江戸時代に入って急速に新しい檀那の開拓がおこなわれたことを示している。これはずっとのちの記録であるが、安永六（一七七七）年の『外宮師職諸国旦方家数覚』によると、御師の数は四五三、檀那は四九六万一三七〇軒に及んでいる。これに、慶応三（一八六七）年の『宇治師職名帳』にみられる一七六人の内宮の御師の活動を加えると、全国のほとんどが檀那となっていたといえるようである。このような日本全国すみからすみまでといった活動は、御師の数が正徳頃から外宮の場合五〇〇余で安定しているので、この頃までにほぼ完成していたと考えられる。師檀関係が完成し、師職数は安定したとはいっても、その権利は売買の対象となり、

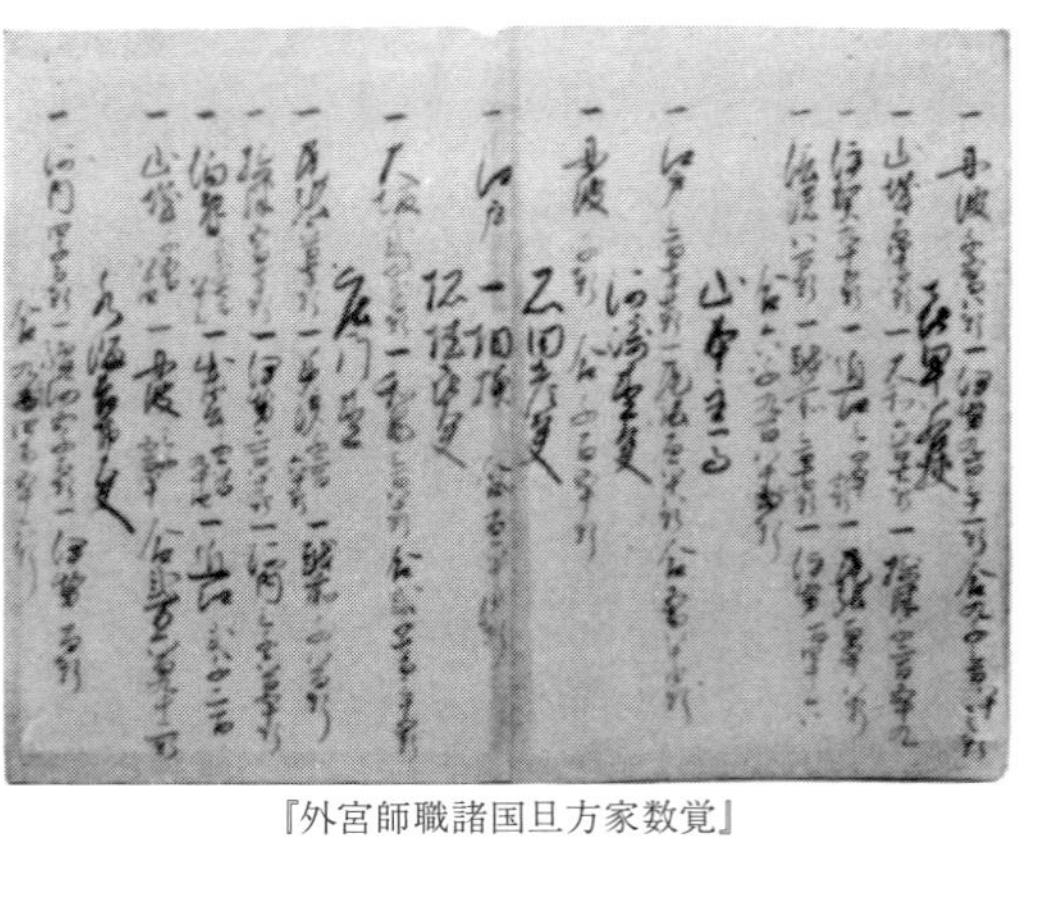
『外宮師職諸国旦方家数覚』

その消長はかなり激しかったようである。さきにみた慶応三年の内宮の御師は一七六人であったが、当時すでに絶えている家が一二八あったと『宇治師職名帳』にある。宇治の場合、約半数近い師職が幕末までに絶えてしまっているのである。

また、檀那あっての師職であるから、檀那の確保のために争いは絶えなかったようである。個々の師職の間でも争いはあったであろうが、伝統的な神人層に対する新興勢力である神役人たちの攻撃は激しく、その争いは室町時代にすでに始まっている。永享元（一四二九）年には、神域内で死者をだすまでに至っているのである。こうして、次第に神役人層が力を得てくると、次に問題となるのは、内宮・外宮の師職の間での争いであった。外宮は、口入神主時代から伝統的に積極的な活動を積み重ねてきているために、当然その力は大きかった。一方宇治には、伊勢神宮の中心は天照大神を祀る内宮であるという矜持があった。江戸時代以前に、数回に及ぶ合戦ともいえるような争いがあった。とくに文明十八（一四八六）年の争いでは、北畠氏が山田を焼払い、山田方の中心人物であった榎倉武則が瑞籬内で自刃するということまでおこっている。このような争いは、それぞれに理由はあるが、結局は檀那をめぐる勢力争いにほかならなかった。天文二三（一五五四）年の争い以降、一応両者が武器をとって争うことはなくなったが、それで両者の間が安定したというわけではなかった。しかし、こういった争いを経て、師檀関係を支える個人的結びつきは互いに侵さないといった不文律が次第にできあがっていったようである。

師職式目

ところが、慶長八（一六〇三）年の徳川家康の朱印状には、檀那が従来の関係を無視して自由に新しい師檀関係を結んでよいという一項があったのである。これに驚愕した御師たちの抗議によって、その文面は、先祖以来の法式によるようにと改められた。これを契機として、御師たちは定めを作り、それによってみずからのきずきあげた権利を守ってゆこうとするようになる。慶長十年に成立した山田の『御師職式目』一七ヶ条がそれである。それは、師檀関係は檀那の家と御師個人とによって結ばれているもので、転居その他のいかなる事情があってもこの関係はあくまでも消滅しないということを定めたものであった。檀那が参宮にきた場合などにもほかの関係のない御師が宿泊させたりしてはいけない、檀那が困っていても関係のない御師が助けてはいけない。他国から山田へ移住した者は一代中は御師にはなれないといった条項もあって、もっぱら既成の師職の側に立って、その利権をとにかくも守りぬこうとする姿勢でつらぬかれたものであった。そこでは、檀那側の都合などは全く考えられていないのである。なお『山田三方諸旧例並近例』等によると、寛延年中から、師職株の譲渡は認められているが、新師職は認められなくなっている。そして、安永七（一七七八）年より、師職株の譲渡の場合も再興扱いで、その称号をも継承しなければならなくなり、さらに寛政五（一七九三）年からは、師職筋の者でなければ再興もできなくなっているのである。しかし、『喜多親好日誌』によると、慶応三（一八六七）年、五〇両の冥加金で一一人の新師職が誕生しているのである。幕末の混乱期のこととはいえ、御師の世界は全くの金銭の世界であったことを思わせる記録である。

宇治山田の自治

古く神郡内の神戸の作っている郷に刀禰をおいて租庸調に関する雑務に当らせていた。その頃、宇治は岩井田・岡田・中村・楠部・一宇田・鹿海の六郷に、山田は沼木・継橋・箕曲の三郷に分かれていた。この宇治山田の地は、守護不入の地であり、また、いわゆる秀吉の太閤検地もおこなわれなかった。このような特殊地帯に、新しい力をもって成長してきた神役人たちが、この刀禰の仕事を奪って、独自の自治組織を作ってゆくようになる。それを山田三方会合《えごう》・宇治二郷会合といった。山田は三保に分かれていたからであり、宇治は六郷を岩井田・岡田の上郷とその他の下郷とに分けていたからである。

山田には多くの座があった。米座・麴座・酒座・魚座・瀬戸物座・釜座・布座・麻座・紺座・油座・紙座・綿座・瓦座・御器座などの存在が知られている。また、市も多く、三日市・五日市・八日市・古市・宮市などがあった。三日市大夫などは、その市を支配するまでに成長した者なのであろう。また、土倉《どそう》と呼ばれる金融機関も発達していて、榎倉・久保倉などとなのっている者がその業をおこなっていたようである。こういった経済面を握ることによって力を貯えた神役人層が自治組織の中心を形成してゆくのである。

御師には四つの階級があった。山田の場合、神宮家・三方家・年寄家・平師職に分かれていた。神宮家は正員の禰宜で御師をやっている者、三方家は三方会合の年寄をつとめ御師をしている者、年寄家は各町内の年寄をつとめ御師をしている者、平師職は御師のみをしている者であった。その下に、殿原と呼ばれる師職の手代や姓のある商人などがい、さらに中間と呼ばれる職人・商人・農民などの姓のない者たちがいた。三方会合の年寄をつとめる家は、二四家あった。『対問私言』によると、二四人のうち権禰宜が一二人、無位師職が一一人となっている。これら三方家で運営されていた会所の仕事は、正月に江戸の将軍家と京都の御所へ年始の挨拶にゆくこと、将軍家に吉凶それぞれ事がおこったときに挨拶にゆくこと、山田奉行所へ年頭・節句・八朔・蔵暮・吉凶・参府発着・御朱印改賜等の際に挨拶にゆくこと、遷宮・大祭の際の警護、参道の修理、火警、川浄め、犬狩、触穢触れまわり、罪人捕縛、盗まれた物・質物等の取調べ、変死人取調べ、火災検視、諸郷よりの行倒・家出・改名・貧窮・芸能興行・祭礼・開墾等々の届出、願いなどの処理であった。また、羽書《はがき》と呼ばれる兌換紙幣も発行していた。一匁・五分・三分・二分の四種があった。六四匁で一両であった。これらをみてもわかるように、会合所の仕事はあらゆる面にわたっており、政治・経済の両面にわたって完全に把握していたということができるであろう。しかし、会合所は伊勢神宮に対する奉仕ということになると非常に消極的であり、むしろ神宮の権益を次第に奪っていったのであった。

一方、幕府は山田奉行を派遣してこれらの自治組織等の監督に当らせた。その仕事は、遷宮の際に造営奉行となること、神嘗祭の際に神事奉行となること、公事裁判をおこなうこと、鳥羽の港の監視監督などであった。が、のちには次第に権限が大きくなり、自治組織内の諸政をも指導するようになっていった。

壇那まわり

御師の仕事の第一は、檀那まわりであった。そして、大麻をくばったのである。大麻とはお祓の札のことで、箱祓と剣先祓の二種があった。札のつつみ紙には、大神宮とあって、その下に御師の名が記してあった。これによってもわかるように、この大麻は御師がお祓をして諸国の檀那へくばるものであって、伊勢神宮そのものは一切関係していないのである。御師の仕事の最も基本的なところにおいてすら神宮が関係していないということは、御師が全国的規模で師檀関係を結び、伊勢信仰を広めたとはいっても、それは全く神宮自体の経営とは関係がないということであった。伊勢に対する信仰は、たしかに伊勢神宮あってのものであったが、その信仰の生みだす実際の利益はすべて御師

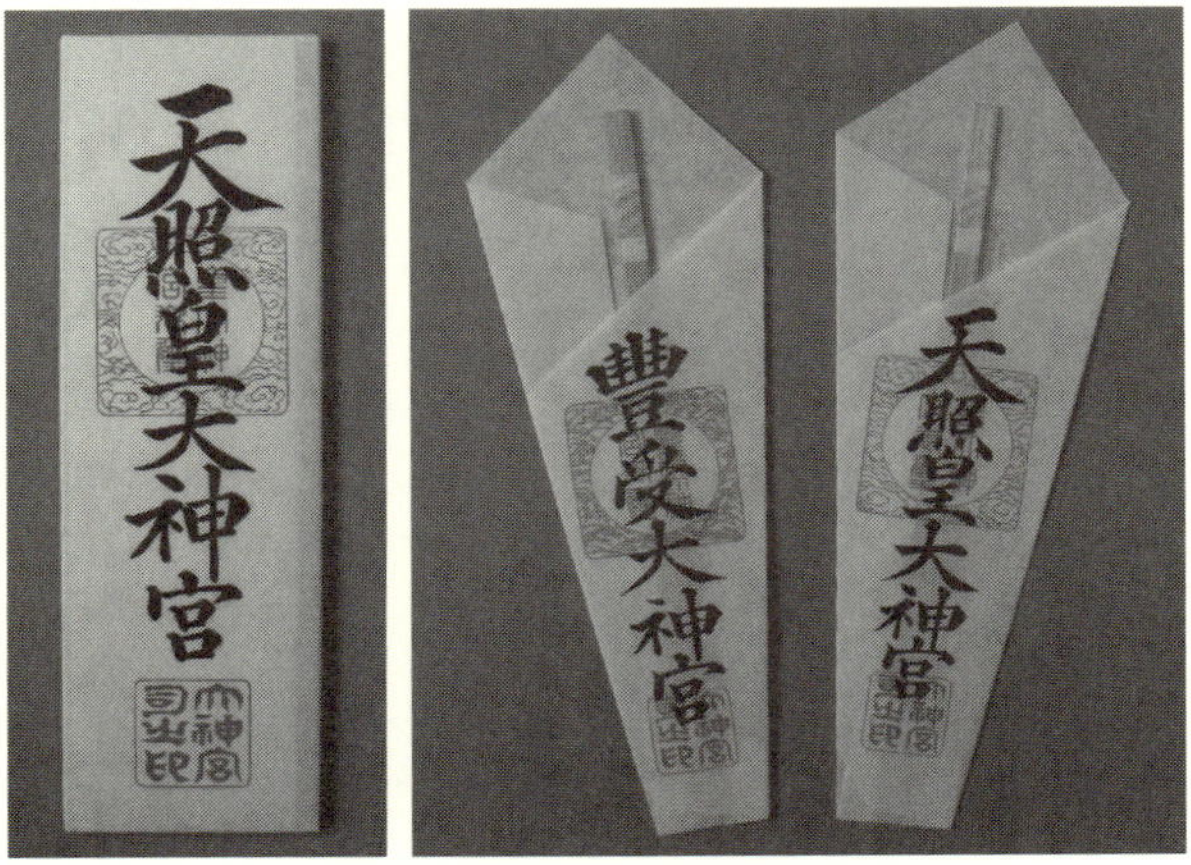

現在の箱祓（左）と剣先祓（右）

のものとなっていったのである。

御師が檀那に札を配布して歩いた記録を道者日記・檀那帳などと呼ぶが、現存最古のものは永正十五（一五一八）年の久保倉藤三の『御道者日記』である。上野・下野・江戸など関東地方をまわったときの記録である。この日記をみると、藤三は一つの村で多くて一〇人、平均一、二人しか訪れていない。これは講親のもとをまわっているのかもしれないが、収入の面からみると、一人が平均して一〇〇文出しており、それに対して帯一本が音物として与えられている。このような記述からみると、後世のものとは異なり、この時点ではまだ土地の有力者のみが檀那となっていたのかもしれない。藤三の日記は不分明なところのあるもので、明確な数とはいえないが、一応現存のもので判断すると、彼は三七四人の檀那をまわって、一人から平均して一〇〇文を受けとっているのである。そのなかには、一文も出していない家もあり、また一貫文、五貫文と出している者もいる。そして、音物としては、帯が二八八、櫛が四一、その外厚板・薄板といった反物、茶などが用意されているのである。二〇〇文に対して、帯が一本であったり、二本であったりしているので、いわゆる行商的行為ではなく、あくまでも報賽に対する音物であろうが、御師が早くから貨幣経済を主とした生活をおこなっていることを考えると、多分に商行為的性格をもっていたように感ぜられる。諸種の檀那帳によって音物の種類をみると、帯・白粉・茶・扇子・櫛・海苔・のし鮑・ふし（染料・おはぐろに用いる）・まくり（虫下し）・ふのり・墨などがある。が、最も重要な音物は伊勢暦であった。伊勢暦がいつ頃から作られはじめたかわからないが、私たちの祖先が暦・年中行事によって日々の生活をし、天皇の重要な仕事の一つに暦の制定があったことを考えると、在地へ御師が浸透してゆく過程のなかで、早くから暦こそが音物として最も求められたものであったと思われる。唐衣橘洲の狂歌に、

まづひらく伊勢の太輔《たいふ》がはつ暦
けふ九重も花のお江戸も

とあるように、伊勢暦は新年を迎えてまず開いてみなければならないものであったのである。ここで重要だと考えられることは、暦には、ほかに京暦・江戸暦・会津暦・三嶋暦・南部暦など種々あったにもかかわらず、宮中でも江戸でも、伊勢暦を全国統一の暦としてとらえていることである。伊勢暦の普及は、全国的に暦を統一してゆくという役割をはたしたと考えられる。現存の伊勢暦で最も古いものは万治三（一六六〇）年金剛兵衛が刊行したものであるが、当然それ以前からあったに違いない。伊勢暦には多くの種類があった。『二禰宜房重卿日次』によると、広折金扉暦・金扉・布目・鳥子・仙過両戸・仙過大折・大折・諸口大折・中折・上紺・並紺・半紙折・雲形・巻の一四種があった。しかし、檀那帳でみるかぎりでは、上紺・並紺がほとんどで、ときに大折などがくばられているにすぎない。

御師の使として檀那まわりをする者を代官といった。のちには手代ということになる。古くは榊の枝をもって歩いた。これが伊勢からの使のしるしであった。のちには、板で札を作り御師の名を記して荷物に挿した。村へゆくと、講親・田屋・伊勢屋などに泊った。田屋・伊勢屋は手代のための特別な設備で、

のちには神明社となったものが多い。一、二泊し、宿払いはもちろんなしで次の村へ村送りでいった。『神宮編年記』に収められている宝永四（一七〇七）年に山田三方の惣代三日市左門等が寺社奉行へ出した文書によると、檀那から初穂を頂戴して渡世はしているが、すべて檀方の心次第であって御師の方で求めているわけではないとある。が、井原西鶴の『世間胸算用』には、

毎年太夫殿から御祓箱に鰹節一連、はらや一箱、折本のこよみ、正真の青苔五抱、かれこれこまかにねだん付て、弐匁八分がもの申請て、銀三匁御初尾上れば……

とある。これは明らかに商行為である。文化十（一八一三）年の『檀所神徳勘定之事』によると、伊予国大洲領徳森の場合、村数三七、家数二一六二のところをまわって、初穂料が四八両二歩、土産その他の費用が二九両三歩、正味神徳一八両三歩とある。約二〇〇〇の檀那をもつことによってこれだけの収入があるわけである。さきにふれた安永六年の『外宮師職諸国旦方家数覚』をみると、三日市帯刀の檀那は三五万三〇九〇軒、久保倉弾正の檀那は二六万九一〇三軒、福島相模の檀那は一八万五一七八軒などとある。これらの大きな御師の収入はものすごいものであったに違いない。

御師の家での儀式

御師の仕事の第二は、参宮人の宿をすることであった。参宮の状態についてはのちの章で詳しく述べるが、とにかくおびただしい人びとが御師の家に泊ったのであった。御師の家の門には

豊後国
肥後国　福嶋みさ記大夫
豊前国

といった大きな門札がかけてあった。檀那は御師の家に泊って、三役といわれる御供料・神楽料・神馬料を払った。神馬料は形式的なものでそのまま御師の収入となった。御供祈禱にも等級があったが、太々御供となると非常に大がかりなものであった。享保二十（一七三五）年の『太々御供執行今式』を参照してそのあらましを述べると、まず御供を執行する一間に注連縄をはり、榊で山を作り、そこに内宮・外宮の神号をかける。台をおいてその上に祈禱の麻をのせ、また、散米・散銭を入れた猫足をおき、神酒・神膳を用意する。祈禱師一〇人が列座して、その場の清めが終ると、役人・願主等一同は神拝し、そののち、米・銭をまくなかで祓の行事があり、つづいて祈禱師によって祝詞があげられる。この祝詞のなかで願

福嶋みさ記大夫の邸門（現・神宮文庫表門）

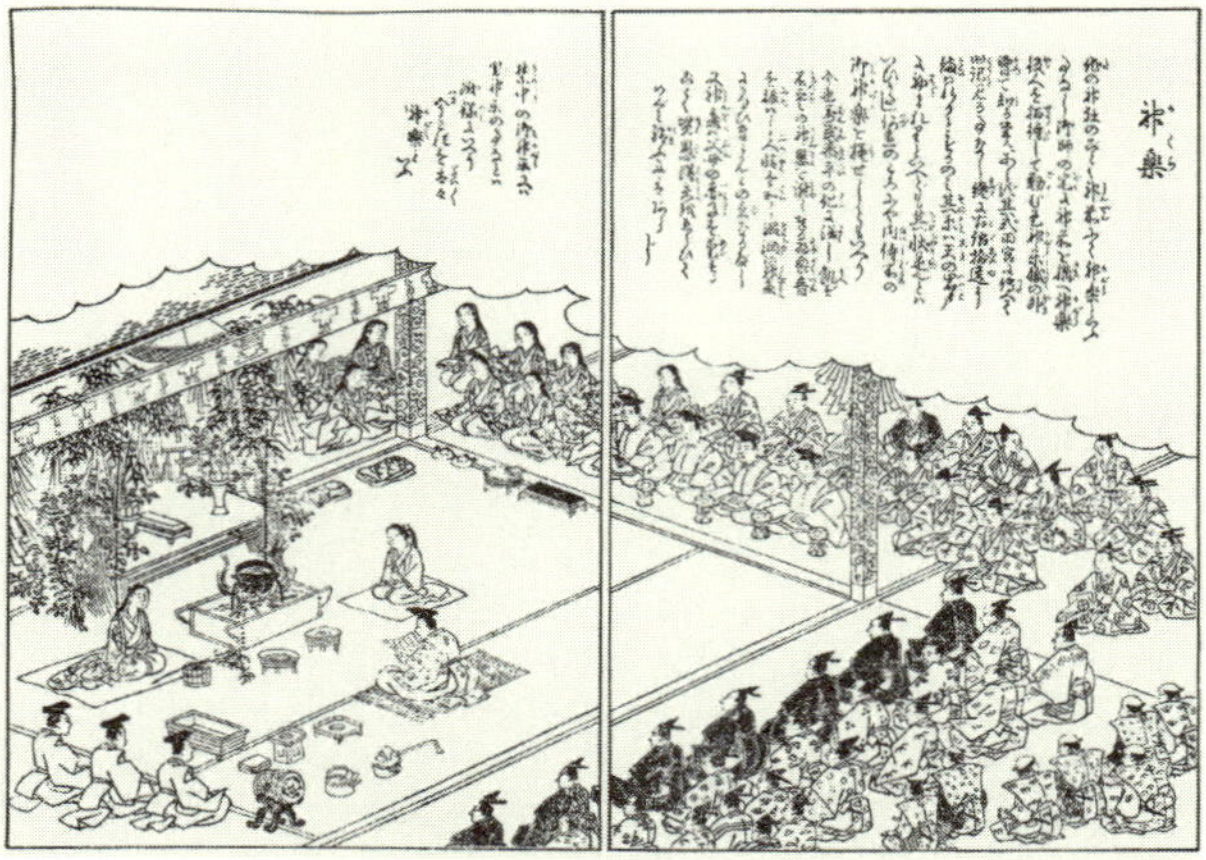

神楽（「伊勢参宮名所図会」より）

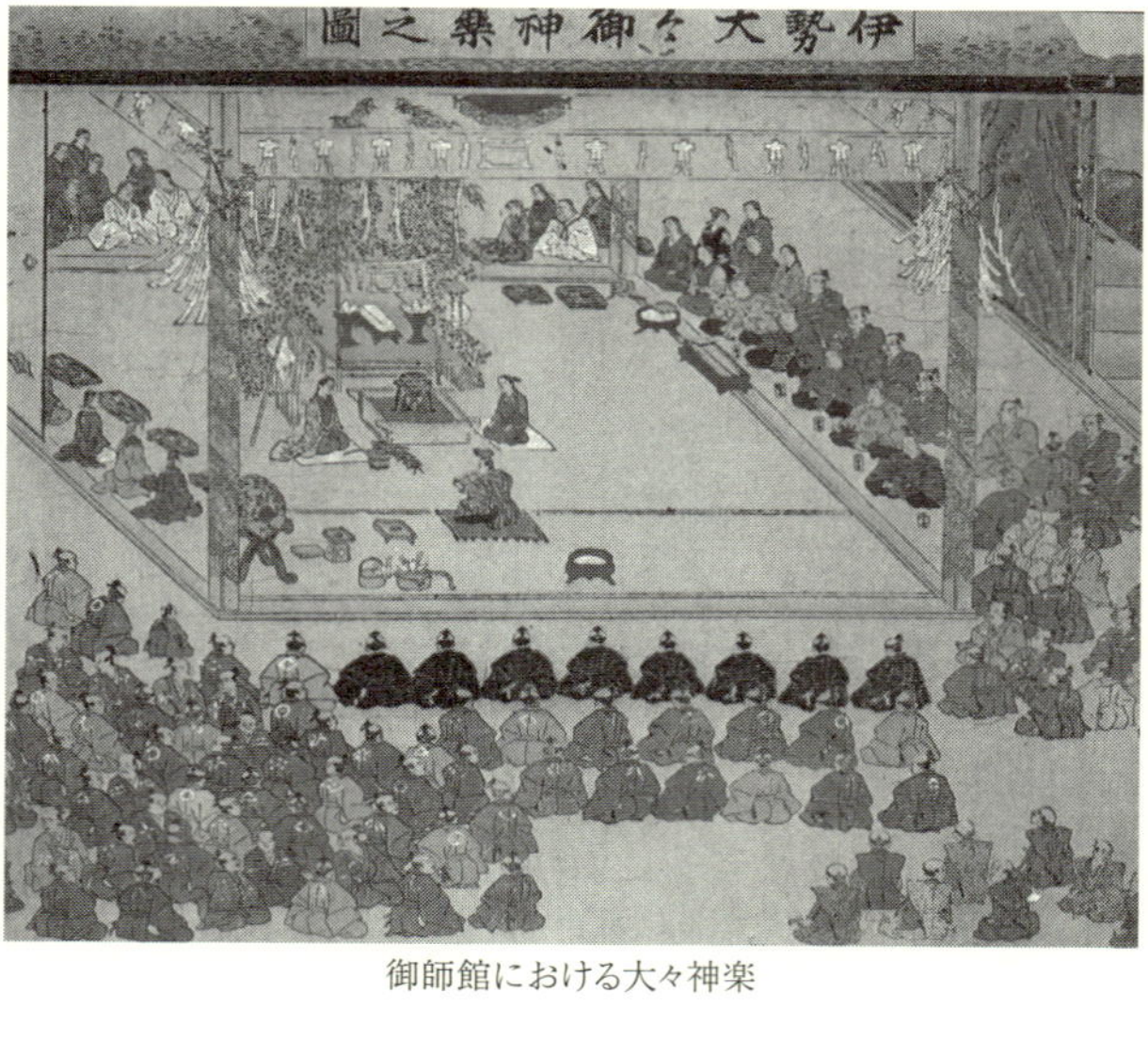

御師館における大々神楽

主の祈願の内容が述べられる。そして、太々御供の場合は万度の祓がおこなわれるのである。神膳に供えられるものは、餅・すし・餡羹・鴫《しぎ》の羽盛・海老の船盛・鯛・突飯・洗米・塩・鮑・栄螺・鰹・かずの子・

はも・鮭・鰺・鱚・干蛸・鯉・鮒・鰤・するめ・かまぼこ・ごまめ・昆布・のし鮑・大根・竹の子・茎茗荷・漬瓜・漬大根・梅・九年母・柿・梨・ざくろ・きんかん・黒豆・ぐみ・びわ・山桃などであった。

神楽は御師の家で神楽役人によっておこなわれた。神楽には、大々神楽・大神楽・小神楽・添神楽の四つの等級があった。神楽料は、『神楽考証』によると、神楽役人の取分が初めは米で、大々で五六石四斗、大で六石、小で六斗、添で二斗四升であったが慶長以後銀となり、大々で七三三匁、大で六六匁、小で六匁六分、添で三匁となったとある。『亀田末雅筆記』によると、宝暦三（一七五三）年以降は、神楽料が金五〇両あるいは銀三貫目の場合、神楽役人へ七三〇匁、三〇両から五〇両までのときは八両、三〇両以下のときは七両二分ときまった。『山田故事残篇』によると、最盛期の享保三（一七一八）年には、正月から四月十五日までで、大々神楽四〇九座、大神楽二五八座、小神楽一六一三座がおこなわれたというのであるから、それからの収入もまたはかりしれないほどのものであった。

神楽はいわゆる湯立神楽で、神楽殿に注連縄をはり、神座である山の前に釜を据え塩湯をわかしておこなわれた。神座の上には天蓋がかけられていた。そして、師職

大神楽のときにつかわれた湯立の釜

の神拝があって、神楽が演ぜられた。大々神楽の場合は三六番あった。神楽をおこなっているとき、願主は銭をまいた。『毎事問』には、

大神楽ハ男九人、小神楽ハ男七人出ヅベシ、女ハ定数ナシ、大々神楽ハ男女共ニ定数ナシニ出勤スベシ。

とでている。神楽が終ると、御師が願主を饗応した。

明治四年、神祇官から、

師職並ニ諸国郡檀家ト唱へ、御祓配分致シ候等之儀、一切被㆓停止㆒事。

という達しがあった。そして、御師も太々御供も神楽もなくなってしまったのである。

二　伊勢信仰と伊勢講

1　民族国家の成立

植物性文化

日本民族は、おそらく世界で一番早く土器を持った民族であると思われるが、それは早くから物を煮て食う習俗を持っていたからであると思われる。食物をたべるにあたって一番簡単な方法は生のままたべることであるが、中には生のままでたべられないものがある。生では固すぎるとか、苦味や辛味やえぐいものなどがある。これらは煮ることによってそれを取り去ることが可能なものが少なくない。そういうものは植物性の食物に多い。

日本民族は早くから植物性の食物を採取していたと見えて、煮てたべる技術を身につけたものであろう。そしてそれが土器を発達せしめたと思われるが、同時に農耕をも発達させていったと考える。おそらくそれは畑作農耕であっただろう。

耕して海にいたる（青森県西津軽）

ところが今から二〇〇〇年あまり前に、われわれは稲を栽培する技術を学んだ。これはおそらく、稲を作る技術を持った者たちが日本へ渡来することにはじまるのであろう。しかしその技術がきわめて短時日の間に南から北へとひろがっていったということは、それまでこの列島の上に住んでいたものが耕作の心得を持っていたと考えざるを得ない。すなわち、稲作に先行して畑作がおこなわれていたと推定するものであり、それなくしては稲作が下北半島にまで一世紀前後の頃に伝播していったことが考えられなくなる。

農耕民族国家

さて、私の言いたいことは、農耕を主とした生活が展開すると、人びとはおのずから定住性が強くなって来るということである。とくに稲作は輪転耕作を必要とすることなく、同一地に永年耕作をつづけることができるので、水田農耕民の定住性は高くなる。定住者が多いことと、同一の耕作法をとることで、そこに共通した文化を持つ広域社会が生まれて来る。

もとより稲作ばかりでなく、畑作を主として林業や狩猟などを営む農民も山地や台地には多かったのであるが、日本における生産の主体は稲作におかれ、七世紀の中頃、大化新政のおこなわれたとき、米の生産を統一するために班田収授法がしかれ、全国に六〇万ヘクタールをこえる条里田がつくられ、それから得られる租税を挺子にして律令国家が成立したのである。

条里田（兵庫県伊丹付近）

これはあらゆる食料作物のうち稲作が一番安定し、また収量も多かったからである。と同時に、稲作の全国伝播とともに、全国に共通した生産および生産の慣習が生まれ、また共通した言語が生まれていったと見られる。つまり稲作を通じて民族国家の基盤ができあがっていった。

しかし、このようにして成立した律令国家は、その後政治上のいろいろの矛盾が生じて次第に崩壊していった。ということは、世が安定し、生活が安定して来ると、次第に人口が増加し、人口が増加すれば新田開拓が重要な問題になり、これを政府がおこなわず、民間でおこなうとすれば、私有田が多くなり、班田収授法はくずれてゆくことになる。十世紀から十二世紀にかけてはそういう時代であった。そうして、中央集権的な律令国家に対する一般民衆の服従意識は次第に消えていったのであるが、それでは一般民衆は国家に対する民族的な統一意識を失ってしまったであろうかというに、そうではなかった。

律令国家の政治的権力は弱まりつつも、律令政治の効果をあげるためにおこなった政治的文化的な施策は、律令政治が解体していっても、なお長く残っていた。

律令文化の流れ

たとえば、律令政府がつくりあげた道はそのまま残って利用せられていた。東海・東山・北陸・山陰・山陽・南海・西海の諸道がそれであり、これらの幹線道から多くの枝道がわかれていた。そして古い官制駅逓の制度がすたれて、宿《しゅく》がこれにかわって来る。

あるいはまた政令を徹底させるために用いられた暦と、暦にしたがっておこなう年中行事も、変貌をとげつつもすべてのものがすたれていったわけではなく、生産と生産にともなう予祝や収穫祭などは民間人もこれを持ちつたえて来たのである。

それらをこえて、もっと重要なことは共通の言語を持ったことであり、しかも方言はそれほど強くなかったのではないかということである。これを物語るものは、たとえば鹿児島県は昭和二十年頃まではきわめて特異な方言を持ち、在地人同士の話はわれわれにも通じにくいものがあったにかかわらず、その南につらなる種子島・屋久島・十島村の島々のことばはかえってはるかにわかりやすかった。むしろそういう所ほどわかりにくいことばをつかっていていいはずであるが薩摩藩政からややはみ出したところ

ここにポルトガル人が漂着した（種子島南部海岸）

にわかりやすいことばのあったことは、われわれにいろいろの示唆を与える。それは、ひとり九州南部にかぎらず、対馬・壱岐をはじめ、東北地方でも北上山中のことばは比較的わかりやすかったし、また秘境といわれるところのことばが意外なほどわかりやすい。言いかえると方言化していない。方言化はむしろ近世に入って藩政が進んだ中から強くなったのではないかとさえ思う。

このような推定は単なる推定にすぎないかもしれないが、とにかく十二世紀の頃には国全体にほぼ通ずる共通語が生まれていたのではないかと思われる。つまり民衆全体がほぼ共通した文化を持つにいたっていたようだ。

つまり、早く定住生活をはじめつつ、言語を一つにし、生産様式を一つにし、したがって生産儀礼を一つにし、暦を一つにし、中央へ統一せられた交通路を持つことによって、お互の気付かぬところで共通意識を持っていた。そしてそのような共通意識は同時に、一つのシンボルを持つことによってある安定をみるものであるが、人びとがそれを皇室に求めていたことは言うまでもない。

それは臣下あるいは武家の権力が強くなって、天皇の即位と廃位を自由におこないつつも、天皇制自体を廃止することのなかったのは、政治権力のシンボルとしての天皇以外に国民の宗教的なシンボルである天皇をみとめ、しかも国民の尊敬の根強さを即廃にあたる者自体も感じていたからであろう。

そして皇室が氏神としてまつる伊勢神宮に対しては、さらにその神威のかしこさというようなものを信じて疑わなかったようである。伊勢に対する後年の民衆信仰はそこから出発する。

2　伊勢信仰の普及

神戸・御厨

伊勢神宮や伊勢信仰については、実に多くの書物が書かれている。それほどまた一般の人たちの関心も高いわけであるが、それでは伊勢に対する信仰はどのようにして民間に浸透していったのであろうか。本書でも第一章でそのことについてのべて来たところであるが、もっとも興味のあることは、その信仰が政治の力によって強いられたものではなかったということである。またヨーロッパにおけるキリスト教や中近東におけるイスラム教などのように、他の宗教を排斥して発展したものでもなかった。

仏教の方は律令国家の成立したときに国教として国々に国分寺・国分尼寺をたてたこともあったが、伊勢はむしろ皇室の氏神としてあがめ、そのはじめは私幣を禁じていた。だから一般民衆の公然たる参拝はなかったのであるが、早くから民間人の参拝はおこなわれていた。神宮は多くの神戸《かんべ》を持っていたし、十二世紀に入って律令国家が解体して、神戸が神宮からはなれるようになると、こんどは民間から御厨《みくりや》を寄進する者が相つぎ、神戸が御厨に変質するものもあった。

神戸というのは古代にあって神社に所属しその租・庸・調を神社に納めた家であって、もともとは神田の耕作民であったと思われるが、律令制がしかれたとき封戸《ふこ》として規定せられた。封戸というのは大化新政のとき、豪族たちの持っていた土地や私民を国がおさめて公地公民とした際、五位以上の者、あるいは社寺に課役の民を付与したものである。

御厨というのは、はじめは神に供える御贄《みにえ》や調度類を納める蔵のことであったようだが、後には神社に属して供神料を出す土地のことを指した。そして次第に荘園とおなじようになっていった。

つまり神戸は時代の動きにつれて変質していったのであるが、神戸が国家から付与せられたのに対して、御厨は民間から寄進せられたものが多かった。しかもその御厨が建久三(一一九二)年の『両宮神領注文』や『神鳳鈔』によると七三四ヵ所もあったというのであるから、十二世紀の終頃には伊勢に対する民間の信仰は非常に根強く広いものになっていたことがわかる。

もとより御厨を寄進するというようなことは貧しい百姓ではできぬことで、武士か地方豪族でなければならぬ。鎌倉時代になって御厨の寄進が多くなったということも、武士の信仰が盛んになったことを物語るものであるが、同時に御厨の民の信仰もまた盛んになっていったと推定せられる。なぜなら御厨で生産調製せられた供神料は御厨の住民が神宮まで持ち運ばねばならず、そういうものはたいてい長櫃に入れて運んだものである。『石山寺縁起』をみると、荘園の民が京都の公家の家へ荘園内でとれた魚介類を運んで来ている絵がある。荘園領家への貢進は一つの義務として、民衆にとっては決して喜ばしいことではなかったであろうが、御厨の民にあっては、供神料を運ぶことは神の恵にあずかることができるとして喜ぶ者も多かったであろう。

七〇〇余の御厨から供神料を運ぶとして、長櫃を仮に一つとしても、かつぐには交代する者を必要とするだろうから、まず四人は必要であり、宰領や雑役を加えると、六、七人は必要になろう。すると七〇〇ヵ所では五〇〇〇人ほどの者が伊勢へ来ることになる。年二回の貢進をおこなうならばその二倍になる。このようにして伊勢への結びつきは深まってゆく。

長櫃（『石山寺縁起』）

しかもこの数字は最低の数で、神宮と御厨の間はいろいろの用件で往来する者が多かったはずである。また信仰する者の神宮へ参拝の旅をするものも多かったであろう。それが多少とも身分の高いものであると、多くの供を連れていたであろうことは『石山寺縁起』などによってもうかがわれる。とくに武士が信仰するようになってからは参拝者の数もふえていったに違いない。武士はたえず不安の中に生きていなければならなかったから、より大きな力にたよろうとする心がふかかった。

武士の信仰

そのことを物語るものに『吾妻鏡』の承久三（一二二一）年三月二十二日の記事がある。この日の暁、源頼朝の未亡人北条政子は不思議な夢を見た。「二丈ばかりの大きな鏡が由比の浦浪の上にうかび、その中から声があり、私は太神宮であるが、世の中が大いに乱れるであろうから兵をあつめよ、吾をまつるならば太平を得よう、といった。そこで政子は神宮祠宮の外孫である波多野次郎朝定をその日のうちに伊勢に向って出発させた。朝定はそれより伊勢に急行し、願書を祭主神祇大副隆宗朝臣に渡し、四月十七日に鎌倉へ帰って来た」。それから間もなく五月には後鳥羽上皇によって鎌倉幕府討伐の軍がおこされる。これが承久の乱であり、これは京都の皇室方が惨敗することになる。

源頼朝の墓（鎌倉）

本来伊勢神宮は皇室の氏神で、皇室を守るものであらねばならぬのを、反対の立場にある鎌倉幕府を助けたというのは、当時としては解せないことであったが、こうしたことからも宮廷の氏神としての観念がうすらいで、武士や人民のための神としての性格を持って来たことがわかるのであるが、おなじころから僧侶の参拝のふえて来たことも見のがしてならないことである。これについては後にふれることにするが、ここに重要なことが一つある。

御師の役割

それは御師《おんし》の活躍である。御師についても第一章にのべたところであるが、御師のはたした役割の重要さについて反省してみたい。御師は神宮につかえる下級の祠官である。神社に奉仕して雑役にたずさわり、また神宮と御厨の間を往復して、年貢や供進料などの取立て、運搬の指図などにあたった。

おなじころ中央政府の役人、あるいは荘園の領家たちが、地方の公領や荘園に対してどれほどのかかわりあいを持っていたかを考えてみると、全く心細いかぎりで、領家の下司たちが荘園へまで下っていって荘務をみるというようなことは少なく、在地の下司どもに荘務をまかせ、鎌倉中期以降（十四世紀）になると、年貢取立てを在地の武士にまかせ、そのことのためにやがて武士たちに荘園をうばわれてしまった者が多いのだが、そうしたときに伊勢の御師たちは御厨へ下っていって事務をとるばかりでなく信仰もひろめていった。

しかし、武力を持たぬ御師たちは武力に対してはきわめて弱く、また御厨も十五世紀に入ると次々に武士たちに奪われていく。それでは伊勢信仰はおとろえていったかというに、そうではなかった。御師たちが活動したのは、御厨の中だけでなく、御厨の外も信仰を持ってあるきまわっていた。

土地は武士たちに押領せられることはある。そしてその土地に住む農民たちは領主となった者に対して年貢をおさめさせられたであろうが、農民はかならずしも領主の隷属民ではなかった。農民は領主に対して年貢をおさめ夫役を勤めた後は、わずかばかりであっても自由があった。年貢をおさめたあとの物資は売ることもできたし、旅することもまた自由であった。それらのことは中世の多くの物語文学が教えてくれる。

信仰の自由

信仰もまた自由であった。念仏を申し、観音を信じ、伊勢を信仰してもよかった。だから武士に土地を奪われても信仰まで奪われてしまうことはなかった。そこで土地を奪われた御師たちは民衆そのものに結びついた。つまり民衆の信仰を拡大普及していったのである。

そのまえに日本の古い政治のことを考えてみなければならない。日本は騎馬民族国家であるという学説が最近有力になっている。それはその通りであると思うが、もともと日本そのものは農耕の国で、この島に住む者の大半は農耕民であった。農民にとってもっとも重要なことは年々の作物がよくでき、食

小さな祠（『信貴山縁起』）

うものが農富で生活が安定することであった。しかし作物の豊凶を左右するものは自然の力が大きく、それは人間の力ではどうしようもないものであった。しかもその自然を支配するのはより大きな力を持っている神が想定される。そして神の意志を理解し、神の心を静め、神に人間の意志を伝える能力を持つ者を待望した。その能力を持つ者としてスメラミコト（天皇）を現実の世界に得た。ここに祭祀王朝が成立する。そして天皇を征服者としてでなく、偉大な祭祀者とみるようになる。

　事実日本の政治というのは、国の中のいろいろの神をまつることであったといっていい。そのことによって国の安泰をはかり、民衆の安泰をはかろうとした。その祭祀のために宮廷はあったといっていい。

　そのことは十二世紀の終頃に書かれたと思われる『年中行事絵巻』などによってもうかがうことができる。年中行事とよばれる朝賀《ちょうが》・小朝《こじょう》拝《ばい》・元日節会《せちえ》・朝観行事・二宮大饗《にぐうたいきょう》・臨時客《りんじきゃく》・御斎会《ごさいえ》・御修法《みしお》・踏歌《とうかの》節会《せちえ》・射礼《じゃらい》・賭弓《のりゆみ》・内宴《ないえん》・春日祭《かすがまつり》・曲水流觴《きょくすいりゅうしょう》・闘鶏・賀茂祭騎射《きしゃ》・因地打《いんじうち》・着鈦政《ちゃくだのまつり》・祇園御霊会《ぎおんごりょうえ》・大祓《おおはらえ》・石清水放生会《いわしみずほうじょうえ》など、すべて宮中が中心になっておこなわれる行事であり、おなじ日に民間でもそれ

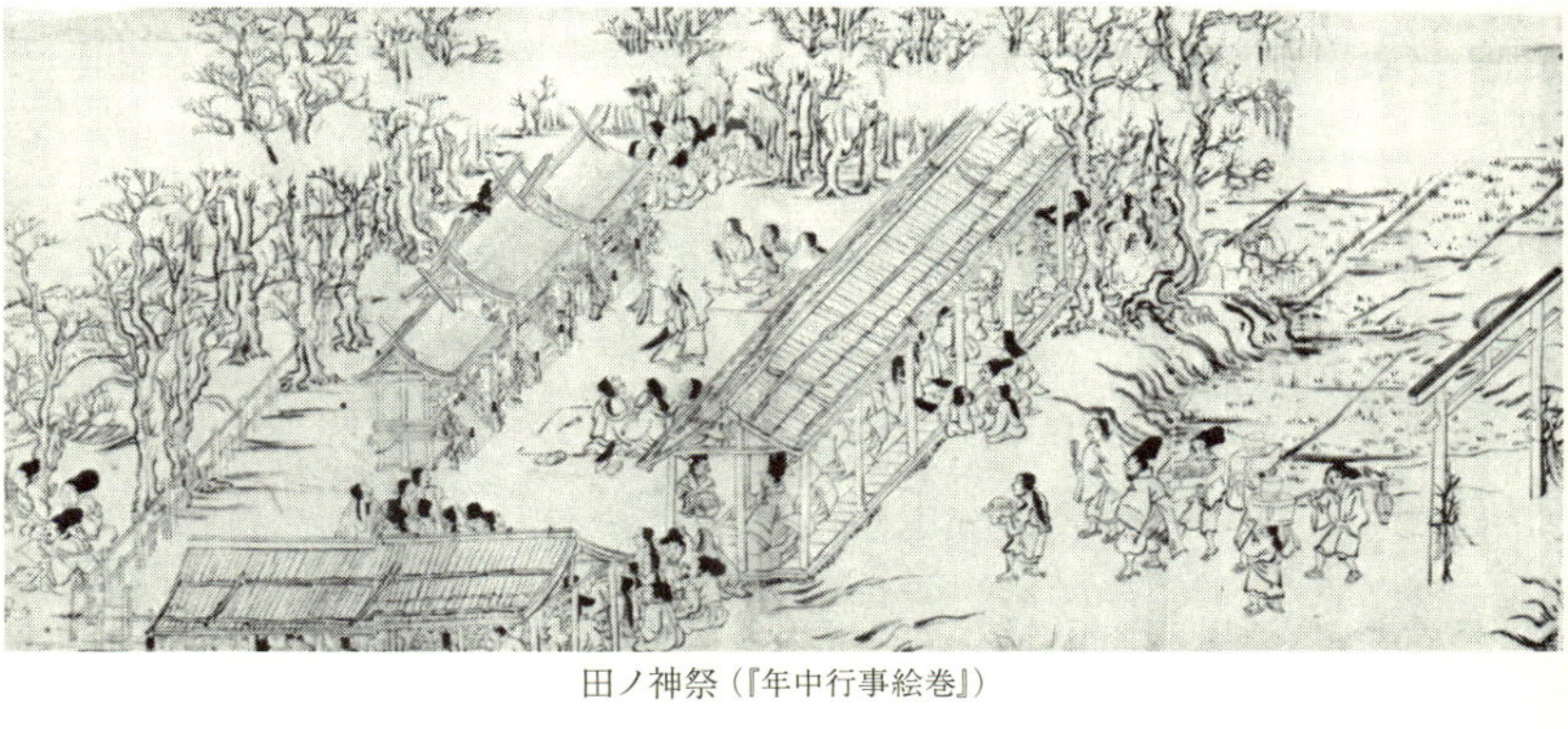

田ノ神祭（『年中行事絵巻』）

ぞれ祭をおこなっており、そこに宮中主催の祭との同調が見られるのである。

つまり両者は階級的には大きなひらきがあったであろうが、意識的には共通していたものを持っていた。そして宮中の祭にも民衆が見物のために宮中の前庭に入り込んでいるさまが描かれており、両者の間に大名と百姓の間に見られるような断絶はなかったようである。

祭祀王朝というのは国民全体がまつらねばならない神々を国王が代表してまつるものである。そして宮中で祭のおこなわれるとき、民衆もこれにあわせて祭をおこなうことが多かった。そのようにして年中行事は生まれたもので、日を同じくして国全体が祭をおこなうことは、九世紀の頃からとくに盛んになって来たようである。そして、皇室の勢威のおとろえた後も、年中行事は慣習としてのこってゆき、今日まで引きつがれている。

伊勢暦

しかも年中行事を伝えてゆく目安になる暦は、その初から宮廷がつくっており、宮廷から出された暦によって一年毎の月日が決定し、また行事も決定していった。暦なくして公の生活も約束ごとも決定することはできない。宮中の勢威がどれほどおとろえても、暦の管理だけは宮廷がおこなっていたことに重要な意味があるが、その暦を民間にくばるのにもっとも大きな役割をはたしたのが伊勢であり、伊勢暦がこれである。

今日のようにカレンダーが発達し、目のつく所にかかげてあれば日をまちがえたり忘れたりする人はほとんどないが、文字も解せず、時計も持たずに日々をすごす者の多かった時代には、日をまちがえないですごしてゆくにはかなりの努力が必要だったはずだし、文字を知る旅人がかならず旅日記をつけたのも、日をまちがえないためであったと思われる。そうした中にあって暦をつかさどる者が尊ばれたことはよくわかる。そしてそれは律令国家ができて以来、幕末までの皇室の役目であり、その配布に力をそそいだ伊勢神宮への信仰が絶大なものになっていったのも、その面から理解せられる。このような暦の配布の歴史は、文献によれば室町時代からであったということになるが、※さらに古くからもおこなわれていたのではないかと推定され、その追及は今後に待たなければならないと思う。

なぜなら、暦は農民にとってはとくに大切なものであり、耕作にあたってはいちいち暦にたよらねばならなかった。しかも暦には日の吉凶もしるされている。日の吉凶は農民に限らず農民以外にも重要で、それによって日々の行

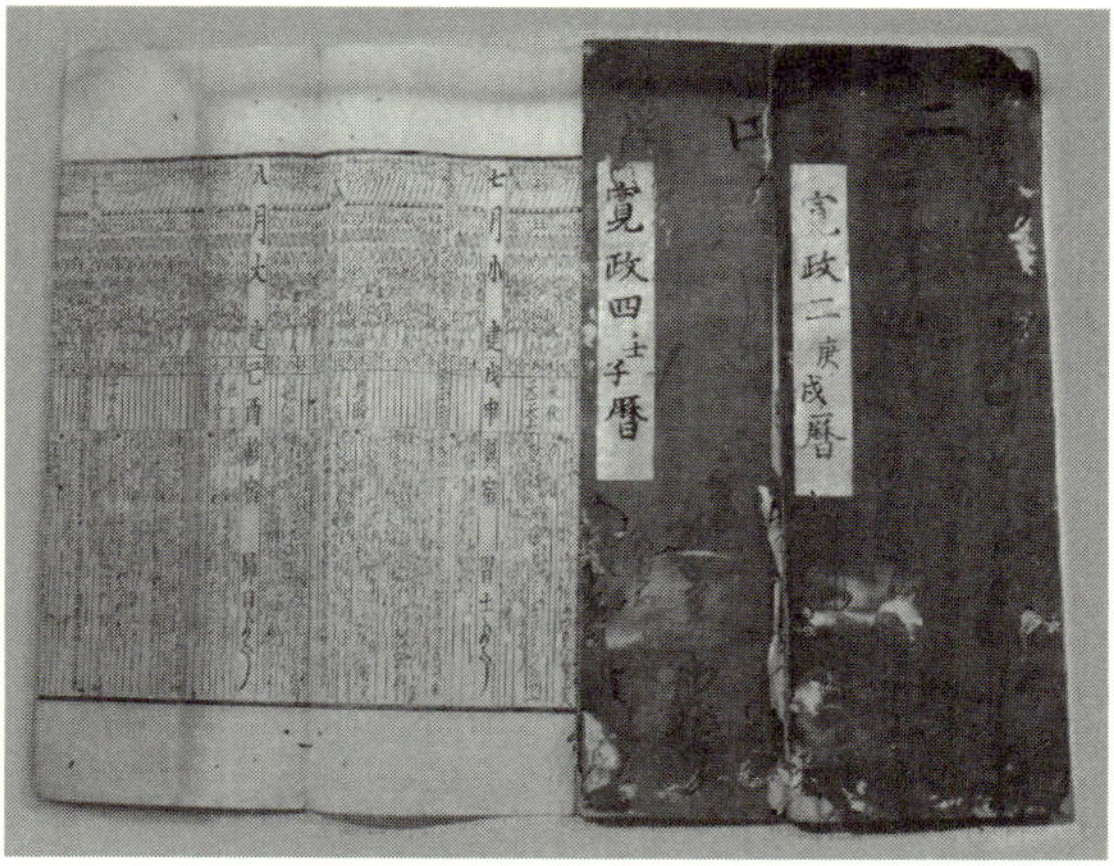

神宮で発行されていた伊勢暦

動をきめていった。たとえば日によって方角のよしあしがあり、悪い方向に向って旅立ちをすることはできないから、方違《かたたがえ》などといって、別の日に旅立ちの行事をしておかなければならなかったし、家を建てるにも結婚するにも葬式を出すにも、すべて、日をえらばねばならなかった。つまり、よい日をえらぶことによって災厄をさけようとする考え方は民衆の間にも強く、それには月日を知るばかりでなく、日の吉凶をも知っていなければならなかった。

しかもその暦が年々国の端々までひろめられるようなシステムがつくられていたはずである。そして一つの暦によって国民の日常生活がうちたてられていたことを忘れてはならない。そして暦と年中行事によって民衆は宮廷に結びついていた。またそのことによって国全体が稲作を中心とした農耕にいそしむこともできた。籾まきも田植も草とりも八朔の祝も刈上げも、全国がおなじ日に祝うことには北の端と南の端では気候の差で大きな無理があったにもかかわらず、あえてそれをおこなっていたということは、暦が一つであり、それにたよるほかに方法がなかったからであろう。

籾まき(『農家年中行事』)

3　一結衆

信仰有志集団

伊勢講の普及するまえに、民衆が信仰を通じてどのように結集していったかを見たい。元来、神の祭祀は同族によってまつられる氏神的なものか、地域社会によってまつられる産土神または鎮守神的なものかの二つになるが、仏教によっては同族と地域社会とにはかかわりなく、信仰を持つ者が仲間を結んで仏をまつる方式が多くとられた。そういう信仰集団を講とよぶこともあったが、講を結集している者が結衆《けっしゅう》であり、一結衆《いちけっしゅう》であった。このことばは石塔婆などにきざまれた文字の中に多く見出される。その古いものはどこまでさかのぼれるかわからないが、兵庫県加西郡北条町吸谷慈眼寺境内の弘安六（一二八三）年七月十日在銘の五重石塔など古いものの一つであろう。それには「毎月十四日、念仏結衆等造立之」とある。兵庫県の金石文は田岡香逸氏がくわしくしらべているが氏によると、弘安六年から文明七（一四七五）年までの間に結衆または一結衆とあるものが六基ある。いずれも念仏信者の結衆のようである。

そのほかに気付いたものをあげると、山口県八島の浄福寺に木像半跏《はんか》の地蔵尊があり、その背後に「明徳三（一三九二）年壬申十月廿六日台立同十月廿八日開眼願主性佑　結講衆　法阿弥・藤太郎・源四郎・孫二郎・郷太夫・源太夫・右近太郎・五郎・四郎右十人講主」ときざまれている。名前からみると法阿弥は念仏僧であったと思われるが、他は島の百姓であり、一〇人が講主とあるから、あるいは島民全部が講衆であったかもしれない。とにかく、信仰を通じて村民有志の結束が見られつつあったことが、これによってうかがわれるのであるが、このような結衆は南北朝の頃から全国へひろがっていったものと思われる。広島県宮島町の大聖院という寺からかなり奥へのぼった川のほとりの岩に、「此石橋惣中以徳力渡世本願念仏講三十人為逆修元五年二月十日」と刻まれている。元五年はその上に一字ぬけているはずだが、鎌倉時代には下に元のつく年号のあるものは承元・寛元・康元・正元・乾元・嘉元・延元があるが、そのうち五年もつづいたものは承元と延元だけであり、承元は一二〇七年から一二一一年までである。文字などの様子から見ても承元ではなく延元であろうと思われる。延元は一三三六年から一三四〇年までで南北朝にかかる。その頃宮島に念仏講があり、三〇人ほどの者が講仲間になっていたことがわかる。

八島地蔵　背後に結衆の文字あり

また奈良県下にも石造物に文字をきざんだものが少なくないが、都祁《つげ》町にのこっているものをひろってみると、もと水分《みくまり》神社にあった石灯籠には「永仁三（一二九五）年乙未九月一日　勧進西念　結縁人数当四百五十余人」とある。結衆ではなく結縁人数となっている。また観楽寺の五輪塔には「享禄五（一五三二）季壬辰六月十五日　念仏講一結衆」と刻まれている。そのほか極楽寺の永禄三（一五六〇）年四月廿四日在銘の地蔵像には、庚申待一結衆六人の名がしるされている。それから七年たった永禄十年丁卯三月吉日の在銘の不動寺地蔵像にも庚申待一結衆としるされており、一結衆が講衆を意味することばとしてつかわれ、それが信仰有志団体であったことがわかる。

おなじころ来迎寺境内にのこる五輪塔には念仏講一結衆の文字もあり、一つの村の中にいくつもの講集団が存在したことがわかり、それぞれ、自分の信ずる神仏の講に加入していたものであろう。

岡山県和気郡伊部町妙国寺の鐘は転々として移動していることで知られているが、これを鋳た者は河内の白坂助友で永仁六（一二九八）年一月に紀伊国井上本荘風森宮へ寄進せられたもので、鐘銘によると「右当庄住人三十余人結衆等勧二誘諸檀一」して鋳たとあり、それが貞治三（一三六四）年には同じ国の粉河寺別院の遍照寺の結衆へ売られ、さらに備前へ売られることになる。

庚申講

一結衆は関東地方の青石塔婆（板碑）の銘の中にもいくつか見られる。埼玉県比企郡唐子村の日蓮宗妙昌寺の板碑には「右志為日蓮大聖人六十五年忌辰相当、僧日願一結衆二十六人敬白　貞和二（一三四六）年丙戌十月十三日」の文字があり、また同県同郡小川町大聖寺には「康永三（一三四四）年甲申十月十八日　一結衆等敬白」の銘のある板碑がある。

関東平野でもっとも古い庚申塔といわれる東京都練馬区の長享二（一四八八）年戊申十月廿九日在銘の板碑には「奉申待供養結衆」の文字があって一三人の名がしるされているが、そのうち僧は一人、他はこのあたりの百姓と思われるもので、村民の有志が庚申講を組んでいたことがわかる。関東平野にはこのほかに室町時代の庚申塔がいくつかあるが、いずれも申待供養とあり、講が結集せられていたことが想像せられる。

このような例を長々とあげていったのは、村の中に地域的にでもなければ上下関係によるのでもなく、信仰を一つにした有志が相集って信仰する神仏をまつり、しかもその中の一人が主権をにぎるのではなく、集合にあたっては順番に世話をする頭屋あるいは講主をつくって経営してゆく信仰集団が、十三世紀の終頃から次第に全国に普及してゆきつつあったことを理解してもらいたいためであった。

しかも、このような講の制度を、伊勢信仰もまた取入れていった。それにはそれなりの理由があった。

各地にさまざまの形である庚申塔
（静岡県三ヶ日町）

4　遊行宗教者

遊行神人たち

このような信仰集団が村々に成立して来たのは、伊勢に御師がいたように、それぞれの信仰勢力を持つ社寺を中心にして、その社寺の信仰を持ちあるく遊行僧《ゆぎょうそう》や遊行神人《じにん》がたくさん遊歴の旅をつづけていたからである。

もともと寺や神社のようなものは信仰の対象であるから、誰かそれを信仰する者がなければ社寺の勢力を維持することはできない。そしてそれらの中には官すなわち国家から支持せられたものが少なくない。寺の中で国分寺や国分尼寺といわれるものはそれであり、そのほかにも官寺は多かった。そういう寺には封戸が付与せられた。

また神社にしても、その初は氏族の氏神であったり、地方の産土神であったりしたものが多いであろうが、律令国家が成立して後、国が祭祀を統一してゆくために神々に位階を授け、奉幣するものが多くなっていった。そしてそういう社には神戸の付与せられたものがあった。

寺や神社の封戸が後には荘園化して来たものが少なくないし、また中世に入って信者から寺田や社田の寄進もあって、中央政府の勢力がおとろえて政令がおこなわれなくなってからは、そういう領地からの年貢によって経営をつづけていった社寺は少なくなかった。大和の東大寺・興福寺・春日神社・法隆寺、京都の東寺・醍醐寺・延暦寺、紀伊の高野山・熊野三山などはそれぞれ広い領地を持ち、しかも武士の不入権を確立して、戦国時代の動乱の中をもくぐりぬけて来たのだが、それ以外に遊行神人や遊行僧の巡歴によって民間の信仰を得て、それに支えられていた社寺も少なくなかった。

遊行神人や遊行僧は伊勢や熊野のように社に直属しているものもあって、それは社の近くに根拠となる居宅を持っていたが、高野山の信仰をひろめていった高野聖《ひじり》のように、寺に直属しているとはきまっていなくて、放浪をつづける者もあった。さらに里山伏といわれるものもその仲間の一つであろう。村の中に居宅を持ち、その周辺を巡行して祈禱などをおこない、夏になると信者をつれて先達《せんだつ》となって大峯山・白山・大山・英彦《ひこ》山のような山へのぼるものもあった。

私度僧

交通の便利なところにある信仰地は特別の案内人がいなくても参拝することはできるので、信仰をひろめてゆく御師のようなものは寺や神社のあるところに住居をかまえていてもよかったが、高い山を信仰の対象にするようなところや、不便な土地にある社寺を巡拝するようなときには、先達とか道者《どうじゃ》と

僧の遊行（『一遍聖絵』）

いったような者が案内しないと旅がむずかしいことがある。その先達となり道者となるものは、たいてい村里の中に住んでいて、参拝の手びきをしたものであった。

このように民間へ信仰をひろめるために遊歴した神人や僧の数は、中世にあってはかなりおびただしいものであったようで、十五世紀から十七世紀にかけて全国各地にたくさんの供養碑が建てられるようになるが、それにきざまれた文字をみると、多くの人名をつらねた中に、俗人名にまじって僧か山伏の名をかならず見出すことから、塔婆をたてようと発起するものが、里住いの僧や山伏であったことが推定される。

こうした遊行宗教者たちは、信仰中心地の寺や神社から正式にその地位をみとめて保護されているというような者は少なかった。たとえば僧になるにはすぐれた名僧知識を師として修行し得度剃髪するのが普通であったが、大した師にもつかず僧としての修行もそれほど積みもしなくて頭をまるめる者が多く、これを私度僧といったが、中世に入るとおびただしい数にのぼって来た。『一遍聖絵』『法然上人絵伝』『融通念仏縁起』『慕帰絵』などの絵巻物をみると、実に多くの僧の姿が描かれている。

絵空ごとといえばそれまでであるが、僧形であれば危害を加えられることもなく、また村人の施行をうけて旅をすることも容易であった。そういう人たちが、引きとめられるままに村にとどまって、村人の建ててくれた小さな庵に住み、村人の相談に応じたり、祈禱をしたり、村人を結集して講をおこなったりすることが多かった。それが一結衆の供養塔にもなったのであろう。

村の堂庵（佐渡小木町琴浦）

堂庵

これまで堂庵についてのまとまった研究のなされたものを知らないけれども、村々をあるいてみると、一つの部落にたいていい一つはある。村人はそこに集まって講をおこなったり寄合をしたりしている。これらの堂庵の中には江戸時代になって造られたものも多いが、関東・東北地方の熊野堂には、鎌倉時代に創建せられた歴史を有するものもある。あるいは秩父三四番の札所《ふだしょ》なども室町時代には成立していたが、その札所は寺というにはささやかすぎるものが多く、堂庵と考えてよいものが大半である。一つ一つの堂庵をしらべてみていると、その創建が中世にまでさかのぼるものが少なくない。

そうした堂庵のために田など寄進して堂庵を維持しようとした例も多い。そういう田はたいてい免租地になっていた。いわゆる免田で、堂免とよんだが、それが地名になっているところが意外なほど多い。あるいはその中には堂のあったところもあるであろう。そういう地名は中世にまでさかのぼると見られるが、村人は遊行宗教者のためにそうした堂庵をたて、その居住者が死ねば無住になることもあり、また別の人が来て住むこともあった。

和泉の大念仏

大阪府泉北郡地方はこの堂庵のとくに多いところであるが、それらの多くは十四世紀には成立していた。至徳四(一三八七)年にいまの和泉市の阿弥陀原に、阿弥陀如来の画像が天から降って来て、それを付近の池田寺の住僧が迎えて来てまつり、大へん功験のある仏であったので付近の人びとの信仰をあつめ、後には池田寺を中心にした周囲の二六ヵ寺の寺々を廻仏することになる。中には道場も含まれているが、大半は寺号を持っていた。その寺がいまものこっているので、私はその一つ一つをあるいてまわった

方形堂　後に鎌倉時代の宝篋印塔がある(岡山県美星町八日市)

ことがあるが、二、三ヵ寺を除いては無住になっていた。しかしもとは住持のいた時代もあった。その住僧たちを中心にして大念仏講が組まれていたのである。中世の記録がのこっていないと、これらの寺々が、そんなに古くからつづいていたかを疑いたくなるような粗末なものである。

もともと池田寺は真言宗で、その歴史もきわめて古く、寺域からは七世紀頃の古瓦も出している。そうして十四世紀の初頃までは大いに栄えていたが、多分南北朝戦の兵火にかかって焼けてから寺運がかたむいていたのを、阿弥陀如来の画像を得て念仏講を組織するようになって、また栄えて来る。

講の発達

これはささやかな一つの例にすぎないけれども、遊行僧たちは神仏のいろいろの功験をときつつ、民衆の支持を得てそこに定住する者が多かった。民衆の支持というのは民衆が信仰集団を組み、神仏をまつることであるが、それらの神仏にはたいてい本山と称するものがある。熊野・高野をはじめ大峯・白山・戸隠・出羽三山・大山など古い信仰地をはじめ、浄土真宗の本願寺や法華宗の久遠寺のように、中世以来信仰の拠点になったものもあった。

伊勢信仰もまた同じような状況のもとに浸透していったが、伊勢の場合は伊勢から御師が下向して来て檀家に宿をもとめたり、田屋（旅屋）に寝泊りなどして信仰をひろめていったのが特色である。そしてそのはじめ、地方の人たちは一人一人が信者として御師と結びついたようであるが、間もなく力の弱い者たちは講を結衆して結びつくようになる。講には講親または講元といって、講の世話をする家ができる。土地によってはそれが世襲されることもあったが、順番に講親をつとめる場合が少なくなかった。講はもともと地縁集団ではなく有志集団であり、また仏教的なものであったから、念仏講・観音講・大師講・熊野講などとおなじように民主的に運営せられたものが多かったと見られる。

まず講を維持してゆくためには、お互いが講の経費を分担しなければならない。またお互いが寄合をする場合には大きな家を借りたり、堂庵を利用したりすることも多かったが、民家が順番に宿をつとめることも少なくなかったと考える。

生産力の低い上に、領主に重い年貢をとりたてられた貧しい生活の中で、農民たちはなおいろいろの講会を村の中で催した。そのことによって自分たちの生活を守った。そうした結束を教えたのが遊行宗教人であった。遊行宗教人はそれによって自分の生活を守ることができたが、同時に民衆を信仰の中心地につなぐことによって、中心地を没落から救ったので

古峯講中の人たちでつくるお札を
納める仮屋（群馬県赤城村）

ある。有力な社寺が動乱の世の中をこえて、近世にまでつづいて来たのは、それぞれ民衆の支持によるところが多かった。

したがって、武士たちに神領や寺領をうばわれて、一見衰微せざるを得ないようにみえた社寺が、案外そうならなかったのは、土地を失ったことによって逆に多くの人の心をつかむことができ、その支持を得たからである。

信仰の複合

しかも信仰集団は単なる地域集団ではなく、おなじ信仰を持つ者の結束によって生まれたものである。その信仰に関心のうすい者や反対の者は仲間にならない。したがって同志的な結束力を持っている。それが村落自治へもつながっていく。そして信仰集団の中には遠くの信仰中心地へ結びつかないようなものもあった。村の氏神あるいは産土神などを中心にして組まれた宮座はその一つであるが、そのほかにも庚申講や地蔵講・月待講のようなものもあった。庚申講は十五世紀に入って各地へ普及していくが、もともと地蔵講や念仏講と深いかかわりあいを持っていたようで、奈良県には地蔵像に庚申待一結衆ときざんだものが二つ、東京巣鴨には阿弥陀三尊を陰刻した板碑に奉庚申待供養としるしたもの、奈良県桜井に南無阿弥陀仏としるした庚申塔もある。くわしくしらべるならばたくさんの例を見出すことができるであろうが、農民たちは信仰を通じて同志的な結束をおこない、講会をいとなむことによつて親睦をふかめていった。そしてその信仰対象となった神仏も、その村をおとずれた遊行宗教人の影響をうけたとみられる。そうした中にあって伊勢の御師の巡遊はきわめて組織的であり、その活動領域も、念仏僧についで広かったのではないかと考える。

そして今日から考えてみると、中世動乱時代は民衆自治の発達については重要な意味を持った時代であった。民衆自体は何らかの方法で自分たちの生活を守らねばならなかったが、その自治組織の基盤になったものが、講とか座とかよばれるものであった。

講と頭屋

講はそのはじめは寺院において僧たちのみの間でおこなわれていたが、次第に在家にも浸透していくようになった。もともと僧侶たちは妻を持たず、したがって世襲せられることがなく、身分が低くても才能があれば僧としての高い地位につくこともできたし、そうでなくても名僧知識として世人の尊敬をうけることが多かった。そこには実力本位で、しかも世襲がないことから個人の才能が家格や慣習に比較的左右せられないでみとめられることになる。しかも講も座も大ぜいが集って神仏をまつるものであり、宮座の場合には家格に左右せられるものもあったが、基本的には年齢の上下によって地位のきめられることが多かった。

仏教的な講にあっては家格も年齢もそれほど問題ではなく、講の世話をする講親・頭屋といわれるものも、加入している仲間が早くから順番に勤めたものではないかと思われる節がある。そのことを暗示するものを絵巻物の中に見る。『信貴山縁起』『粉河寺縁起』『一遍聖絵』の中に民家の屋根の破風のところに的を描いたものがある。すべての家に描かれているのでなく、いずれもただ一軒だけである。

ところで破風や入口の上に的を描く風習は、昭和二十年以前に奈良盆地・大阪平野・讃岐平野などで見たことがある。それは宮座や講の頭屋を勤めている標であるということをきいた。絵巻物に見る民家の的の標もまた同様の意味を持っているものではないかと思う。この二つのものの間には大きな時間的なへだたりがあり、またその間をつなぐ中間資料を持ちあわせていないから、二つのものをいきなり結びつけるのは危険であるが、信仰習俗の息の長さからみて、この二つのものが全然無関係であるとは考えられない。しかも絵巻物の中にある的の標を描いた家はいずれも決して大きな家ではない。一般民衆の家である。そういう家が特別の物忌《ものいみ》をしなければならないような事情

的のしるしのある家　たて穴住居（『粉河寺縁起』）

があったのであろうが、それが集落の中にただ一軒だけというのは、その家が集落を代表してそうしているのだとみられる。

もしこの推定が正しいとするならば、村の旧家とか御館《おやかた》といわれるような家のみが世襲的に頭屋とか講親をつとめるとは限っていなかったことを、それらの絵巻物の絵は物語っている。

伊勢信仰と僧

自治というのは本来豪族が下人や家臣を統率して村をつくることではなく、村民個々の人格と力量がみとめられて、その協議によって村の運営のなされるものである。そうした自治を村の中にみちびき入れる最も大きな力になったのが遊行僧たちであったと思う。それはさきにもいったように僧職が世襲でなく、しかも地方を遊行した僧が身分の低い私度僧であったことも原因して、村の中ではじめられたいろいろの講は、家格にこだわることが少なかったようである。

しかし講が寺の中から民間へ移行していくにはいろいろの道筋があったようであるが、その一つとして寺でおこなわれる僧たちの講へ、俗人がオブザーバーのような形で参加することがあった。十一世紀末に書かれた『大鏡』は京都紫野にあった雲林院の菩提講にまいって、説教のはじまるまえに大宅世継と夏山繁樹という老人から若侍が話をきくという趣向をとっており、十四世紀の中頃に書かれた『増鏡』も嵯峨の清涼寺で話をきくことになっており、その頃までは寺で講のおこなわれることが多く、一般世人もこれに参加していたのであろう。そしてそのような信仰組織は仏教的なものばかりでなく、神道的なものにも浸透していった。伊勢講はその一つであった。そして伊勢神宮の信仰者たちを講という組織で結束していったのは、またそれなりの理由があったであろう。一つには村の中に一結衆のような講仲間が存在したことが推定され、それが伊勢信仰を普及させたことも考えられる。

それには十二世紀終頃から次第に僧侶の伊勢参宮が盛んになり、それが民衆信仰の講的な組織をおこしていったのではなかろうか。駿河の北山本門寺という日蓮宗の寺に神明宮がまつられている。これは十三世紀の終頃日興という僧が願主になり、地頭の石川能忠が施主になって建立せられたのであるが、小泉法華衆や上野之講衆が合力している。上野之講衆というのも法華講の人びとであったのだろうが、その人たちがそのまま伊勢をも信仰した。するとそれはそのまま伊勢講としての性格も持って来たに違いない。これは一例にすぎないが、伊勢講を分布させていったのは御師だけではなかった。

5　檀家と講

檀那場

御師の活動はこれまでにものべて来たところであるが、伊勢神宮に対する民間人の信仰は、はじめは神戸や御厨の民の間に主としてみられたものと思う。それが神戸、御厨の支配権の崩壊によって、それぞれの領土的な結びつきから、檀家や講組織を通じて、人と神宮が、御師を媒介にして直接結びつくことになる。この事情を物語るものは、檀那場あるいは檀那株の売買である。御師と檀家の結びつきが一つの利権として売買されるようになって来、それが頻繁におこなわれたことは、御師にとっては檀那場が一つの財産であったことを意味する。檀那場は領地ではない。御師と信者の人間的な結びつきである。御師は地方をあるきまわることによって、そういう人間関係をつくりあげていった。しかも御師が伊勢神宮の周囲に住宅を持っていることによって、信者と伊勢との結びつきは強かった。

丹後御檀家帳

そのことを物語るものは檀家帳である。中世のもので伊勢の神宮文庫に保存せられているもののうち、まずその一冊『丹後御檀家帳』をとりあげてみよう。天文七（一五三八）年のものである。これには檀家が列記されているが、そのはじめのところどころを少し抄出してみると、

　　与謝郡分

一ひをきの郷一円里数あまりあり、ちいさき村へは毎年

音信不申候

一ひおきしを浜家百弐拾軒斗

南部太夫殿　かうおや也

南又三郎殿　九郎左衛門殿

岩本坊　　　助左衛門殿

　かうをや　　かうをや

（中略）

一ふちうの地下にて

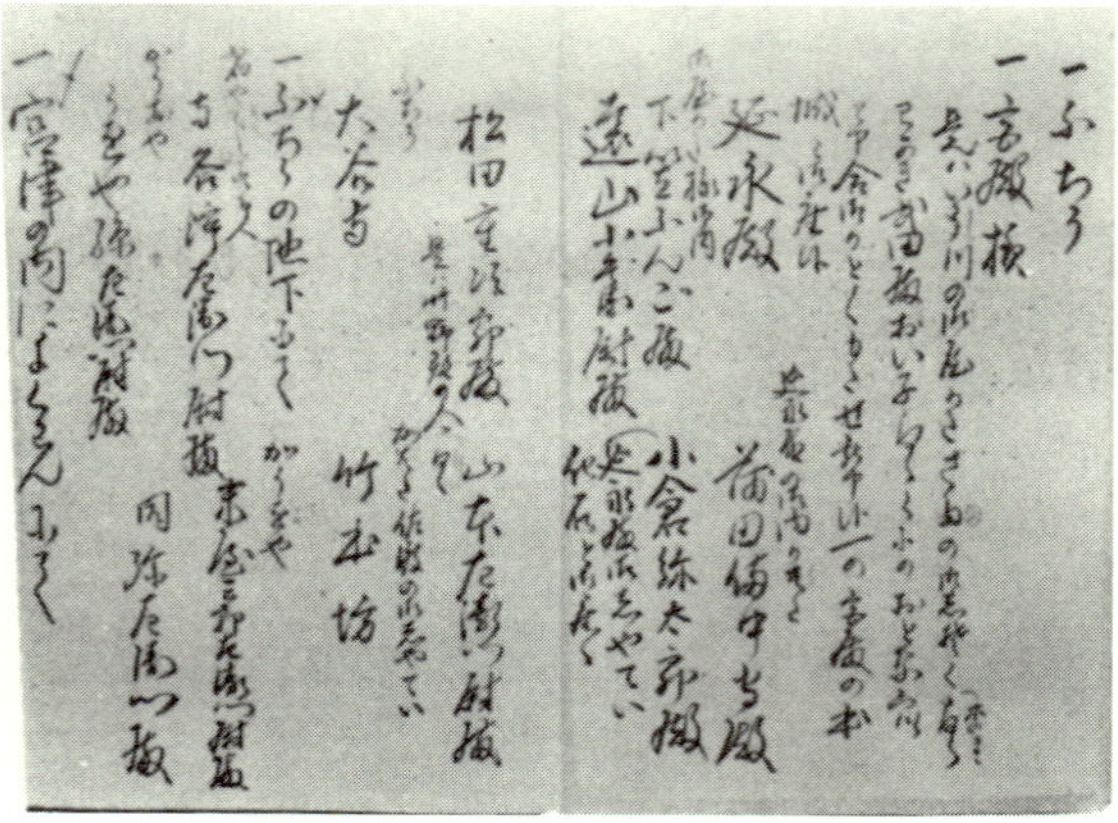

丹後御檀家帳

宿やくしする人　　かうをや
寺谷治郎左衛門尉殿　米屋三郎左衛門尉殿
かうおや
かうをや孫左衛門尉殿　同弥左衛門殿
（下略）

というようにしるされていて、檀家の中に講親を勤めるものがあり、それが一人でないということは交代でおこなっていたものと思われる。また、講仲間はここに名のしるされている者ばかりでなく、一般の村人も加わっていたのではないかと思うが明かでない。つまり個人で伊勢神宮の檀家になっているものと、講を組んで講仲間が檀家になっているものとがあったようである。

丹後の檀家帳は、当時の村の様子をうかがうことができるので、もう少しくわしく書いてみよう。

この地方には小さな城がいくつもあったようである。いま宮津市になっている日置むこ山には城があり、日置殿が城主

丹後府中風景（『慕帰絵』）

で、その近くには杉・斎下・中垣・木の下などという武士が住んでいた。また府中（宮津市）には、一宮殿様という若狭の武田殿の甥で石川の館の子息が家督を持っている。宮津にも城があって小倉殿がおり、小倉殿は国の奉行であった。加悦にも城があって石川殿が奉行をしていた。

中郡では三重に成吉孫治郎を城主とする大きな城があり、榎並殿、成吉新左衛門殿を城主とする城もあった。大野（大宮町）にも城があり、成吉藤重郎が城主であった。吉原には吉原殿を城主とする城があり、新治には新治殿という城主がおり、その西南の五箇の城には石川小太郎という城主がおり、これは石川家の惣領であった。

竹野郡吉沢の里（弥栄町）の城主は伊賀清治郎、国久の城主は巻源次郎、吉永の城主は近沢殿といった。網野の徳光の高山にも城があり、ここには坊もたくさんあって中ノ坊が城主を勤めていた。同じ網野のうちの島の高尾にも城があり、岡山殿が城主であった。

熊野郡では浦明（久美浜町）に城があり、城主は岩田殿、その近くの三分方城主は伊賀右京亮、川上の金谷城主は野村殿、友重には城が二つあって、一つの方は氏家殿、他の方は外村三郎左衛門が城主であった。川上のゆうげ城主は佐野殿であった。一分方の佐野の鳥居石にも城があり、城主は加藤次郎右衛門であった。

このせまい地域に城が二四もあり、また屋形（館）が一つあった。城といっても小さなものであって、高い所にあるとか、周囲に堀や空堀があるとか、土居をめぐらすとかいった程度のものであったと思われ、城というよりは砦という方がよいものかもしれない。しかし、城のある付近には姓（名字）を持った武士が住んでおり、いざというときには城にこもって戦ったものであろう。と同時に小城のたくさんあることで、そこにある村や名《みょう》が守られたものであろう。しかし一般の人たちは府中や宮津付近に暮している者はともかくとして、熊野郡久美荘のごときは、「荘の内に一人も金万の常宿なく、里数・小《しょう》名《みょう》あまたあり」とあり、名があるのだから名字を持った者も多かったわけだが、みな日常は百姓をしていて、いざというとき城へこもって戦をしたものと思われる。

中世の伊勢講

このような状況は丹後だけであったのか、その外の地方も同様であったのかよくわからないが、今日全国におびただしい城址の伝説を持つところがあるところからすると、戦国時代には日本は城だらけであったのではないかと思われる。またそれほどたくさん城がないと、村の安全は守られなかったのかもしれない。そして大きい城にはその麓すなわち城下がつくられ、吉永の城のように五〇人の家来が住んでいたものもあるが、そこに五、六人程度の御内とよばれる家来たちが住んでいる小さい城が多かったようである。また網野のように家が五〇〇もある大きな里には城はなくとも武士が住んでいた。今日から言えば用心棒のような者であったのだろうか。網野には「この里に講あまたあり、わきの講と申候へバ毎月音信不申、大講と申すばかりへ」とある。つまりたくさん講があったが、その中には大講と脇講があり、大講のおこなわれるときは御師が音物《いんもつ》（土産物）を持っていったのであろう。そうすると講の方からは初穂を納めることになる。そればかりでなく、神楽銭や神馬銭などを納める者もあった。

講に参加したものは名字を持つ武士ばかりでなく、名前のみ持っている百姓も多く、また、庵・院・寺と名のつく仏寺関係の者や山伏などもいた。

もともと御師が村々をおとずれて檀家をつくり、講をつくったのはお札を配って御初穂料としての米を集めることであった。そしてそれにつれて伊勢へ参る者もふえていったのであろう。檀家帳の竹野郡おさか寺の項のところに「中の坊大なる城主なり、国の弓矢取なり。此人お初穂の外ニ御月参の布施として毎月弐百文つつ御参らせ候」とあるから、御師に代参をたのんでいたのかもわからない。竹野郡黒部の孫右衛門という者もお初穂の外に毎年取締といって御月参のふせ二貫四〇〇文ずつ納めていた。

が、直接伊勢へ参る人もあったようで、与謝郡加悦のうつ山寺の項にうつ山寺の山伏衆は毎月多人数御参宮をしたとあり、また山伏が他の人の代参をつとめることがあった。しかし天文の頃までは伊勢講というのは単なる代参講ではなかったようである。地方民にとっては信仰団体であったが、伊勢からみれば信仰にもとづく領民であったといっていい。武士たちは守護地頭として、その他の者は荘園領主として土地を領有することによってそこに住む住民を支配し、住民から税をとり庸役を課していたのであるが、伊勢神宮の場合は御厨・御園を政治的に失った後も、信者としての住民を持ち、その住民たちから初穂料として米を取り立て、また神楽料として銭を取り立てる。しかしそれはすべての住民から取り立てたのではなく、信者から取り立てた。その取り立ても有力者個人からの場合もあり、貧しい者には講を組ませて、講から米を取り立てるようにした。御師はその取り立て役を勤めた。

丹波の壇家

そのことを物語ってくれるのは『丹波御祓之日記』である。これは天正六（一五七八）年のものであるが、それによると檀家から取り立てた米の量が書いてある。米ばかりでなく布や刀を寄進しているが、一斗六升納めている者が多い。それを個人の名で納めている者もあれば講中でおさめている者もある。講中で納めたのは講仲間が持ちよって所定の量にしたのであろう。それに対して音物として扇・ふのり・とっさか・のし・帯を持っていっている。帯といっても今日のように幅のひろいものではなく、紐のようなものではなかったかと思う。このようにして伊勢から大麻や音物を持って檀家をおとずれて配り、それによって米その他のものを得て帰る。しかもそこには武力的なものは何一つ用いられていない。そのこ

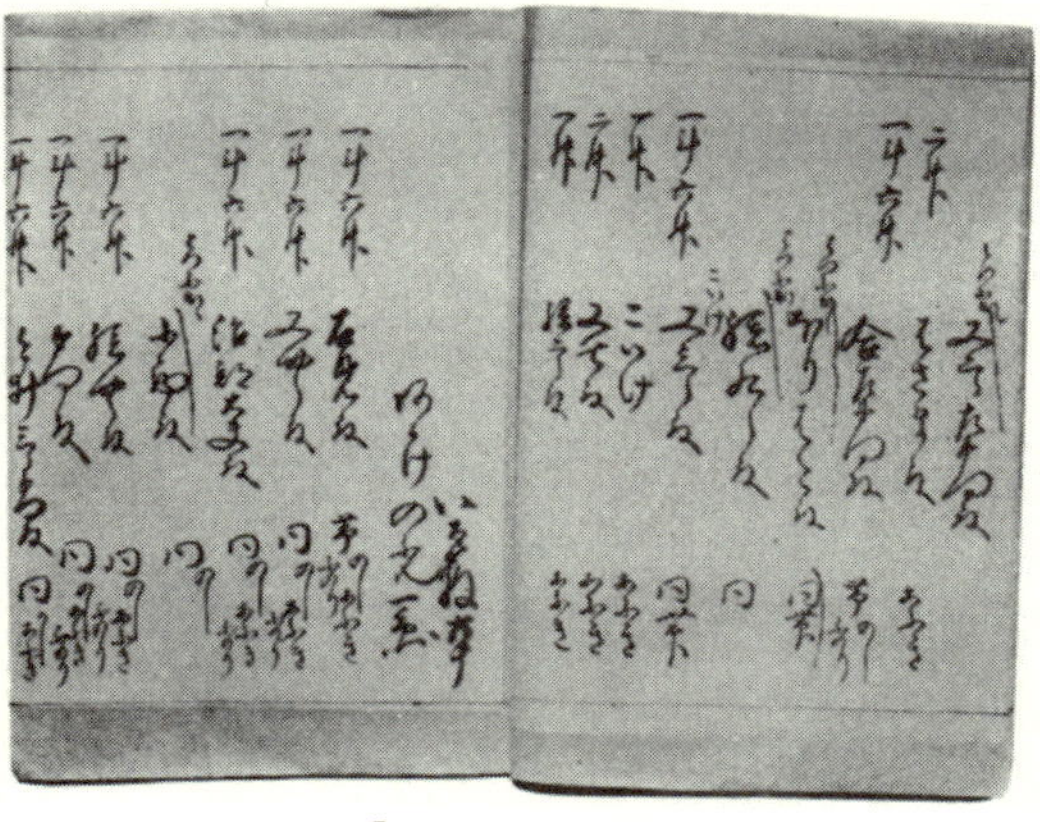

『丹波御祓之日記』

とのためにかえって武士たちに危害を加えられることもなかったのであろう。同時に農民たちはそのことに神威の尊さを感じたものであろう。そして戦国争乱の世の中でありながら、伊勢からの御師は烏帽子直垂姿で、供の者に長櫃をかつがせて毎年やって来て、檀家の有力な者の家や田屋にとまって家々の祈禱をおこない、大麻を配り、米を集めて帰っていく。

このように政治的支配による大名領国とは違って信仰によって人に結びついた信仰領国が、大名領国の底になお横たわっていたのである。

しかもこれらの信仰領国は一人一人の御師に結びついていたもので、御師の方からすれば檀那場といわれたものである。

檀家の普及

『大神宮故事類纂』雑載部三十三は私祈禱檀家の記載されているもので、安永六(一七七七)年、外宮の御師の名とその檀家がしるされているが、御師の数は四六三、檀家の数は四三八万九五四九軒にのぼっている。というのは年々これだけの数の大麻が村々に配られていたということである。

したがって十八世紀後半頃には全国の民衆の大半が伊勢を信仰し、したがって伊勢講を組織していたことが推定せられる。

6　講と若者の旅

代参講の発達

近世に入って伊勢信仰が全国的になると、伊勢講もまた全国に分布するようになる。全国に分布するといっても各村（村落）に悉くゆきわたったということではなく、伊勢講のない村落も多かった。伊勢講を組織するか否かは人びとの意志にもとづくところであり、したがって一つの村落の中にも加入しているものといない者があり、一つの村落に幾組もの伊勢講のある例も少なくなかった。

それではどうして伊勢講が全国に分布をみるようになったのであろうか。それはそのはじめは伊勢を信仰する講であり、御師を迎えて大麻を受けて、その代償として米や銭を納入するものであったが、十六世紀頃から次第に代参講としての性格を強めて来たことに原因があろう。

代参講というのは、講仲間が銭や米を持ち寄るか、または一定の財産を持ち、その徳分を積み立て、それを参拝の費用にあてて、仲間の中から代表をたてて参拝して来てもらうものであるが、講に長く加入しておれば、一生に一度以上は伊勢へ参って来る仕組になっているものである。つまり伊勢参拝ので

神社などに見られる伊勢参宮記念額
（群馬県館林市）

きるという魅力が多くの人をひきつけることになる。

ただし、参宮の旅は伊勢へ参るだけでなく、京都大坂を見物し、関東・東北の者ならば香川県の金比羅様まで参って来るのが普通であり、したがって伊勢講のあるところには金比羅講があり、伊勢講員には金比羅講員になっている者が多かった。それにしても東北から伊勢への旅は日数も費用もかかり、旅の苦労も多いので、毎年参宮というわけにはいかず、三年とか五年とかに一度参るというのが多く、また一人だけで参るということも少なかった。

しかも伊勢信仰をたえず普及させていったのは御師たちで、御師の歩行がのびるたびに信仰の地域がひろまっていった。たとえば青森県津軽地方に神明宮のまつられるようになったのは近世初期のことで、青森市浦町の神明宮は寛永三（一六二六）年に伊勢三日市七太夫が下って来て神木を勘解由という百姓にあずけてまつらせたのが初めという。また赤石組松沢村の神明宮は寛永年中建立のとき、伊勢からお札を下されたという。このように御師がこの地方へ下って来るようになって伊勢信仰がひろがって来たもので、宝永三（一七〇六）年に太々神楽がはじまり、享保六（一七二一）年には御師の下向によって伊勢講がはじめられたという。

河内伏山の伊勢講

その他の地方でも伊勢講は江戸時代に入ってはじめられたものが多かったと思われる。大阪府富田林市伏山の伊勢講もその一つで、同地にのこっている『記録諸勘定覚帳』によると、かなりくわしくこの地の伊勢講の変遷がたどれる。この帳簿は裏表紙に「大伊勢講中」と書かれており、弘化三(一八四六)年三月から記録せられている。しかし、講の結成せられたのは古く、延宝三(一六七五)年九月十六日で、多分、伏山が新田村として成立したころのことであるらしい。村落の自治活動を十分にはたすためにはじめたもののようで、庄屋吉右衛門、伊兵衛、惣代太兵衛、重世話仁兵衛、吉左衛門の五人が発起人となり、役頭を勤めることになり、いろいろの取りきめもおこなった。伊勢講の第一の目的は伊勢参りをおこない仲間の親睦をはかることであった。仲間は弘化の頃二一名で、これが開村当時から在住していた者とおもわれる。その後分家が出て家の数はふえたようであるけれども、そうした分家はその伊勢講には加入をみとめなかった。その人たちはまた別に小伊勢講を組んだわけで、小伊勢講は小伊勢講で参宮をおこなった。

伊勢講中帳

大伊勢講仲間の取りきめによると講参りして下向して来た翌日をドウ結といい、御神酒をいただいた後、講員全部の名前をかき、御みくじをとり、くじのあたった者が次の講宿になり、講中の道具など新しい講宿に送る。すると講宿では日を定めて講中をまねいて振舞をする。

講の経費

講運営の費用は講田の徳分をあてる。講田は四枚あって、その小作料（あて米）は三石八斗であり、その米を売って経費にあてる。この田を講で持つようになったのは元禄十四（一七〇一）年三月で、当時は小作米は三石三斗であったが、経費が多くなったために弘化二年に五斗ほど小作料をあげて三石八斗にした。それではどのような経費がかかったかをみると、

坊入用

銀一二匁　内宮御供料

銀一二匁　外宮御供料

二朱ゾツ　一人前坊飯代

二朱　大夫様土産

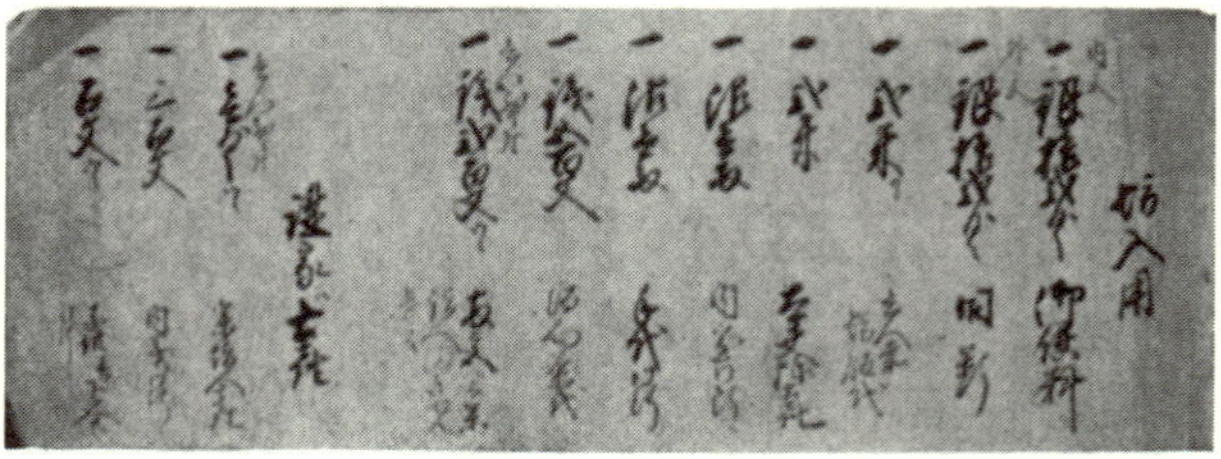

伊勢講帳

銀一両　　　内室同断
銀一両　　　手代同断
銭五〇〇文　酒（肴）向茶代
銭二〇〇文ヅツ一人前ニ付両宮ニテ参詣人まき銭遣ワス
　講家へ土産
一人前ニ付一匁ヅツ　参詣人土産
三百文　　　内銭同断
一〇〇文ヅツ　子供並下人共同断
二〇〇文　　歩行土産
一〇〇文　　下役同断

などがある。そして伊勢への参拝は講仲間の者に限っており、当番の者で参宮しない者には金は渡さず、代理の者を参宮させることもみとめなかった。道中に必要な荷は柳行李二つで、これは強力をやとってかつがせるが、一日に雇賃一匁を支払う。また講宿や馬を利用したときの支払は一日一匁であった。

伊勢へ参るのは二人で、その道中入用は二〇六匁九分三厘であった。ところがこの伊勢講員は同時に愛宕講の仲間にもなっていて、愛宕山へも参る人がおり、この方は四人で、一年に六人の者が伊勢か愛宕へ参るのだから、四年に一回は参拝の旅ができることになる。

若者代参

さてこのような参拝役をひきうける者は、それぞれの家のあとをつぐ若者たちであった。この地では「可愛い子には旅をさせ」ということわざをそのまま実行しており、旅をして世間を見させ、またいろいろのことを学ばせようとしたのである。そのことのために伊勢講を組み、また広い水田を伊勢講運営の経費にするために持っていた。ところが、伊勢・愛宕へ参るにあたって、年によっては予定していた経費以内で事足りる場合も少なくなかったので、そのようにして余った金は仲間で困っている者に貸すことにした。それで窮地をぬけ出すことのできるものも多かった。

若い者を伊勢に参らせる風習は各地にある。そういう例を少しあげてみると、京都岩倉の伊勢講などはそれで、岩倉の六町の者は十六歳になるとまずニコク連中というのになり、四年たって二十歳になるとニコク連中をぬける。そのときその人たちは全員で伊勢へ参る。すると下向のとき六町にある八つの伊勢講仲間の代表者が迎えて氏神のまえで酒宴をする。この酒宴がすむと若連中の仲間へ入る。若連中は二十歳から二十五歳までで、若連中は氏神祭の神輿をか

外宮参拝をおえた若い人たち

くのが役割であるが、今一つは、伊勢講仲間という二十五歳から上の仲間が八組あるが、その伊勢講仲間の代参を引きうけている。伊勢講仲間はクジ引きで代参者を二人きめる。その二人を若連中にたのみ、参拝の費用は伊勢講仲間で一切負担する。二人の若者は京都を出て大晦日の晩に伊勢の山田につき、外宮に参って一泊し、翌元旦に内宮に参拝しお札をうけて帰郷するので、この代参を年越えといった。講は正月、五月、九月にひらき、宿は年齢順にきめ、講仲間は米と酒を持って集まり、その他は宿で負担した。さて講仲間は年をとって最年長者になると、吉田山の大元宮へ参って仲間を隠退する（井上頼寿『伊勢信仰と民俗』）。したがって岩倉の伊勢講は年齢階梯集団であったことがわかるが、男子は全部一回以上は伊勢へ参っていることになる。明治初年の社会変動のとき伊勢講を解散したら、秋祭のとき神輿をかく者がなくなって大いに困り、形をかえて存続することになり、年越えは昭和九年までつづいたという。

京都の町の周囲の村々にはほとんどと言えるほど伊勢講があったようだが、その中に若衆講のあるのが多く、それが伊勢参宮をおこない、年寄が宰領といって、先達役を勤めたものである。

伊勢参宮のような長旅（京都からは一週間）はすべてが徒歩でおこなわなければならなかった頃には、若者でなければ苦労が多すぎたはずで、若ければ苦労にも堪えられ、また若い者が仲間で道中をするとなればたのしみもあり、同時にそれが仲間意識や連帯感を強く植えつけることにもなったであろう。だから東北地方では若者たちが仲間をつくって伊勢参りをおこない、戻って来てその仲間で伊勢講をつくり、後々まで集まりをつづけたというのが少なからずある。

このような集団がそれぞれの土地の事情によって少しずつ形をかえつつ全国にわたって分布していた。そして村人の中に伊勢へ参った経験を持った者があり、京都や大阪を見物し、金比羅へ参った者があるということで、どんな僻地の村でもただ閉鎖し孤立していたということはなかったはずである。

成年式としての参拝旅行

長崎県対馬のようなところでも、ほとんどの村に伊勢講があり、私が逢って話をきいた老人たちで伊勢へ参った経験を持たない者はきわめて少なかった。そしてこの島の伊勢講は有志団体というよりも地域集団であるものが多かった。対馬の人たちは大阪までは船へ乗っていったから、歩くのは大阪から伊勢までの間であり、かえりには大阪で便船を待つために長い間滞在しなければならないので、長滞在の退屈しのぎに道頓堀へいって芝居を見、歌舞伎の一こまをおぼえて来て土産に村で演ずることが多く、盆踊の中に取り入れている村も少なくない。また村の帳箱の中に歌舞伎の脚本がたくさん保存せられているのを方々で見た。ここでも伊勢へ参るのは若者の義務のようになっていた。だから歌舞伎は若者たちが演じていた。

若者が若者となったときの修業の一つとして旅をする風習は、江戸時代には各地ともきわめて盛んであった。近畿地方では奈良県の大峯山へ参る者が多く、十五歳になると先達について参って来るという村がいまも方々にある。石川県の白山・佐渡金北山なども、最近まで若者たちはこの山にのぼることによって若者としてみとめられる習俗があり、東北は出羽三山、鳥海山、岩木山など若者登山の慣習はまだつづいている。

伊勢参宮もまたその例にもれなかった。ただ高い山への登拝は若い男に限られていた。日本では血はけがれたものとの信仰があり、女には月経があるのでけがれているとする考え方が昭和二十年頃まではかなり強く浸透していた。そして高い山は神聖なものであり清浄でなければならないとするところから、高山への女の登拝は禁じられているものが多かったが、伊勢へは女も参拝することができ、それが信仰領域をひろくした。

羽黒山に参る人びと（山形県羽黒町）

7　伊勢講の記録

隠岐の伊勢講

伊勢講に限らず一般に講とよばれるものはきわめて慣習的なもので、まとまった記録をのこしているものはそんなに多くはない。さきにあげた河内伏山のものなどは比較的まとまったものであるが、そのほかにも丹念にさがしてゆけばなおいくつかのこっているかもわからない。隠岐島前《どうぜん》の記録や香川県寒川郡（現さぬき市）の富貴講などは、まとまった記録をのこしているものの一つである。

両方ともに江戸中期以降にはじめられたものであり、伊勢講が際限もなく普及伝播していったことを物語る資料の一つになる。伊勢講は後にはじまるものほど代参講あるいは参宮講の色彩をつよくして来る。つまり、ただ単に伊勢を信仰するだけのものでなく、伊勢へ参ることを目的とした講になって来るのである。一人で参るには経費の負担も大きいし、また旅も不安であるが、頼母子形式にして、みんな

隠岐島前　焼火山

でお金を積みたてておいて、当番をきめて交代で何人かが組をつくって参拝して来るのであれば、旅も安全で楽にできる。そして広い世間も見て来ることができる。代参講はこうして江戸後期にいたって大きく発達をみるようになる。

それには御師が来てすすめて結成せられたものもあろうが、村の中のすぐれた指導者たちが提唱してはじめられたものが少なからずある。

島根県隠岐島前橋村の伊勢講も、明和五（一七六八）年に焼火《たくひ》権現住職快栄によってはじめられたもので、「御伊勢参宮講前書」によると男女三〇人が講を結んだとあり、女が正式に加入している。普通女は月経などがあって不浄なものと考えられ、祭祀に参加しないことが多かったが、「道行のうち婦人は月のさわり等もこれあるべく候へども、信心の誠候へば、神明納受あそばされ参宮むなしかるまじく候」と割りきっているのは面白い。

かけ銭は一年に四〇〇文で、四月十一日と十一月十一日に納めた。そして三〇人を四つの組にわけ、それぞれ組頭をおき、組頭が世話にあたり、集めた金はそれで茶・木綿などを買い利潤のあがるようにして、掛銭のたしにすべきだといっている。参宮の当番は三人で

隠岐島前の村

クジ引できめ、クジのあたった者には一人あたり四貫文をわたす。そして参宮のついでに西国巡礼や大和まわりをする希望の者があれば参ってもよい。しかし参宮第一と心得てほしい。船中道中は男女いっしょだから淫事不浄にならぬよう、殺生はしないようにときめている。

この三〇人の講は島前の橋村（波止）で組まれたもので、当時橋村は三〇戸ほどであったから全戸が参加したとみられ、そのうち女が戸主である家もあって、きん・きさなどの名もみえている。この地方では亭主が早く死んで子供の小さいときは後家が戸主となった。橋村にかぎらずそのほかの村でも伊勢講は組まれ、大きい村では代参者のもらう路銀も大きく、大津村（西島町大津）では一人あたり一一貫文を出している。ただし大津村の伊勢講は弘化三（一八四六）年にはじめられたもので、講員全部が参拝を終えたのは明治二十六年であったから、五七年かかったことになる。そして代参が終るとその講はくずれてゆくものが多かったが、別に講を仕立てて代参をおこなうものがあって、最近まで講のおこなわれている村は少なくなかったようである。

冨貴講

しかし講の組織が鞏固で目的を達したからといって解散することなく、長くつづいて、世代がかわるにつれて次第に代参者を送り、交通が便利になって旅が楽になると、毎年講員の半数が参宮の旅をするというような講もあったわけで、香川県の冨貴講はそれである。

冨貴講は伊勢講のことであるが、講がはじまって、昭和二十八年十月十一日に解散になるまでの年々の記録を忠実にのこしている。そういう例ではめずらしいものの一つであろう。そのはじまったのが文化十二(一八一五)年二月二十一日で、比較的あたらしく、しかも講元がきまっていて、その講元が世襲せられたということで、記録ものこったのであろう。それにしても、天保から明治初期へかけてのものの欠けているのはおしまれる。

講仲間

冨貴講は有馬右衛門三郎(富田中村)・国方九郎右衛門(津田村)・田中貞平(富田東村)・田中長三郎(富田東村)・多田嘉兵衛(田面村)によってはじめられた。

これらの人びとは庄屋・組頭・長百姓など村のオモダチといわれる身分にあり、それが一つの村にかぎらず、周囲の村々に働きかけて講員を募集し、講員は一五ヵ村にわたって一〇七人にのぼった。講員からは講費をとりたてるために、一口(一人前)を一人で持つ者もあれば二人で持つ者もあって、口数の方は八六口であった。すると一口株が六五人、半口株が四二人であったことがわかる。その口数と人数を村別にみていくと次のようであった。

	口	人
富田東村	一二	一二

富田中村	一八	二六
富田西村	八	八
田面村	四・五	五
南川村	二	二
五名山村	七	七
石田東村	二	三
石田西村	四	六
長尾東村	一	一
前山村	一	一
鹿庭村	五	七
是弘村	一	一
末村	三	三
鴨部中筋村	三・五	五
津田村	一四	二〇

右のうち津田村では江泊部落は講をつくつて参加し、講として二口もっていた。つまり小さい講が大きい講に参加していたのである。

香川県大川郡の村

長屋門のある旧家（香川県大川郡）

さてこの講は有志によってはじめられたもので、発起人が講元をつとめてそれが世襲であったが、講宿は講元の当番制で順番にまわっていった。そしてこの講は、伊勢参宮を目的としたもので、参拝や集会のための講費を席料といって積み立て、余分をもって土地を買入れた。これが明治初年には水田一丁六反九畝二〇歩、畑三反四畝二〇歩、宅地三九五歩、雑地八反七畝三歩にのぼっていた。そしてその作徳米の代金で参宮の費用を出すことにしていた。このように基本財産が大きくなったために財政的にもゆたかになったので、出雲大社へも参拝することがあった。

講元ははじめ五人であったが、国方・有馬の二家は明治二十年頃には講から離れ、以後三軒が講元をつとめた。このように特定の家が講元をつとめ、講員が自村をこえているということで自治体的な意味は少なかったことがわかる。一つには講の結成があたらしかったということで、単なる信仰集団として成立したのであろうが、この講を支えたのは基本財産であって、昭和二十一年以降の農地解放によって講田の解放がおこなわれることになり、冨貴講も解散した。

冨貴講は結成せられた歴史がそれほど古くないので、講が村落の自治に寄与することはそれほど大きくなく、単なる代参講であったと思われ、しかも基本財産を持っているので講員はいろいろの利点が得られたので、後には株の売買もおこなわれ、その譲渡状がいくつも残っているが、大正十年代で高いものは一株四〇円くらいに売られている。このような株の譲渡や退講あるいは加入は、講が結成せられて後に頻繁におこなわれたもののようで、とくに講が結成せられて一六年くらいの間は移動が甚しかったように見受られるが、講員の数は一〇〇人を上下して大きな増減はなかった。

ただ講会についての年々の記録をのこしているために、およそ一五〇年間の家の盛衰、分家、廃絶、移動などをもうかがうことができる。講の総会は藩政時代には一月十七日であったが、明治になって新暦施行後は二月十七日におこなっている。会場ははじめ当番にあたった講元の家をあてたが、何分一〇〇人内外の人が集まるために大きな家が必要で、明治になると宿屋・料理屋のようなものがあてられた。

講の経理については『寒川冨貴講誌』に実にこまごまとしるされているが、そのような経理の几帳面さの中に、この講が永続していった理由を見出すことができるように思う。それは河内伏山の伊勢講などもおなじであった。（『寒川冨貴講誌』田中正保編、旧寒川富貴講元発行、昭和四十四年）

一つの部落の講の数

もともと伊勢講にかぎらず、大師講・金比羅講・夷講・稲荷講・行者講・観音講のように信仰の中心地があり、地方の信者がそれぞれ講を組織して信仰中心地へ参拝しているものは、仏寺における寺と檀家、神社における神主と氏子のようにむずかしい義務づけはなく、信仰がうすれるなら講から脱退したり講を解散してもよかったし、また寄付や夫役を強いられることもほとんどなかった。講へ加入するにしても自由意志にもとづいているものが多く、講そのものは利益団体でもなければ政治的な団体でもなかったから、講仲間の間での争いというようなものもほとんどなく、記録をのこすことも稀であった。

村里の中に存在した講の数はおびただしいものであったが、それらはみな申合せだけで結成せられていたのである。

たとえば私の郷里の山口県大島郡東和町長崎という一〇〇戸ほどの在所で、幕末から明治の初頃の間に組まれていた参拝講についてみると、

お日待—正月・五月・九月にお日待といって神主に来てもらって神棚を拝んでもらうが、同時に伊勢参りをおこなう。

行者講—年一、二回集まって講をおこない、大和大峯山へ参る。

出雲講—出雲大社へ参拝を目的として集まる。代参講ではなく全員が参る。

一畑講—目のわるい者が仲間をつくって出雲一畑を信仰し、随時全員参拝。

大師講—毎月二十一日に集まって講をおこない、二、三年に一回ずつ伊予松山付近七ヵ所の札所をまわる。中には四国八八ヵ所をまわったり高野山へ参るものもあるが、これは代参というようなものではない。

天神講—天神様を信仰して防府天満宮や太宰府天満宮へ参る。数年の間隔をおいて全員参拝が多い。

石槌講—代参講で、代参者が何人か先達について参って来る。

観音講—西国三三ヵ所巡拝者で組まれていた講。

金比羅講—数年に一回ずつ船を借りて全員金比羅様へ参拝する。

などがあり、あるいはもっと多くの講があったかもしれない。このほかに参拝や代参をおこなわない荒神講・若宮講・念仏講・庚申講などまで加えると夥しい数になる。村の一人一人がすべてこれらの講に参加しているのではなく、それぞれ思い思いに参加しているので、中には五人程度の講もあった。しかし規約書など持った講はなかった。このような現象はひとり私の村ばかりではなかったはずである。そして講が廃止されこれに参加した人たちが死んでしまうと、伝承もまた消えていってしまう。日本の村々はそういうことをくりかえして来たのであるが、汽船汽車の発達するまでの村人の旅は一人でなされることはほとんどなく、仲間をつくつてなされるためにも講の組織は必要であっただろう。村には伊勢の御師についての伝承はないのだが、幕末の頃の文書を見ていると、周防の国は幕府から敵視されて討伐の対象になっていたところであったから、密偵の入ることをとくに警戒し、伊勢の御師がやって来たときには届け出するようにという文書などがあるから、そういう人たちもやって来ていたに違いない。自然発生的にお日待のおこったものではなかろうが、このように信仰集団がきめこまかに村の中に組織せられていることに、今さらながらおどろきの眼を見はる。

山口県大島郡長崎

神宮信者の全国分布

そこでもう一度記録へかえって、安永六（一七七七）年の『私祈禱檀家帳』によって国毎の檀家の数をあげて、伊勢信仰がどのように民間に浸透していたかを見よう。〔檀家総数四三八万九五四九軒〕

北海道	松前	七、〇〇〇軒
東北	陸奥	二九七、一二七
	出羽	一三二、四九七
関東	常陸	一三一、四八〇
	下野	六五、一〇〇
	上野	六九、四七〇
	上総	二〇、二一三
	下総	八五、四二九
	安房	二一、二三九
	武蔵	一九二、五四〇
	江戸	四九、七五六
	相模	五五、〇三六
中部	越後	一二八、八九四
	佐渡	一二、〇〇〇
	越中	五二、五三五
	能登	三四、三八一
	加賀	四二、六八四
	越前	二八、四五九
	若狭	一三、七八五
	信濃	一六四、一一五
	甲斐	七九、五八九
	伊豆	二七、九四七
	駿河	五九、七〇七
	遠江	六七、二一一

三河　八四、八九六
尾張　九七、四二二
飛騨　一二、〇六三
美濃　一一五、四一五

近畿

近江　八六、九七〇
伊勢　六八、〇七三
伊賀　一五、一七四
志摩　三、二一〇
大和　四一、六〇五
山城　二七、四〇八
京都　八、〇一七
丹波　六六、〇五二
丹後　二三、〇七七
河内　二三、五四五
和泉　二一、五〇〇
摂津　五三、一四一
大阪　九、〇四七
紀伊　九九、五四四
播磨　一〇九、四六四
但馬　二九、二五一
淡路　八、九八八

中国

因幡　三〇、四〇三
伯耆　三〇、五七九
出雲　二六、二七三
隠岐　二、四八八
石見　二八、七六六
美作　四〇、六七六
備前　四六、二一六
備中　六四、四五五
備後　六五、六四九
安芸　七三、三九八
周防　四三、三八二

	長門	三六、〇二四	筑後	二四、二〇〇
四国	讃岐	八五、七七七	壱岐	五、八一四
	阿波	七九、四九七	対馬	五、〇〇〇
	土佐	一〇五、六六四	肥前	一一三、一八六
	伊予	一四六、六九三	肥後	一〇四、八三八
九州	豊前	四七、三六六	日向	一九、〇〇〇
	豊後	七九、六九一	大隅	一円
	筑前	七一、三二八	薩摩	一円

この数字はおどろくべきものであったといっていい。そしてわれわれはこの数字を無視することはできない。しかもこれはすべて人と人との結びつきによるもので、それが信仰を媒介にした集団であり、封建的な土地支配によらないものであったから、藩の領域をこえて、全国的に普及する力を持っていた。おかげ参りはこのような信仰集団を背景にして成立したものであり、明治維新の事業が一般の民衆に大した抵抗なしに受け入れられたのもまた、このような信仰を中心にした共通意識の持たれていたことによるのを忘れてはならない。

制度と慣行

もとよりそれは永年にわたる御師たちの活動があったからであろうが、農耕を主業として成立した民族国家には、そこにおのずからなる共通の民族意識のあったことを見のがしてはならない。しかもそれが政治社会をこえたところに存在し、また文字にしるされることなく伝承せられたことによって、政治も学問もこのような世界のことを見落して来ていた。

制度は記録せられるものである。したがって制度を改めるということは、制度を表現する文章を改めることであり、記録ということは文字に記憶させておくことである。

しかし一般農民の社会は文字を持たないところに成立し、その自治は生活の中でくりかえしおこなわれる慣行的なものによっていた。記録がないからといって見すごしてはならぬ社会生活がそこによこたわっていた。

宮川の渡し（広重画「宮川の渡し」）

6　伊勢信仰の行方

神宮信者の消長

さきにあげた安永の檀家の数字四三九万軒は、人口にすると、一軒あたり五人家族と見て約二二〇〇万人が伊勢信仰を持ったということになるが、その数字はその後どのように変化をみたであろうか。岡田米夫氏が「瑞垣」第五八号（昭和三十七年九月）にあげた「神宮大麻全国頒布数」の中から五年毎の数字をひろってみると、

明治　十七年	四、七一三、四八七
二十二年	三、六五七、八五六
二十七年	三、七六四、四〇〇
三十二年	四、一一四、八〇〇
三十七年	三、四八一、九二三
四十二年	三、九六四、三八二

大正	三年	三、九七五、八九二
	八年	五、〇四〇、〇〇八
	十三年	五、七四〇、三九九
昭和	四年	六、四〇七、〇四八
	九年	六、九〇四、四七一
	十四年	一〇、二五九、一九一
	十九年	一三、四〇八、四九六
	二十四年	五、八一三、八四四
	二十九年	六、六四四、六四九
	三十四年	六、五四九、三五九

というようになる。明治から大正のはじめまでは停滞がつづいているが、大正に入ってふえはじめ、戦時中には一〇〇〇万戸をこえるほどになっていた。これは強制的に頒布したものが多かったためであるが、昭和二十四年頃からほぼ一定して来ている。そしていまは一戸あたり家族数四人程度であるから、人口にして二六〇〇万ということになると、安永の頃の二二〇〇万と大した差がない。この数字はある意味で慣行的な社会に生きている人びとの数とみていい。日本全国の人口はすでに一億をこえているから、慣行社会の人口の比率は著しく減少していることになるけれども、実数においては減っていな

神棚の皇大神宮のお札（福島県下郷町）

い。このことは今日まで慣行社会はほぼ、古い形のままで伝承せられて来ているけれども、その外側に七〇〇〇万人にのぼる新しい制度社会が発展して来ていることを物語る。そしてしかも慣行社会といえども、次第に制度化せられて慣行的なものは抹殺されつつある。

世は変る

それは伊勢講の解体の中にもうかがわれる。伊勢講は二つの面から解体をつづけて来た。一つは明治に入って御師の制度が廃止になった。そして御師は大麻を持って檀那場をあるくことがなくなったし、神宮参拝の客も御師の館へとまることが少なくなり、多くは宿屋を利用するようになった。伊勢信仰が広く深く民衆の間に浸透したのは、人と人とのつながりによってなされていたのだが、御師制度が廃止せられると、大麻の配布をはじめ、参拝者に対する神宮の祠官たちの態度もきわめて事務的なものになっていった。そして神前では森厳だけが要求せられることになった。

今一つは交通機関の発達によって旅行がきわめて容易になり、その上生活も経済的にゆとりができてくると、金を積み立てて順番を待って参るというようなことをしなくても、思いのままに自分の都合にあわせて参拝ができるようになる。こうして伊勢講は解体をつづけていった。

と同時に、伊勢へ参るのに若者が主体になるというようなこともなくなってゆく。明治の終頃までの村人は、伊勢に参ることによって旅らしい旅をした者が多かった。それによって、自村以外の社会を知り、ひいては日本という国土とそこに住む人びとを実感によってとらえた。それは大きな感激であった。伊勢音頭がいまも各地でうたわれていることがそれを物語る。他の社寺へ参拝の折の道中歌が、いまどれほどのこっているであろうか。私はほとんど聞いたことがない。

しかしいま村人が世間を知る方法も手段もすっかり違って来て、伊勢参りが世間を知る最良の手段ではなくなっている。その上戦時中の伊勢信仰の押しつけが、かえって民衆を伊勢から引きはなすことになっていった。

一方では慣行社会としての、あるいは共同体的な村がぐんぐん崩壊しつつある。村の中にはお互いが助けあうような気風も制度も大方消えて来た。したがって伊勢参宮にともなう一種の連帯意識も、今日ではほとんど消えている。

伊勢参宮する者は最近年々六〇〇万をこえているというから決して少ない数字ではない。しかし参拝者の質と目的は大きくかわっている。それは同時に日本という国の質的な変化のはじまっていることを物語る。日本はもう農耕国家ではなくなっている。農耕民の数はもう全国民の一三パーセントにしかすぎなくなっている。商工その他の職業にたずさわる者の方がはるかに多い。

国民全体がたよりにしていた伊勢暦すらが、日記帳、カレンダーなどの発達によってほとんど手にすることすらなくなってしまった。

この変化が伊勢信仰の変化をもたらしつつある。

〔註（本文中の※）〕

107頁　御師による暦配布のはじまりについては、必ずしも明確ではない。平田篤胤は『俗神道大意』に「マタ御師ヨリ諸国ヘクバル御祓箱ニ添テ、土産トシテノシアハビナドト、新暦ヲ配ル事モ、戦国ノミギリハ、遠国ナドデハ京都ヘ遠イニ依テ、暦ヲ求メル事容易ニハ出来ヌ、ソコデ右ノ代官共ヘ、外ノ品ヲ土産ニ持参致スヨリハ、何卒京都ヨリ暦ヲ求メクレヨト、所々カラ頼マレル、ソコデ求メテ送リ送リ致シタル所ガ、イツトナク伊勢カラ暦ヲ配ル事ニ成タルモノト申ス事ジャ」（平田篤胤全集第七巻所収）とあり、最初は京暦や南都暦、丹生暦などが用いられたようであるが、後には伊勢の暦師によって摺られるようになる。ちなみに南都暦は奈良の幸徳井家が作っていたもので、その起源は十五世紀中頃まで遡るとされている。また丹生暦は伊勢国飯高郡丹生《にゅう》（現在三重県多気郡勢和《せいわ》村）の賀茂杉太夫が刊行していた暦で、その起源は明確ではないが、享禄五年（一五三二）には存在していた記録があるという。暦研究家として著名な渡邊敏夫氏は篤胤のいう伊勢から配ることになった暦は、いわゆる伊勢暦ではなく、この丹生暦だとしている。江戸時代を通じて神宮の御師が御祓箱に添えて土産として持参した伊勢暦は、『伊勢暦雑記』に「寛永八かのと未年神社村森若太夫と云者始／同十二年箕曲甚太夫初而暦を出」とある、寛永八年（一六三一）が最初だろうとされている。（岡田芳郎「伊勢暦について」（『三重県史研究』第十号、平成六年）、渡邊敏夫『日本の暦』雄山閣、昭和五十一年）

三　伊勢参宮

1　参宮の歴史

参宮人の増加

伊勢神宮は皇室の祖神をまつるものであり、古くは勅宣による以外は王臣といえども幣帛をたてまつることは禁じられていた。いわゆる私幣禁断の社であったから、一般民衆が神宮に参詣し、祈願をこめることはきわめて少なかったものと考えられるが、さきに述べたように皇室以外の貴族あるいは武士と神宮との関係が強くなり、また御師などの活躍によって広く一般民衆の間に伊勢に対する信仰が広まってくるにつれて、私幣禁断の制はゆるやかなものになり、民間から御厨・御園などの寄進をおこない、祈願をこめることも多くなってくるし、それと同時に参宮する人たちも増加してくる。記録の上で一般民衆の参詣の例をさぐってみると、最も古いところでは、承平四（九三四）年九月の神嘗祭に「参宮人十萬、不レ論二貴賤一……」と『大神宮諸雑事記』にあり、

大正天皇・皇后両陛下参宮の絵はがき

すでに平安時代の中頃にはかなりの参宮者がいたことがわかる。ついで永久四（一一一六）年九月にも、宮川洪水のため多数の参宮人が渡河の途中漂流したなどという記事もみられる。

また鎌倉時代にはいると宝治元（一二四七）年の内宮遷宮のときには幾千万人とも知れぬほど貴賎の参宮があったが、これはそれ以前、承安（一一七一～七五）、承元（一二〇七～一一）、建久（一一九〇～九九）、安貞（一二二七～二九）などの遷宮のときに集まった参宮人の数をはるかにこえるものであると昔を知る老人が語ったと『内宮遷宮記』に書かれている。いずれも九月の神嘗祭や二〇年毎におこなわれる遷宮のときの記事であり、普通の日のことではないが、こういったときにはかなりの民衆参詣があったことが知られるのである。

民衆の参詣は記録による限りでは平安時代の中期からみられるのであるが、時代が下るにつれて次第に多くなっていったもののようで、鎌倉時代の末にあたる文保二（一三一八）年には外宮禰宜から美濃、尾張の参宮人に対して、参詣のときに守らなければならない精進法を示した庁宣が出されている。これは一般に『文保記』といわれるもので、喪を弔い疾を問う、肉を食う、刑殺をおこなう、罪人を罰する、音楽をおこなう、穢悪に預るなどのことは神宮神域内においては禁ずる（六色の禁忌）とか、神宮では昔から仏を忌むものであるから、仏教に関することばは忌み言葉として、仏を中子、経を染紙、寺を瓦葺、僧を髪長、死をナオル、病をヤスミなどというようにいいかえて使わなければならない（内外七言）などといったことをこまかく規定したものである。

このような精進法を、一般の参宮者がどの程度守っていたのかわからないが、こういったものが必要になるほどに参宮が多くなっていたものであろう。なおこの『文保記』の前書によると、近年は巫などで太神宮先達などといって神宮の古典をもわきまえずに勝手に不浄なことなどをおこなうので、これを正すためにこの庁宣を出すのだといっている。巫者などの旅なれた者が先達となって参宮道者の案内をおこなうことが多かったものであろう。

中世という時代は世情不安な時代であったから、道中にもさまざまな障害があり、単独での旅は容易でなかったので、旅なれた先達につれられて団体で参宮をおこなうことが多かったのであろう。室町時代になると参詣講として伊勢講が各地に多くできるが、その先駆的なものとして先達にひきいられての参宮があったものかと考えられる。

室町時代にはいると、民衆の参詣はますます多くみられるようになる。室町時代から戦国時代にかけては下剋上の時代で、神宮の神領なども押領されることが多く、古来つづけられてきた遷宮も百余年にわたって中絶するといった、経営の苦しい時期にあたっているが、御師との間に師檀関係によって結ばれた信者の層は広くなり、参宮は一般的な行事となっていった。そのことを端的にあらわすものが、参宮街道上にみられた関所の数である。

江戸時代に設けられた関所や番所は軍事的な目的を強く持ったものであったが、室町時代のものは軍事的な目的と同時に、通行人から関銭を徴収するといった意味あいの強いもので、通行人の多いところには数多く設けられている。こういう関所の最も多かったのが参宮街道で、多いときには伊勢国だけで一二〇ヵ所もの関所があったという。

たとえば、熊野街道と初瀬街道の要衝にあたる度会郡の田丸山の麓には数十ヵ所の関所があって諸国の参宮人を悩ましたというし、『輯古帖』によると、参宮街道の桑名から日永までの間には六〇ヵ所もの関がたてられ、人別一人につき一銭ずつの関銭を徴収していたとある。桑名から日永まではわずかに四里ほどの距

日永追分の道標

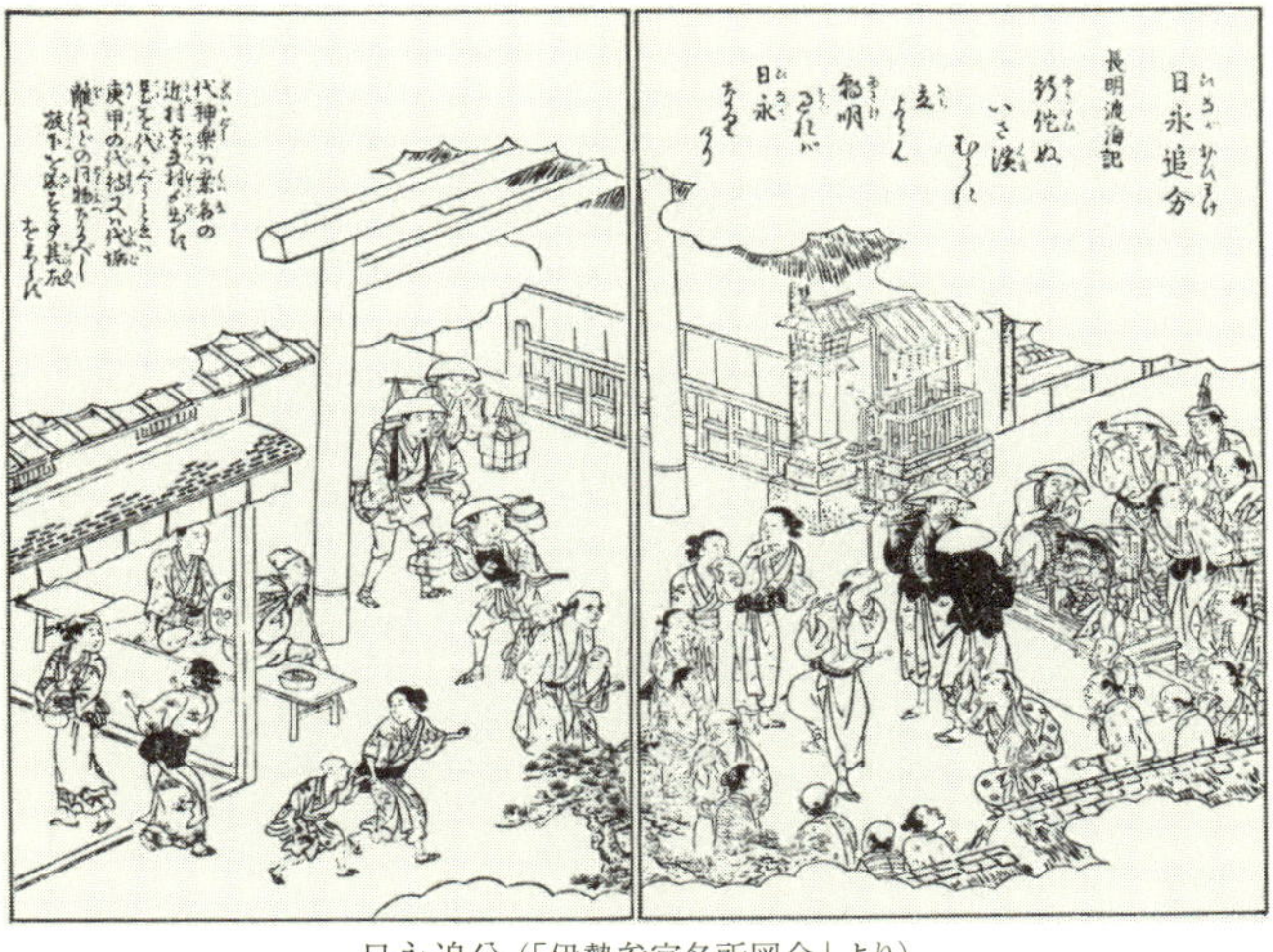

日永追分（「伊勢参宮名所図会」より）

離にすぎないので、いかに関所が多かったかがわかる。

この関銭は、神宮の橋の造営料にあてるものであったが、そのほか伊勢国司北畠氏や豪族などが関銭徴収のために設けたものも多く、そのため参宮する人たちは貴族や武士などの参宮に従って関を通ることも多かった。長禄三（一四五九）年三月に邦康親王が参宮したときには、家臣の従う者は一五騎であったが、その属と称するものが五〇〇〇人余もいたという（『碧山日録』）。貴族などの従者として通れば、関銭を払わずにすんだものであった。天文七（一五三八）年六月には国司、北畠晴具が参宮のために伊勢国内の関を開いたので、京都あたりから参宮者が押寄せたとか、天文二十二（一五五三）年には国司、北畠晴教の病気祈禱のために関をあけたので、諸国の旅人数しれず集まり、また翌年の春にも群参したといったことがあり、参宮の障害となる関所が除かれることによって、参宮する人たちの数はおびただしいものになるほどに伊勢信仰は一般的なものになっていた。

この関が廃止されたのは信長によってであった。天正八（一五八〇）年三月には内宮大橋供養のため一万部の御経があったが、「其比、日本ノ関トイッテ信長御アケラルル。諸国参宮人ノ人びと、前代未聞、道中田畠河山モ皆々満々ト云」と『神宮年代記抄』にあり、この頃に信長によって関が廃されたものである。近世にはいると世の中も落ちつき、街道なども整備され、宿駅の設備もととのうことによって道中の不安はずっと少なくなり、旅することは比較にならぬほど容易になり、参宮者の数も激増してくるのである。

僧尼は詣でず金の詣で候事

神宮は古くより仏を忌むということは前にも述べたところであり、僧尼の参拝が公に認められるようになるのは明治五年からのことであるが、すでに文治二（一一八六）年には俊乗坊重源の東大寺衆徒六〇人をつれての参詣や、一遍上人が多数の遊行僧をつれての参詣などがあり、そのほか多くの例がみられるように、かなり一般的になっていた。ただ社前にまですすんでの参拝はおこなわれず、二の鳥居あたりで参拝するのが普通であったし、後には僧尼拝所がもうけられてそこから参拝するのが原則であった。

萩原の中将といえば神道にすぐれ、また歌よみとして都に知られた貴人であったが、その人が道無斎ほか二人の出家をつれて参宮を志したのは長享元（一四八七）年秋の頃であった。道無斎というのはいささか皮肉な男であったから、萩原の中将をからかってやれとばかりに、参詣のときに案内してくれた御師、荒木大夫に、三人の出家よりの御供料として神前に供えてくれといって、一包の金子を渡したところ、金のききめはあらたかで、信心の坊さまたちであることよ、お入りになるがよいといって中将だけを玉垣のそばに残し、僧三人を神前にともない、お祓をし、祝詞をたてまつってくれたものである。神道の達人である中将は腹にすえかねて、御師をよび、この宮は僧尼を嫌い、神前近く参らぬはずなのに、少しの金銀を出したからといって僧を内に入れるのは怪しからぬことではないかと面詰したところ、御師の答えていわく、僧尼は昔から神前ちかく参ることはできません、ちゃんと僧尼拝所が外にあってそこで拝むようになっておりますよ、私が案内したのは僧ではありません、あれは金が神前まで参ったのですとうち笑って走り去ったという話が『人鏡論』という書物に出ている。これはもとより一片の説話にすぎないものであろうが、御師のあるいは御師を媒介として広められた伊勢信仰の一面をよくあらわしているように思われる。だからインチキだというのではない。信仰というものは常にそういった一面をもっているのではないかと考えるのである。

近世の参宮

ともあれ、伊勢神宮は旅好きな日本人がみずから好んでする旅の代表的なものとして定着していった。近世初期イエズス会の宣教師として日本に来て、広く布教をおこなっていたルイス・フロイスは、一五八五（天正十三）年八月付の手紙で、伊勢神宮について次のように報告している。

「日本には仏と神の二つの偶像があり、仏には罪の赦と来世の救を祈る。神は仏の宗派が日本に渡ってくる前から崇められていたものでその数はガンジス河の砂の数ほど無数にあるという。日本人はこの神々に対して直接一切の幸福、健康、長寿、富貴、子女、敵に対する勝利等を祈るのである。この無数にある神々の中で最も尊崇せられているのは天照大神、春日大明神、八幡大菩薩の三つで、第一の天照大神は太陽に化したものといい、伊勢にいる。日本諸国から巡礼としてこの神のもとに集る者の非常に多いことは信ずべからざる程で、賤しい平民だけでなく、高貴な男女も競って巡礼する風があり、伊勢に行かない者は人間の数に加えられぬと思っているかのようである」（イエズス会「日本年報」下）

すでにこの時代には伊勢参宮は誰もがおこなわなければならないようなものとして考えられていたことがわかる。こういった考え方は近世を通じてあったもので、安永四（一七七五）年に日本にきたスウェーデン人のツンベルグの『日本紀行』にも、伊勢参宮について男女ともに一生に一回は年齢にかかわらず、この巡礼をしなければならないとしるしている。そしてツンベルグは江戸参府の途中で無数のこの巡礼にあっており、その様相を書いている。

外国人のみた伊勢参宮

外国人の中で最も詳しい観察をしているのは元禄四（一六九一）年と五年に二度の江戸参府をおこなったドイツ人の医者であるケンプェルのように思われる。ここではケンプェルの目にふれた参宮者の風俗を紹介してみよう。

ケンプェルとその一行は元禄四年三月三日の早朝大津を出発し、土山まで一三里の道中であったが、その日は

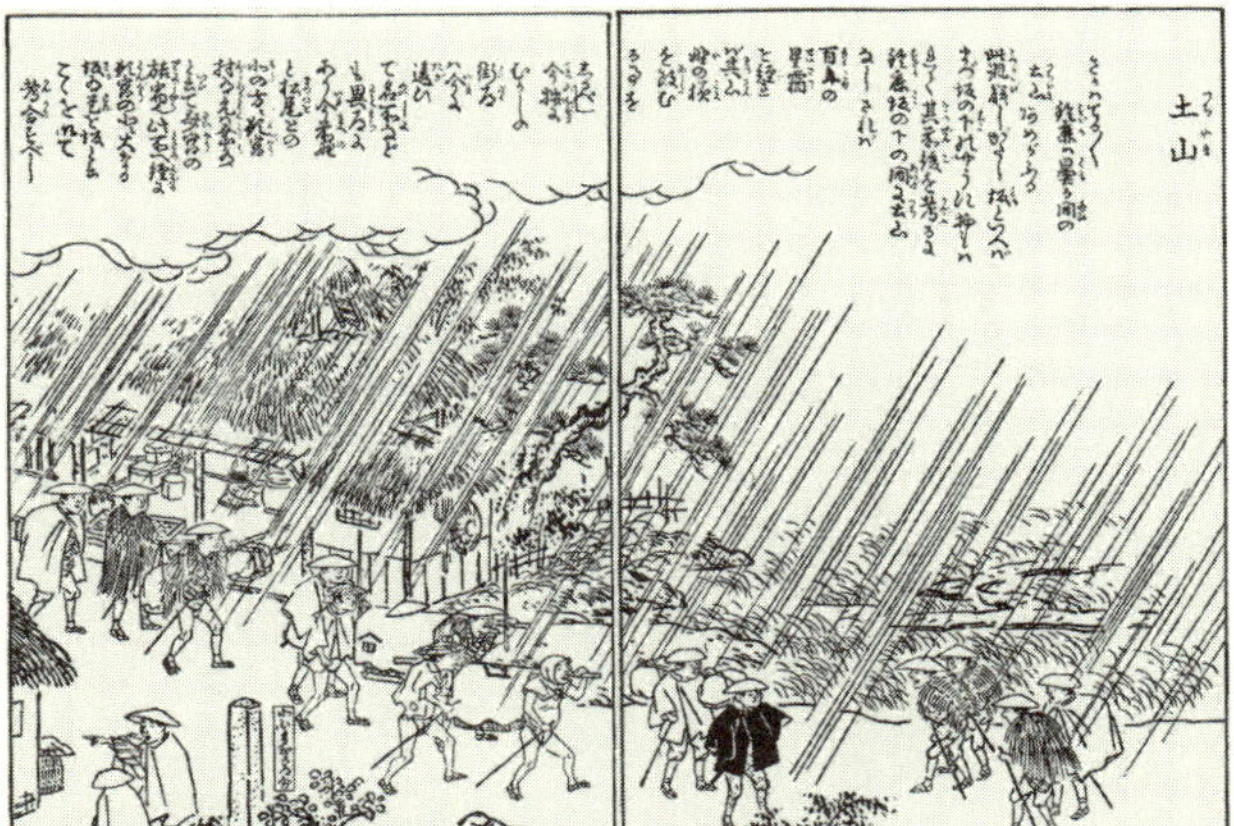

土山（「伊勢参宮名所図会」より）

常ならず多くの旅人たちに出会った。旅人たちの大部分は徒歩であったが、馬に乗っている人もいたし、二、三人で一頭の馬に乗ってくる旅人もいた。また乞食らしいものも多かった。これらの旅人は皆伊勢神宮に参詣する人たちであった。伊勢詣は一年中おこなわれるものであるが、とくに春が多い。春の東海道は参宮する人たちによって埋めつくされているといってもよいほどである。

老人も若者も、富めるも貧しきも、男女の別なく、この旅によって信仰を積み、功徳を重ねて、罪の赦しを得るためにできるだけ徒歩で道中をしようとするのである。貧しいものは背中に巻いた蓆を背負っており、夜はそれを寝具とする。杖を手に持ち、柄杓を帯にはさみ、帽を脱いでそれに喜捨をうける。頭には菅でつくった軽い笠をかぶり、それには柄杓と同じように姓名、出生地、住居地を書きつけている。やや富みたるものは衣服の上に白いシャツで袖のないものを着ている。その袖無しの胸前と背中にも笠や柄杓と同じように姓名などを刷りこんでいる。こういった人たちは道中で食事や金銭を乞いながら旅をするのがならわしであるから、道行く人びとに帽を脱ぎあわれな小声で「旦那様方、憐れな伊勢参りにどうか一文おめぐみ下され」と乞うている。江戸や奥州の人たちにはこういった参宮の習慣が多いということである。

そのなかには往々にして両親を知らないものや、無宿人なども混っており、参詣客にみせかけて物乞をして日をすごすものもいるということであるし、また若者などのなかには犯した悪行のために罰をうけることを恐れて、両親に無断で伊勢参りに出かけるものもある。参詣をすますと神主から大祓を受けて帰る。これは一種の特赦状であり、これを持帰るのが両親に詫をいれる最も安全な手段である。帰り旅のものはこの大祓を笠の前額にあたる部分につけ、その反対側にはつりあいをとるために紙で束ねた藁を下げている。旅人たちは多すぎたり、貧しかったりして宿を借りることができずに雨露にさらされて野宿をすることも多いし、ときとしては病気にかかって行倒れになることもある。こうしたことで大祓箱などが取残されているのを見付けたならば、樹の枝にかけるか、灌木などに挿して隠しておくものである……（『江戸参府紀行』）。

といったような見聞をしるしており、貧しい参宮者の様子がかなり正確に描かれているといわなければならない。参宮者のなかには、膝栗毛などに書かれているように都あたりの若い人たちで、小袖の上に揃いのゆかたを引っかけて芸者らしきものをも混えた男女がかざりたてたつづら馬をひいて、にぎやかに伊勢音頭などをうたいながら乗りこんでくるといった景気の良いのもあり、千差万別であるが、ケンプェルは貧しい道者たちに目をとめている。ここに描かれているような貧しいものが多かったからであろう。ツンベルグも同じような見聞をしるしている。

ケンプェルはまた帰途、浜松の宿で、抱擁したまま離れなくなった男女の話をきいている。参宮の途中では精進潔斎して身をつつしまなければならないものであるのに、その戒を破って娼婦と交ったために神罰をうけ、離れなくなってすでに一四日間も、ある寺院にとどめられているというのである。翌日小判一枚を与えてこれを見たいと希んだが、すでに一団の僧侶たちが珊瑚の数珠をつかって祈禱をし、ようやく離すことができたからということで、見ることはできなかったという。日本人は迷信に篤い民族であり、伊勢詣にはこういったことがよくあるというとしるしている。

参宮者数

ケンプェルやツンベルグなどの外国人たちの見聞はその行動に大きな制限があったから、限られたものであった。しかし、その限られた見聞のなかでも伊勢参宮は彼らの注目をひくほどに多かったのである。それほどに参宮は一般的なものとなっていたし、参宮をする人の数も多かったわけである。

享保三（一七一八）年四月に伊勢山田奉行が江戸参府のときに参宮者数を幕府に報告したものがあるが、それによると、この年の正月元日から四月十五日までの間に、四二万七五〇〇人となっている。伊勢参宮にかかわらず、江戸時代の旅は農民が主であったから、季節的に農閑期にあたる正月から三～四月頃までに集中しており、新城常三氏によると、大体この期間に年間総数の七～八割が集中しているという。そうすると享保三年の年間総参宮者数は約五〇万人くらいと推定される。元禄から享保にかけての時期は、江戸時代のなかでも最も世情の安定した時期であり、経済的にも発展がみられたことから、旅する人びとの最も頂点に達した時期であった。伊勢参宮もこのころが最も多かったようで、享保から一〇〇年くらい後の天保頃に外宮の禰宜、足代弘訓は参宮者は多い年で四〇万、少ない年で二〇万～二五万くらいと書いている。享保期の五〇万人ほどにくらべるとかなり少なくなっているが、それでも社寺参詣の旅のなかでは最も多いものであった。ちなみに、新城常三氏は江戸時代の主な社寺への参詣者数を次のように推定している（『庶民と旅の歴史』）。

四国遍路　月六千人〜九千人（宝暦頃）
秩父巡礼　午年五万人（寛延三年）
出羽湯殿山　平年一万七千人（延享〜文化）　丑年二万七千人〜三万八千人
越中立山　年六千人
成田山　年一万五千人以上（幕末）
善光寺　年二十万人（幕末）

このほか高野山、本願寺、金比羅宮などは伊勢参宮に近いものであったろうというが、いずれにしても伊勢参宮が最も一般的なものであったことは、江戸時代を通じて変わっていない。

ぬけ参り

近世初期すでに伊勢参宮は一生に一度はおこなうべきものであり、これをおこなわないもの

信濃の善光寺

は人でないといわれるほどのものになっていたことは、フロイスの報告などによってもわかるが、また伊勢参宮が一人前の村人になるために欠かせない通過儀礼となっていた地方も多い。一定の年齢になると特定の霊山や社寺などに参詣するといった習俗は広くみられるところであるが、そういうものに参宮が利用されるようになっていたのである。秋田県の庄内地方では参宮を済ましたものと済まさないものとでは、村寄合での席で使用する食事の箸を異にしていたという。まだ参宮のすんでいない人は椀が痛まないようにということで、萱の箸を用いるのであった。

愛知県の下市場（挙母市、現豊田市）という村でも伊勢参りは一生に一度は必ずするもので、それをしない人は地盗人だなどといわれたものであるが、ここではぬけ参りによる参宮の風習が比較的近い頃まで残っていた。ここのぬけ参りは十二、三から十五、六までの男女が仲間になって年輩の後見につれられておこなったものであった。

毎年春になると何人かの子供たちが申合せて、相当年輩の人を後見に頼み、この人と相談の上で、親兄弟にも黙って参宮にでる。子供のことではあり、例年の習慣であるから気をつけているとその気配は知れるものであるが、子供のするままにまかせておくもので、せいぜい出発しそうなときに垢のつかない着物を目につきそうなところに出しておいたり、それとなく少しばかりの小遣いを与えるくらいのものであった。後見人は一同の必要な路銀を立替えるのが名誉ある義務であったから、金のないときには米を売ったり、知人から借りたりして才覚するのである。用意ができると打合せておいて夕方家を抜け出し、その晩のうちに宮（熱田）まで行き、翌日早朝の船で伊勢の神社港か白子まで渡る。下市場から宮までは八里あるが、夜のうちに徒歩でいったものであるという。

村では家々の子供たちの姿がみえなくなっているので、ぬけ参りに出たことがわかる。そうすると神棚に燈明をあげ、御神酒を供え、氏神様にも御神酒を供えて参宮の無事を祈って帰りを待っている。帰着するであろうという日には親たちが相談して代表者が一～二名、宮まで迎えにゆき、後見人にお礼をいい、村人が迎えに出ていることをつげる。村では一戸から一人ずつ潮目鏡と呼ばれる、村から二里ほど離れた小山の頂上まで迎えに出る。

道中にもっていった路銀

夕方の五時頃に氏神様につくように加減して帰ってくるが、子供たちは皆、赤味の多い伊勢手拭を首にまいたり、鉢巻にしたりして、伊勢音頭などをうたいながら帰ってくる。他村を通るときなどにはことさら大声で歌ってくる。氏神様につくと社前で御神酒をいただいて解散する。後見人は其晩のうちに決算をすまして各親から立替金の返済を受けて終了するのである（矢頭和一「抜け参りの慣習」『民族』一巻六号）。

ぬけ参りがこれほどに組織的におこなわれていたところは少

なかったかも知れないが、十二、三歳から十五、六歳くらいまでの子供たちが、親兄弟にだまって参宮をする例は各地にあったようで、岐阜県あたりからも春になると十二、三歳くらいの子供たちが四、五人づれで菅笠をかぶり、腰に同行何人と書いた白木の柄杓をさして何組も何組も道中していたという。明野（度会郡小浜町）のヘンバヤといえばヘンバ餅で知られた大家であるが、そこの主人は山田などに用達しに出てそういうぬけ参りの子供に逢うとつれ帰って泊め、翌日は弁当まで持たして帰したものであったという。明治三十年頃ですでに汽車も津か宮川あたりまで開通していたが、ぬけ参りの子供たちは大てい郷里から歩いてきていたという。ヘンバヤに生まれ、後に古市の大安旅館に嫁いだ井村かねさんの『わが生涯の記』にある話である。

また娘たちだけがぬけ参りをするという例もあった。長野県東筑摩郡山形村あたりではぬけ参りといえば女に限ったものであったという。

明野のへんば餅屋

この地方では参宮の費用は三年のうちには自然と戻るものだといって男は誰でも参ったものであったが、女は木曾福島の関所が通れなかったので、正式の参宮ができず、関所を抜けて参宮をしたので、ぬけ参りといったのであるという。そのために、ぬけ参りといっても家の者には話して路銀などもちゃんと用意をして出かけたものである。時期は正月から二月頃の農閑期で十四、五から二十歳くらいの娘たちがつれだっていくのであった。

今井村に十左衛門という人があり、親たちが許してくれないときにはこの人に頼んで承知させてもらったり、路銀の工面ができないときには十左衛門に工面してもらったものである。人数がそろうと十左衛門に宰領になる人を選んでもらい出発する。宰領はさきの後見人と同じで路銀を預っており、一行の世話をする。出発は鹿島立ちといい、酒を呑んで十左衛門の家から一同揃って出発する。脚絆に草鞋、ツマオリ笠に莫蓙を持っている。福島の関所が通れないから塩尻の峠を越えて伊那路をたどり、名古屋に出て熱田神宮、津島神社などに参詣して伊勢にゆく。往復で二〇日以上の日数がかかったものである。留守中の家では人形をつくって置いておき、毎朝顔を洗うときに人形に水をかけた。そうすると旅をしているものの足が疲れないといった。帰りも十左衛門の家にまず帰ってくる。そうすると父兄が馬を飾って迎えにゆく。馬の背に炬燵やぐらを載せ、その上に二、三人ずつ乗せて氏神にお参りをし、家に帰って親類などが集まり、甘酒を飲んで参宮を無事すましたことを祝うのである（青木茂若「抜け参りの別の例」『民族』第二巻一号）。

国民としての義務だというほどにまで参宮が各層に定着していたから、さまざまの方法や機会に参宮を志したものであるが、江戸時代の強い家父長制のもとで金や時間の自由にならない女や子供たちが、親兄弟などの許可を得ずに参宮をするのがぬけ参りであった。また参宮が目的で家を抜け出すのであればとがめられることもなかったのである。そういう意味では神宮のお祓はケンプェルのいうように特赦状の役目を果したものであった。商家や農家の雇人などもぬけ参りによって参宮をすることが多かったもので、主人の許可を得ずに参宮した下男や下女を叱った主人が神罰を蒙るといった類の話が多く伝えられている。

たとえば播州川辺郡大鹿村のある家の下女がぬけ参りをしたところ、主人夫婦が大変な立腹で、帰ったら叱ってやろうと待っていた。それとは知らぬ下女は神詣りのことであるからそれほど強く叱られることもあるまいと気楽にかまえて両宮への参詣もすませ、主人夫婦に御祓と御土産のわかめなどを菅笠にのせて差出せば、思いもかけない怒りようで、御祓や土産はかまどに蹴りつけ、打つ、なぐるの騒ぎであった。ここに不思議やお祓から一匹の小蛇がはい出し、のたうつとみるや、たちまち大蛇となって主人夫婦をにらみつける有様。たとえるものもないほどに恐ろしいことであった。これをみるより女房たちまち熱を発し、もだえ苦しむ。主人は大いに反省して涙を流し赦したまえと詫びれば、蛇は聞きいれし気色にて行方なし。それより両宮へ代参をたて懺悔に罪を滅しぬ。前代未聞の不思議なり。といったような話である。『太神宮続神異記』などをみると、こういったぬけ参りとそれに伴う不思議が数多くしるされている。下男、下女などの社会の下層にいる人たちは許を得てちゃんと路銀を用意した、正式な参宮の機会などは容易に得られなかったのであろうから、ぬけ参りという方法を考え出したものであろうし、またぬけ参りならば許さなければならないといった風潮が一般にあったことが、『神異記』などに語られている説話のなかに読みとれるのである。

また、ぬけ参りなどの神信心の人たちに対しては報謝を与えたり、施行をしたりすることがごくあたりまえのこととしておこなわれていた。現在でも四国遍路などに善根宿をしたり接待をするといったことがみられるが、そういった風は早くからあったもので、弱いもの、貧しいものに施しをするのは安楽に暮している人たちの義務であった。それは善根を施すことであり、善根を施せばきっと良い報いがあると信じていたからである。現在から考えると、旅をするための施設や設備などもととのっておらず、不便なこと、危険なことも多かったのであるが、旅は道づれ世は情けといった諺に表現されるような人の情の暖かさがあって、真面目な道者や巡礼であれば金がなくても旅をつづけることのできる世界であった。

民衆の伊勢参宮、とくにぬけ参りのような方法での参宮は、根強い信仰とそれを支持し、援助を与える社会でなければ成立つものではない。近世以前の日本はぬけ参りのような旅をおこない得る社会であった。

2 おかげ参り

集団参宮

女、子供や雇人など正式に参宮する機会を容易に得られない人たちはぬけ参りなどの方法によってその志をとげたのであるが、こういったことはあるとき、ある地域でなんらかのきっかけによっておこるとそれが次第にその周辺に波及していって流行となり、非常に多くの人たちを参宮にかりたてるという現象をおこすことがあった。この現象が「おかげ参り」として知られる集団参宮である。

おかげ参りは江戸時代に周期的にみられるもので、慶安三（一六五〇）年、宝永二（一七〇五）年、明和八（一七七一）年、文政十三（一八三〇）年、慶応三（一八六七）年におこったものが著名なもので、このほか享保三（一七一八）年、享保八（一七二三）年にも部分的におこったといわれるがよくわからない。

おかげ参りは特異な現象であるが、それだけに伊勢参宮の実態をよくあらわしている面があると思われるので、以下おかげ参りについてのべてみよう。

おかげ参りの最初のものは慶安三年におこなわれたものであるというが、これについては『寛明日記』に記載されている以外に記録がない。これによると、この年には江戸中の商人どもが大神宮にぬけ参りということを流行させ、正月下旬から天下の人民ことごとく群参し、箱根の関所で調べたところ一日に五、六〇〇人から八、九〇〇人にのぼり、三月中旬から五月までの間には一日に二一〇〇人にもなっていたという。このぬけ参りの人たちは皆白衣を着て、一組毎に印をたてていたという。

社寺参詣の場合に白衣をつけるというのは、中世以来の風俗であり、現在も四国遍路、西国巡礼、三山詣りなどに多くみられるところであるが、ぬけ参りもまたそういう巡礼の伝統をひくものであったことが知られる。

慶安三年のぬけ参りについてはこの程度しかわからない。後のものほど大きなひろがりをみせなかったものかと思われる。そしてこのときにはまだおかげ参りという呼びかたはしていなかったようである。近世におこなわれたおかげ参りのうちで、規模も大きく、代表的なものは宝永、明和、文政のものと、さらにそれらとはいくぶん性格が異なるが、おかげ参りの伝統の上におこなわれた慶応の

白い服装で羽黒山に登る人びと

「ええじゃないか」である。次にそれらについて簡単にのべてみよう。

宝永二年

宝永二年閏四月、今年伊勢宗廟諸国より参詣多し、俗におかげ参りというと『元禄宝永珍話』にあるが、この頃から「おかげ参り」ということばが使われるようになっていたのであろう。同書によると、閏四月上旬の頃、京の童男童女、七、八歳から十四、五歳のものが貧富をとわず夥しいほどぬけ参りをする。それが大坂、奈良はいうまでもなく、近畿一円に一時に流行し、妻、子、従僕などが主人の許可をも得ずに参詣に出かけるさまは狂ったかと思われるほどであるとあり、また秋七、八月になると諸国遠国よりの参詣がかつてみなかったほどであると書かれていて、京都あたりからはじまったものが、日を経て広く波及していったことがわかる。このときの参宮者数が本居宣長の『玉勝間』にしるされているが、それによると、閏四月九日から五月二十九日までの五〇日間に三六二万人となっている。最も多い日には一日に二二、三万人にのぼったという。必ずしも正確な数ではないにしても、夥しいものであったことが知られる。また京都所司代で四月二十一日から閏四月二十一日までの支配下の参宮者数を調べたものが、『月堂見聞集』に載せられている。その総数は六万七六九五人でその内訳として

〈洛中〉

一歳―五歳　　千百拾五人　親召連参候

六歳―十六歳　一万八千五百三十六人
十七歳以上　三万千九百十二人
合計　五万千五百六十三人
内男　三万三百四十五人
女　二万千二百十八人

〈洛外町続分〉
一歳―五歳　百八十二人　親召連参候
六歳―十六歳　二千七百八十五人
十七歳以上　三千七百五人
合計　六千六百八十二人
内男　三千三百六十七人
女　三千三百十五人

山城国京都御支配在に
合計　九千四百五十人
内男　五千八十四人
女　四千三百六十六人

おかげ参り風俗（神宮文庫蔵）

となっており、五歳までの子供は親と一緒に参っているが、六歳以上のものはぬけ参りとみている。そして十六歳までの子供と女がかなり高い割合をしめているのが注目される。『大神宮続神異記』には大坂八間屋の人の話として、閏四月二十一日の朝から七、八歳から十四、五歳までの子供たちが家毎に二人、三人とぬけ参りをするので、節句前の忙しい時期であるからと親父共が止めさせようとするがさっぱりきかず、夕方までには一万人も出たというし、翌日は雨降りにもかかわらず、われもわれもと出ていって、二十二、三日の抜け参りは七万人にも及んだであろうと話し合っていることである。とあり、子供たちというなかには商家の丁稚や奉公人などが多く含まれていたことが知られる。また、下男、下女などのぬけ参りの例が多くあげられている。このことは明和、文政のおかげ参りについても同様で、子供のぬけ参りが発端になって広がっている。

おかげ参りは子供や奉公人、あるいは普段のときには貧しくて参宮できないような人びとが広範に動きだすものであったから、施行はつきもので、おかげ参りのときには大規模な施行がおこなわれるのが常であった。宝永二年のときにも、伊勢の山田では町々で施行のための仮小屋をたて、赤飯粥、餅、あるいは銭、茶などを振舞い、そのほか、御師、町人、商人、百姓、後家にいたるまでがそれぞれの分限相応に、ふびんなるぬけ参りの人びとに五人、三人、あるいは八〇〇人、一〇〇〇人と宿をかし、路銀をあたえ、神宮参拝の案内をつけるなどのことをした。近在の村々からも馬や駕の馳走があり、五月十三日から六月十六日までの間に馬二七七〇疋余。駕五九〇余乗の施行があった。京・大坂その他道中でも裕福な人たちが米、銭、布、木綿の袋、襦袢、菅笠など、思い思いの施行をおこなっている。

いせ参御蔭之日記

宝永二年から六六年のちの明和八（一七七一）年のおかげ参りは規模の大きいもので資料もよく残っており、かなり詳しく知ることができる。そのなかで伊勢松坂の人森壺仙の『いせ参御蔭之日記』が最も事実に忠実に記録していると思われるので、それにそってのべてみよう。

この年は三月上旬に丹後の田辺（舞鶴）あたりから女子供のぬけ参りが多く見られた。不思議に思って種々きいてみると、田辺あたりに奇特な金持がいて、参宮費用にと一〇〇両貯えていたが思わぬ大病になり生死のほども覚束ないことになり、死んでは無駄になるからということで、参宮の志ある人には誰彼を問わず、その金を一分、二分とかして、参宮の手助けをすることにした。そのことが次第に知れわたって、借りて参宮する人も多くなったが、そのうちにさしも重かった病気もよくなったなどという不思議があった。

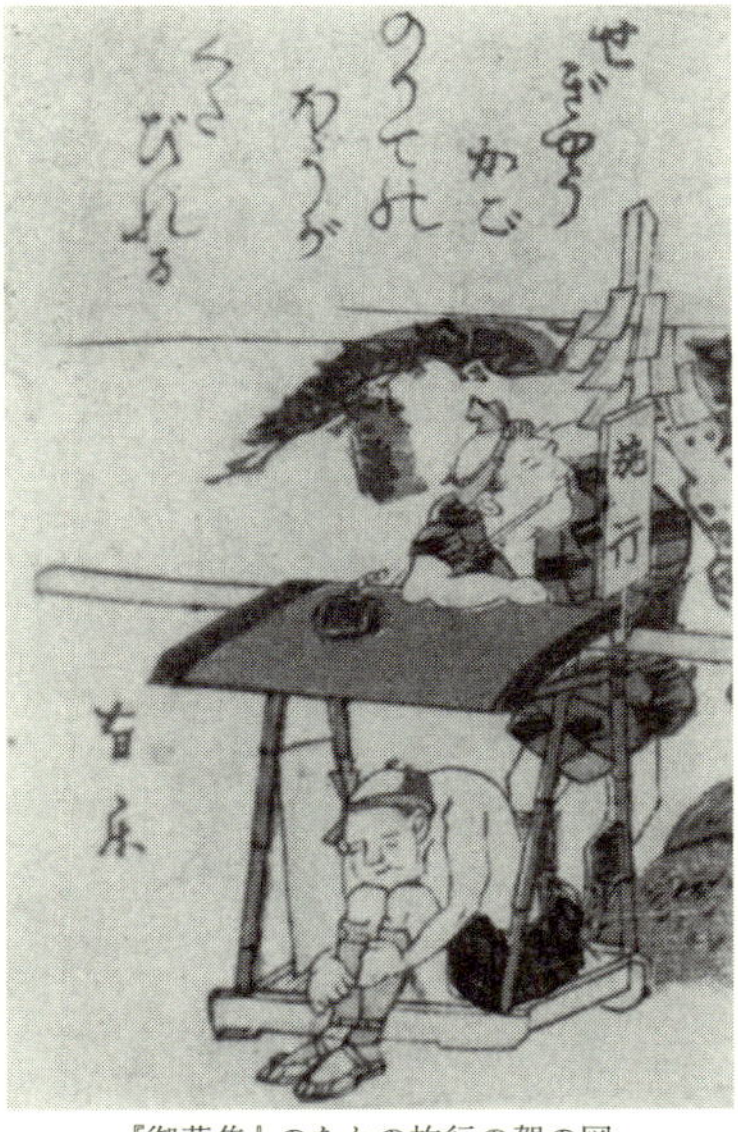

『御蔭集』のなかの施行の駕の図

田辺あたりの人がとくに多いのはこういったことも一つのきっかけになっている。

春のうちは例年の春道者に加えて、丹後のぬけ参りがおびただしく多くてにぎわっていたのが、四月になるとずっと少なくなって四月九日、十日は一向に通りがなくなっていたのに、十一日から急ににぎやかになる。これは山城国宇治郡からのぬけ参りがおびただしく来はじめたからである。宇治郡も長池、玉水、大和田辺から来たもので、男は少しもなく、女子供ばかりの二〇人、三〇人という大人数が組になり、幟や纏などを印に立てて通ってゆく。その様子が普通でないのできいてみると、宇治の茶山からそのまま出てきたとかで、雨具の用意などもなく、着の身きのまま、髪などもさばき髪同様で、身なりなどは一向かまわないものであった。なにか不思議なことでもあったのかときくと、さして不思議なこともないが、なんとなく参りたくなったので、たとえ一日二日は何もくわずとも参りたいと、一人前一〇〇文くらいずつをたくわえて出てきたのだということで、誠の信心参りだと噂したことである。これが明和のおかげ参りの発端で、宇治の茶山などに働いていた女、子供などがぬけ参りにつれだって出たものであったが、次第に周囲にひろがっていったもので、その様子が日を追って克明にしるされている。すなわち十二日には久世郡、紀伊郡あたりの人が加わり、遷宮のときほどのにぎわいになり、十三〜十五日には綴喜郡、伏見、淀、橋本、久世渡、山崎などに広がり、次第におびただしくなって、おかげ参りと世間一統に知れて道者が休むと家々では茶などを振舞うようになった。山田では所々で報謝、むすびなどをつくって接待をするようになっている。十七日になると宇治郡は終りのようになり、深草辺、京の端々の人たちが群をなして出はじめる。

十八日、京都端々、大津、膳所、淀、伏見、十九日、山城国は残らず出、京都市中、伊賀上野あたりが加わる。二十日、奈良、二十五日には江州坂本、草津、二十六日には津、四日市に御祓がふり、ぬけ参りに加わる。二十八日は大和郡山。大和はかなり出ているが、田丸街道を通るものが多いので松坂での数は少ない。二十九日になると近いうちに大坂から殊のほかこしらえてぬけ参りに出るという噂がきこえてくる。三十日に大坂の道者がみえているが、これは下向のもので行きは田丸口を通ったという。大坂では二十六日からはじまり、二十七、二十八日にはおびただしく抜け、これが皆闇《くらがり》峠に押しかけたので、わずかに一二、三軒の茶屋しかないところであるから食物などもなく、またあまり多くの人数であるから茶屋でも恐しくなって戸を下してしまい、水もくれなかったという。それで飢えて半分あまりも引きかえしたという話であった。

大坂は五月十日頃まで多く出ている。大坂は京あたりとかわり、殊のほかさわがしく気のぼせするほどだと書かれている。山城の女子供の道者は大変律儀で、報謝にたっても、間違えて多く遺したりすると返すほどであったから、人気がよく、皆が喜んで施しをするので、京あたりの子供で、一文も持たずに抜け出たものが、帰るときには銭を銀にかえていったものが大分あったとか。

五月一日、近江八幡、関、鳥羽。二日、堺、北伊勢。三日、和泉、河内。四日、摂津。五日になると若狭小浜あたり、三河。三河は舟で参っている。七日、兵庫、九日、尾張、というようにひろがり、五月十日には大坂、堺、岸和田辺、尼ヶ崎、西宮辺、河内、平野、播州兵庫辺、若狭、近江、桑名辺、尾張の端々という具合で、此節は殊のほか方々に相成り候というほどになっている。そして此頃は宿屋なども だいぶ高値になっているので脇町や舟江、塚本辺にぬけ参りの人たちが頼みこんで泊るようになり、町の内の宿屋はかえってすいているが脇の方で無体な目にあうことも多いということである。また、夜通しの道者が多くなり、高挑灯をたててその間々に紙幟などを立てて通る有様が祭のようで面白いので毎日起きて見物しているのだと書いている。かなり物好きな人であったと思われる。

さて十一日には有馬、美濃の岐阜、大垣、紀州が出はじめ、十四日には丹後宮津、播州姫路、明石、尾張犬山。十五日、越前三国。十七日になると播州室、備前岡山、淡路、四国の阿波徳島などの瀬戸内海沿岸に及んでくる。十九日讃岐が加わり、四国が追々多くなる。二十三日、伊予、備前児島、備中小田。二十四日、丹後、丹波などが加わってくるが、二十三日頃からは大暑で通りはかなり少なくなっている。二十七日の項に、この頃出る道者は両替をする者もなく、茶屋などにも一向にはいらず悪い道者が多い。大坂の盛んに出ていたときよりも報謝にたつ者が多く人気がわるいが、そのなかで四国の道者、とりわけ阿波のものは報謝にたつものなども少なくてよい。また阿波の人は、国ぶりというのであろうか、供をつれているような人でもきっと柄杓を壱本宛持っているものであるとしるされている。

尾張、三河、遠江からは舟でだいぶきている。

六月になると、二日に江戸が少しみえはじめ、安芸、備前、長州下ノ関などもみえる。安芸は三印、備前は◇印、長州下ノ関は∴印をつけている。これは国印だということである。三日にはそれらに加えて、備後、周防があり、牛も参宮といって通っている。犬の参宮は早く四月十九日の項に、首玉に御祓、銭をつけ所書の札もつけて毎日二、三疋ずつ通るとある。なおこの日松坂にも御祓が所々にふり、ぬけ参りがはじまっている。その様子はたとえば新町の場合でみると一〇〇人ほどが緋ちりめんや紅などいろいろの幟をたて、高挑灯を五、六〇もつらねて、奉納物の青ざし、白鶴などを輿につって練りこんでゆくのであった。挑灯、幟にはいずれも朱で新町と書いている。思い思いのこしらえをしたものがそれぞれの町内ごとに出るのであるから、そのにぎわいは祭も及ばぬほどであった。五日は出雲、石見、東海道筋、江戸も少々ずつ出ているが、がいして西の方が多く、東からのものは数が少ない。

首に竹筒をつけた犬の参宮
（『絵本風俗往来』より）

八日には⊖印の長州が多くなっている。此頃の道者は大変悪くなって乞食同然である。報謝をうけても有難そうではない。初めのころの山城の道者は大変律儀であったが、大坂の端々から段々悪くなり、紀州になると至極悪くなり、子供などを先にやって報謝があるということがわかると大勢で押しかけ報謝人をだますようなことをしていたので、人びとの報謝の気持が薄らいだものである。備中、安芸などは紀州のようなことはしないが、汚なく、したたるいので、町の人たちは困っていると書かれている。また十一日の項には口すぎのために出てくるようなものもだいぶみえるので、そのため物乞するものが多いのであろうともしるされている。この日の道者は三印の安芸広島が多い。この三印のなかには周防も混っている。長州には⊖∴♀があり、備前◇印、備中、播州、阿波、讃岐、伊予、淡路、丹波、雲州、石州、東は尾州、三州、豆州、相州などが入り込んでいる。東海道筋は三河の吉田（豊橋）から川崎まで舟が毎日一〇艘ずつもついており、舟賃が大変安いのでそれを利用するものが多く、下向のときだけ松坂をまわってゆくのである。東からの道者は風体をみただけではどこの国ともわかりかねるものが多いという。

　十五日には北陸の越前、敦賀、越中あたりも加わっている。十七日になると四国の土佐、九州の豊前小倉が通りはじめ、十八日には加賀金沢がはじまり、越後も通るが、これは例年今頃参宮するものでおかげ参りではない。今日あたりは四国が盛んで道者の質も

（玉柳亭重春画「文政十三庚寅御影参道の粧」）

だいぶよくなり、山城の出盛りの頃のようなにぎわいである。二十日長州萩、筑前。二十四日、美作、九州日向。二十五日、九州筑肥。二十七日、下総。二十九日、上州、下野、常陸、武蔵等の名前がみえる。この頃は東の道者が多くなる。

七月一日、信州。二日、常州土浦辺大ぬけ、これは濔印をつけている。十一日、西常州相馬辺。十二日、九州長崎。十五日筑後。十九日には中国筋や若狭、越前あたりが多いが、これは山上参りを兼ねているものが多い。二十日、豊前豊後から女道者がかなりみえるが、遠路であるからそうじて九州路は男が多い。

七月二十七日、西は九州長崎辺より、筑前福岡辺、豊前、豊後のうち、長州より但馬まで、周防より備前まで、北は若狭、三越、このうち越後はときどき、東は美濃、尾張、信州より、常州水戸辺まで、此頃相州は数が少ない。阿波、讃岐はますます多く、淡路、紀州もまた出ているが、陸奥、出羽はまだ出ていない。といったようにしるされており、二十八日で日記は終っている。

四月十一日に山城宇治郡の茶山に働く人びとの集団でのぬけ参り

おかげ参り道者の笠に地名が書かれてある

をきっかけにしてはじまった明和八年のおかげ参りが、次第に東西にその輪を広げてゆく様子がよく観察されている。東北地方にまではこのときは及ばなかったようであるが、関東、中部、東海、近畿、山陽、山陰、四国、九州といった広い範囲をその渦のなかにまきこんで、八月の中旬にいちおう終ったようである。『明和続後神異記』には宮川の渡しで調べたこのときの参宮者数おおよそ二〇七万七四五〇人と報ぜられている。四月八日から八月九日までの総人数である。

参宮者数だけからみるとさきの宝永二年や文政十三年のおかげ参りの方が多いことになるが、参加した範囲は明和のものが広かったようである。ちなみに文政十三年のおかげ参りは閏三月一日に阿波からはじまり、紀伊、和泉（三日）、大和、摂津（四日）、淡路、河内、山城、大坂（五日）、伊予（八日）、近江、伊勢、讃岐（十二日）、三河、尾張（十三日）というように広がり、下旬にはいると京都を中心とする五畿内から丹波、丹後、美作、播州、備前、備後、安芸といった中国筋、山陰から東

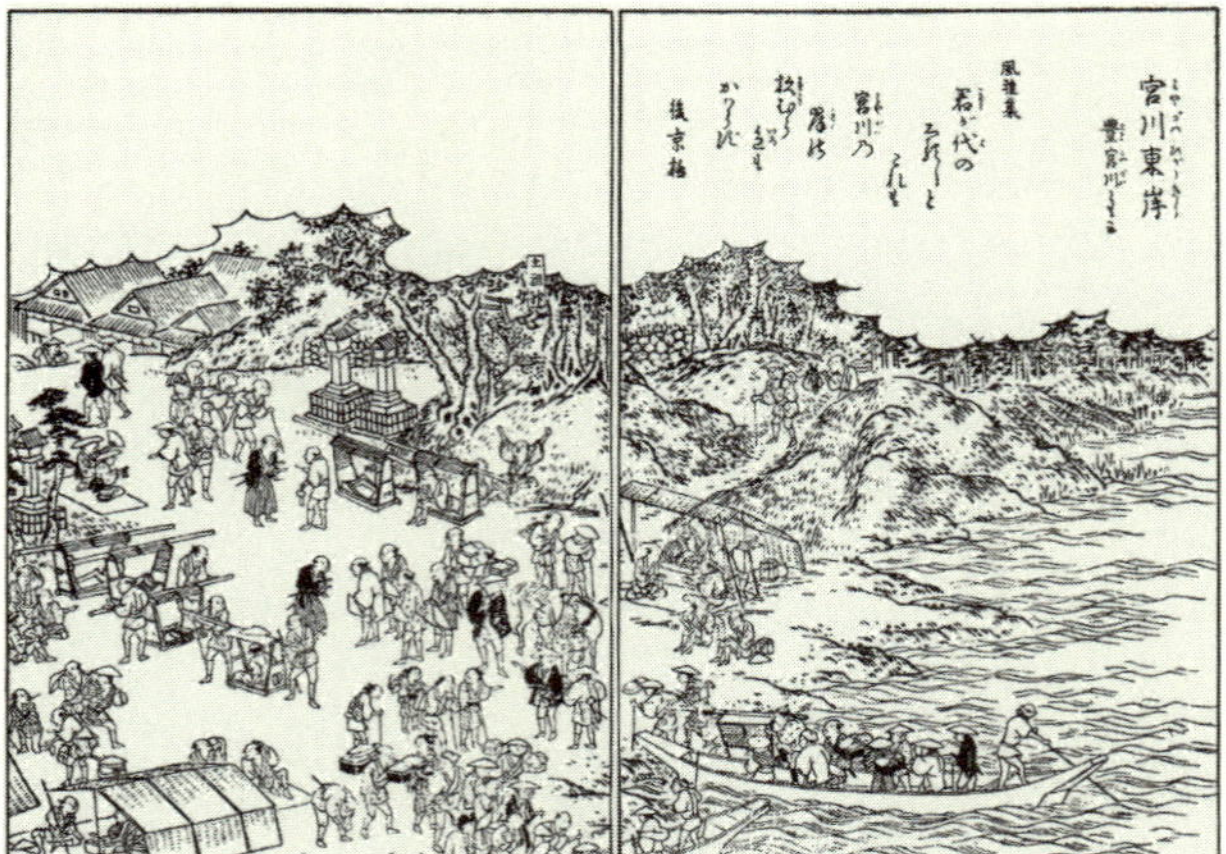

宮川の渡し（「伊勢参宮名所図会」より）

は美濃あたりに及び、四月には北陸筋、東海道筋が加わるといったように範囲を広げて八月末頃に終ったようで、九州、関東も若干加わっているが、明和のときほど多くなかったようである。参加した人数は『文政神異記』によると宮川上下の渡しで四八六万、大湊、神社港、河辺里などから船でくるものが一〇万人を下らないとあり、五〇〇万人ほどのものがあったことになり、明和の参宮者数をはるかにこえるものであったことがわかる。

おふだふり

文政十三年のおかげ参りはさきにもふれたように阿波からはじまったとされているのであるが、そのきっかけになったのは、『御蔭参文政神異記』によると、徳島佐古町の手習屋に手習にくる子供たちが、参宮をしたいと話し合って、三月二十日に二、三〇人がつれだって出たのがはじまりで、二十一日のひる時からおかげ参りといって参りだしたものであるという。二十一日も朝早く

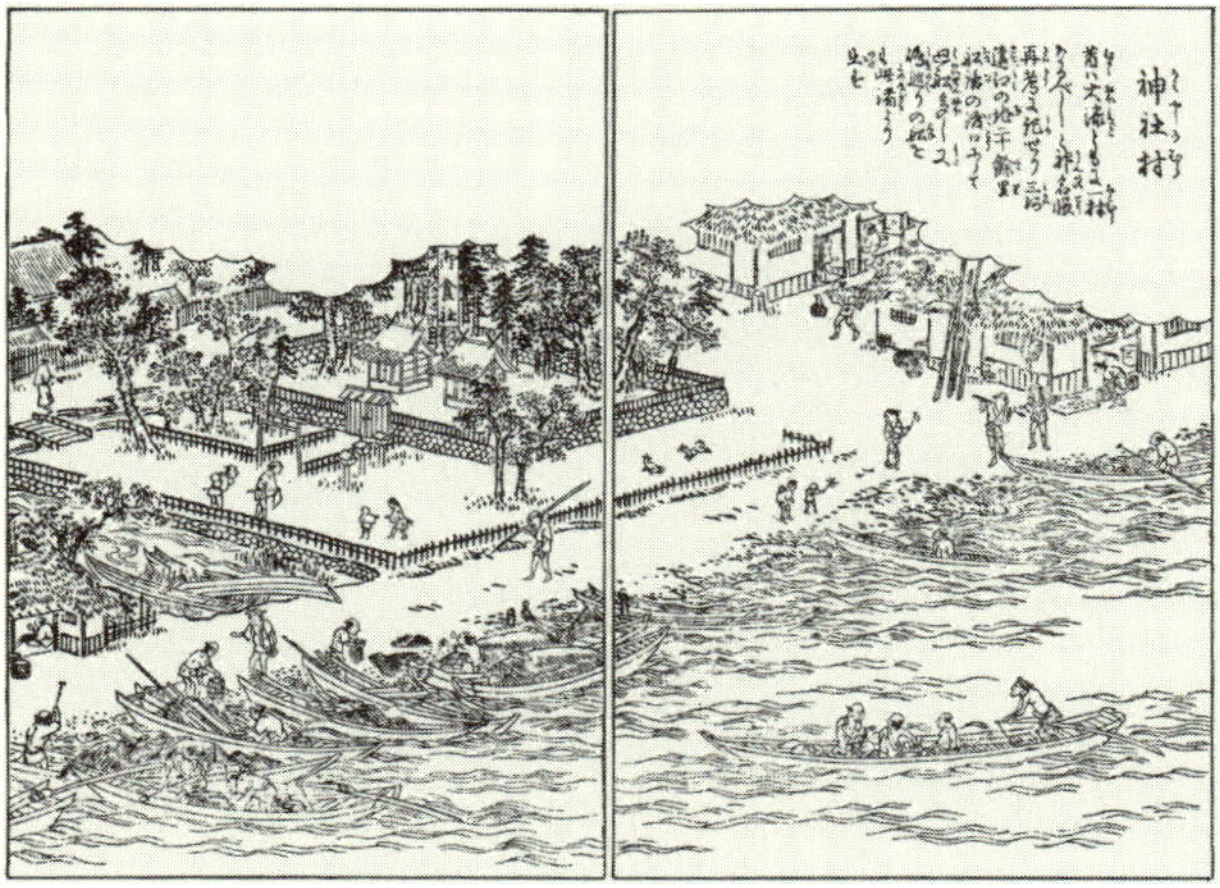

神社港（「伊勢参宮名所図会」より）

に出発したものは普通の参宮で、紀州筋にきておかげ参りがはじまったということをきいたとあり、このときも子供のぬけ参りがきっかけになっていたことがそれまでのおかげ参りと共通している。

おかげ参りはこのようにぬけ参りに端を発して、そのぬけ参りが通過する道中筋や周辺の国々に波及しておこるものであるが、平常のぬけ参りと違うところは、その広がってゆく過程で、御祓が降ったり、その他さまざまの不思議な現象がみられ、それに伴っておこるところに特色がある。明和のおかげ参りは宇治からはじまったのであったが、森壺仙の日記ではなんの不思議なこともあったわけではないが、なんとなく参りたくなったから抜けてきたもので、誠の信心参りであっておかげ参りではなかったのである。ところが、宇治から久世郡、紀伊郡、綴喜郡と広がってゆくにつれて、十五日には参宮する人も夥しくなり、「所々不思議等多御座候故、最早御影参りと世間一統に相知れ申候」ということになるのである。そしておかげ参りというものはなんらかの不思議に伴っておこるものだということが一般の常識となっていたもののようで、森壺仙の場合もなにか不思議なことがあったのかということを意識してたずねているし、『文政神異記』では、西大工町（阿波徳島か?）の城金という盲人が、御祓が降るはずなのにその様子が一向にないではないかというと、諸人が降るに相違ないと答えたなどという記事がある。ここには明らかに民衆の間に不思議があるものだという意識と、それを期待する気持が読みとれるのである。

おかげ参りに伴ってみられる不思議にはさまざまなものがあるが、最も一般的なものは神宮の御祓が降ってくることであった。

おふだが降るということは結局のところ、伊勢神宮の神霊がおふだあるいは神木の形をかりて降下してくるということで、いわゆる飛神明の信仰に由来するものだと考えられる。

伊勢神宮がなんらかの奇瑞を伴って飛んでくるといった信仰は、早くからみられたもので、静岡県磐田郡御厨村に祀られている鎌田神明宮は白鳳二年に伊勢より渡御してきたというのであるが、それに先だって白羽の矢が中島浜に降り光を発したことから、神の託宣を得て神宮を勧請したのであるという伝承がある。こういう例は他にも多くみられ、広く信じられていたことがわかる。またこの神宮の飛来に伴って伊勢踊の流行がみられる。たとえば、慶長十九(一六一四)年には伊勢神宮が野上山にとび移ったという話が流布され、村々の老若男女あげて踊り狂って、次第に地方に広がっていったという。またこれは翌年の元和元年にも引きつづいておこなわ

空からいろいろなものが降ってくる
(広重画「諸神諸仏富士山江集会」神宮徴古館蔵)

れていたもののようで、『山本豊久私記』によると、元和元（一六一五）年三月より伊勢躍《おどり》はやってくる。伊勢大神宮が飛び給うたといって、躍りはやし、風流をつくして、禰宜御祓を先にたてて奥州までも躍送る。このようにして躍りを送らない国々は飢饉や疫病がおこるというのである。その子細をたずねてみると、事触《ことふれ》の乞食禰宜どもが唐人を頼んで花火をとばせたのによるということで、やがて公儀から禁止されたが、ひそかに躍りはやすことはやまなかったとある。後のおかげ参りの流行につながるものとして大変面白い記録である。とくに伊勢踊を村送りにするというのが興味をひくところで、おかげ参りの広域への伝播もこういったことと関係がありそうである。また御師などが先達になっていっていることなども興味のひかれるところで、おかげ参りの源流はこんなところに求められるものかと考えられる。

おふだふりはこの飛神明の信仰を基盤において考えるとよくわかるのであるが、それは『神異記』などにしるされているような神威によっておこされた神秘なものではなく、たとえば明和のおかげ参りの年に平賀源内が越後のある村にいったところ、その村は全村一向宗であることから一人もおかげ参りに出ていなかった。源内は心にくきことに思って三文御札という小さな御祓を凧につけて山からとばし、風にのせて村中にまき散らしたという。村人たちは畏れて餅をついたり、神酒を供えたりして祀り、ついには一村をあげておかげ参りに加わったという話が、源内の事跡を書いた『鳩渓遺事』に書かれているが、これなどがおふだふりの真実を伝えているのかも知れない。おかげ参りなどが流行する基盤には、民衆の間に根強く定着していた、飛神明などに代表される神霊降下の思想があったもので、それを利用して巧みにおどらせる演出家がいたものと考えられる。それが誰であったのかは明らかでないが、初期のころには、御師などが一役買っていたのであろうし、後になると平賀源内のようないたずら者が細工をしたことも多かったであろう。そういう作為がよりはっきり目立ってみえるのが慶応三（一八六七）年のおかげ参りである。

ええじゃないか

これは一般に「ええじゃないか」ということで知られているもので、それまでのおかげ参りとかなり異ったところがあるが、基本的にはおかげ参りの伝統のなかでおこったものである。

『慶応伊勢御影見聞諸国不思議之扣』などによると、慶応三年八月中旬頃より、尾張、三河、遠江などで伊勢や諸国の神々、またはぬさ、秋葉神社や薬師如来などの御祓が降るという噂をきいて不思議なことに思っていたところ、十月はじめになって宮川の上の渡しに豊受大神宮の御祓が降り、それから田中町、山田川崎、船江、古市などに次々に降るようになった。川崎町の中北という家には金の大黒、蛭子が三対降ったり、船江町の間宮という家には江戸金竜山浅草寺の御本尊、十一面観世音と御姿の御札一枚に永楽通宝の小銭一三文がついて降るなどということがあり、御祓の降ったという家が両宮内で二、三〇軒もあった。これらの家では分に応じて御神酒を一樽、二樽、あるいは五樽というように供えて、亭主などは四、五日も商売を休んで表を通る人たちに呑ませるのを仕事にしており、奉公人、娘、下女などは昼夜鳴物をたたき、顔に白粉を塗り、男が女になったり、顔に墨をぬって老婆が娘になるというように仮装して、老若男女、ただ欲も徳も忘れ、ええじゃないかと踊りまわり、両宮にもさまざまの姿で参詣する者で大変にぎわしいことであった、というようにしるされており、各地で夥しいほどのおふだふりがあり、それに伴ってぬけ参り、おかげ参りがおこなわれたのであるが、それだけではなく、各地でええじゃないかの乱舞がみられたのが特色である。

『阿波え、ぢゃないか』(山口吉一、徳島土俗芸術研究所発行、昭和六年)という本はこのええじゃないかの様子を体験のある老人の聞書を主としてまとめた大変興味ある記録であるが、それによって少し阿波におけるええじゃないかの様子をみてゆくと、阿波地方でも慶応三年の十月頃から京坂地方でええじゃないかととなえて頻りに騒ぎたっているという噂がきこえてき、また、京坂地方に出かけた藍商人などでその騒ぎにまぎれ込んで御降りのお札や品物などを持ち帰って、その様子を誇大に話すものなどもいて、いまにこちらに波及してくるであろうと噂もし、また半ば期待もしていたところ、二月も末頃になって、撫養《むや》地方で御祓や御幣、十六、七の可愛い娘、小判などが御降りになった、といって騒ぎたち、それを制止しようとした役人が腹痛に苦しみ、神にお詫したらすぐに直ったなどという噂がひろまったものだから、板野郡や徳島などに広がり、次々に波及していって、十一月の半ば頃までにはほとんど阿波国一円にその騒ぎがひろまり、野も山も「ええじゃないか」の声に埋まってしまうほどであった。空からは御祓、剣先祓、御守、御幣、御影、神像、仏像、金銀、穀物、白羽の矢、扇、毬などが降り、伊勢大神、八幡大菩薩、春日大明神、金比羅権現、出雲大神、阿弥陀仏、大日如来、弥勒菩薩、観世音などの神仏が顕現するなどといったことが続いたもので、御降りのあった家では神棚や床の間を浄め、御降りした物を安置し、燈明をあげ、神酒、洗米、山海のしろものを供えて家族一同が礼拝するだけでなく、御降り祝いと称して御馳走をつくり、親しい人びとや隣近所を招いて振舞いをした。宴たけなわになると客も家族も一体になって踊り狂い、ついで御降りのあるなしにかかわらず、隣りから隣りへと、押しまわるのであった。押しかけられた家ではそれをまた喜んで酒を振舞い馳走を出すものだから、人びとは夜といわず昼といわず騒ぎまわった。

そういう具合だから、いろいろとおかしなことがおこったもので、「ほら、御降りじゃ！」「有難い！」と空から降ってきたものを推し戴いて神棚にそなえ、夢中になって踊り狂ったのはいいが、後でよくよく見直したら泥まみれの切れ草鞋であったり、泥のメンコであったりしたこともあった。また子供のない良さん夫婦の

お札などが降ると街はわきかえった（芳幾画「豊饒御蔭参之図」東京都立中央図書館蔵）

門先に金の御幣が降った。金の御幣が降ると玉のような男の子が生まれるといわれていたので、良さんは大変喜んで、御馳走をし、往来を通る踊子を呼び込んで踊ったのである。其夜からお上さんは毎晩ほかの家に踊りにいくようになり、夜があけてから帰ってくるようなこともあった。良さんはお上さんが喜んでいるのだと、自分も喜んでいた。やがて踊りも終る頃お上さんから子供ができたらしいときかされてその霊験のあらたかなのに良さんの感激はひとしおであった。良さんだけは自分の子だと信じていた、といったお目出度い話も多く生まれたものである。

そういう風に踊り狂っているうちに誰がいいだしたともなく、神社や仏閣におかげ参り、お礼参りをしなければ罰があたるということがいわれ、盛んに参詣するようになった。とくに勢見の金比羅様は伊勢の大神が降臨されているというので押しかけるものが多かったし、そのほか、木津の金比羅、日和佐の薬王寺、剣山、箸蔵寺などに詣った。その頃になるといろいろ扮装もこったものが多くなり、男が女に、女が男に扮したり、褌一つ、裾裳一つ、あるいは水干姿、花嫁姿、尉と姥などに仮装し、御幣を持つやら、笹に瓢箪を吊すやらして、ええじゃないか、ええじゃないかと踊るともなく、走るともなく出かけ、途中どこであろうと気の向いたとき、気の向いた家にどっとばかりに踊り込んだものである。

たとえば、「銭っちうもんは一文も持たず、丸裸で踊りもって神々さんをお参りして廻りよるうちに、御降りでもあって踊りよる家を見つけたら、……門口から『ええじゃないか、ええじゃないか』と踊りもって、泥足でも草鞋のままでもなんでも座敷へ飛び上って、奥の間も表の間もなしに踊りっちゃす。

ほしたら、その家では、あわてて酒肴をこっしゃへて出してくる。……踊りよって、着物でも道具でも、喰べもんでも何でもええもんがあったら、此方から、『ええじゃないか』ちうたら、向うもええじゃないかちうけん、『これ呉れてもええじゃないか』ちうたら、向うはちっとぐらい惜しいもんでも『うん、上げてもええじゃないか』ちうて何でも持って戻れた」といった調子で大変傍若無人な有様であった。そしてそのまま讃岐の金比羅や近畿、伊勢までもでかけるといったものも多かったという。この騒ぎも年が明けて正月半ば頃にはしずまっていた。そのときは新政府ができ、王政復古がすでにおこなわれていたのである。

阿波に限らず、各地ともこんな状態であったようで、これ以前のおかげ参りがもっぱら伊勢参宮を主としたものであったのにくらべると、ええじゃないかおどりが主体となっており、お札などの降ってくるものも伊勢のお祓にかぎらず、実にさまざまのものがあって、それもほとんどがいんちきくさいもので、早くからこのええじゃないかはなんらかの作為をもっておこされたものであろうといわれている。たとえば福地源一郎などは、「この御札降りは、京都方の人びとが、人心を騒擾せしむるために施した計略」であるという人もいるが、どうであろうかと『懐往事談』でいっているなどがその一つであるが、正確なことはわかっていない。ただ前にものべたように、おかげ参りはそのはじめは伊勢踊などの流行と関係があったと考えられるし、またおかげ参りの道中に踊りを伴っていた例は少なくない。それにおかげ参りといっても必ずしも参宮をするだけではなく、お蔭ねりなどをおこなった村もある。

愛知県北設楽郡下津具村の記録によると文政十年におかげ参りがおこなわれている。すなわち、「今年は伊勢御影参り二月より始り、年中おびただし、道中食物は不及申ニ馬かご施行おびただし……国々御影ねり致事人□□下津具村は七月中ねり……」とあって七月五日からお蔭札を御輿に奉じて村内だけでなく近隣の村々、終には新野峠をこえて長野県新野村までねり上っている。そして多いときには一〇〇〇人に及ぶ村人が参加しているから大変熱狂的なものであったことがわかる（『北設楽郡史』）。これは踊りではないが、踊りに通ずるもので、おかげ参りは参宮するだけではない。参宮はしなくても、村内や一地方で熱狂的にまつりをおこなうという面を持っていたことがわかる。ええじゃないかは幕末の不安な世相を背景にひきおこされたおかげ参りの一つだとみることができる。阿波のええじゃないかでは、それがおこる以前にすでに民衆のなかにはやがておこるであろうという期待がかなり強くあったことが知られており、そういう期待の上にお札ふりがみられ、それが各地にひろがっているのである。そういった期待は阿波だけでなく、他の地方にも潜在的には何時も多かれ少なかれあったのではないかと思われる。そういう心理的なものが実はありもしない「おかげ年」などというものをつくり出していったものと考えられる。

おかげ年

文政十三年のおかげ参りのときには『御蔭耳目』などによると、来る天保二年は明和のおかげ参りから六一年目のおかげ年にあたるので、またおかげ参りが流行するであろうと噂しあっていたものであったが、六一年目を待たずに今年（文政十三年）の正月半ば頃から関東で動き出したという話であった。そのときはまだおかげ参りとは意識されていなかったが、三月末になって阿波ではじまってから、おかげ参りだということで世間が騒がしくなったのだとしるされており、この頃には満六〇年目毎におかげ年がくるという意識があったのである。慶応三年は文政十三年から数えると、三八年目であり、いわゆるおかげ年にはあたっていないことから、人為的につくり出されたものとされている。人為的につくられたものであったことを否定はしないが、そういうものを受け入れる心理的なものが底流としてあったことを認めなければならない。

文政十三年の次にくるおかげ年は明治二十三（一八九〇）年がこれにあたっていたが、この年にも江戸時代ほどではないにしてもおかげ参りがおこなわれたことが、『明治東京逸聞史』に出ている。すなわち、「お蔭まいりとて、今年は諸国より伊勢参宮をする信者頗る多い中に、昔も今もお蔭まいりは、道中一切施行にて、びた一文費さずに、参詣の出来ることと思い、懐中無一文にて飛出せしやからもあるよしなるが、何がさてせち辛い世の中に、さうはまいらず、却って道中の茶屋、旅籠屋は参詣人のふところを鵜の目、鷹の目で狙っているゆえ、途中まで出てハタと困り、乞食同様の抜けまいりを済まし、這ふ這ふの体で帰国する連中少なからずとのこと」（東京朝日・明治二十三年三月六日）とある。

このお蔭まいりがどの程度の規模のものであったかわからないが、参宮街道椋本宿の古くからの宿屋である角屋に保管されている宿帳をみると普通のときよりもかなり多かったことがわかる。現在角屋に残っている宿帳は明治二十二年一月四日～三月十七日、明治二十三年三月六日～三月十八日、明治二十三年十月十七日～二十四年一月十六日までのもの三冊だけであるが、それぞれの泊り客数を数えると次のようになっている。

明治二十二年一月四日～三月十七日までの分

一月四日～三十一日　総数　三八六人、内参宮・下向　二三三人

二月一日～二十九日　総数　四八三人　内参宮・下向　二八三人

三月一日～十七日　総数　四三四人　内参宮・下向　二九五人

総合計　一三〇三人、内参宮・下向　八一一人

ただし下向は前夜の泊りが山田あるいは下向とあるものだけを数えたもので実際はもっと多いと考えられる。

明治二十三年三月六日～二十八日

泊り客総数一三六八人　内参宮客五〇八人

下向客は正確に数えられなかったが、六〇〇人以上はいる。

明治二十三年十月十七日～明治二十四年一月十六日

十月十七日～十月三十一日　総数　一〇八人　内参宮・下向　六三人

十一月一日〜十一月三十日　　総数　一四九人　内参宮・下向　五四人
十二月一日〜十二月三十一日　総数　二七七人　内参宮・下向　一一〇人
明治二十四年一月一日〜十六日　総数　一四六人　内参宮・下向　五〇人
　総合計　六八〇人　内参宮・下向　二七七人

下向客は前のものより広くとって前夜の泊りが山田、あるいは下向とあるもの以外でも松坂、津、古市、明星、小俣、二見、新茶屋、櫛田等に泊ったものも下向客に含めている。暮にはほかの時期にくらべて地廻りの商人、あるいは周辺の町村の人の泊りが多くみられるので参宮・下向以外の泊り客が多くなっている。

宿帳としてはかなり断片的になり、また春の三月、四月といった時期は普通の年でも参宮人の集中する時期であるから、これだけでおかげ参りを云々することはできないが、それでも明治二十三年の三月六日から十八日までの一二日間の泊り客の数は異常に多いといわなければならない。

ちなみに参宮人の住所をみると、参宮の途中に角屋に泊ったのは京都、滋賀が圧倒的に多く、ついで大阪、兵庫、

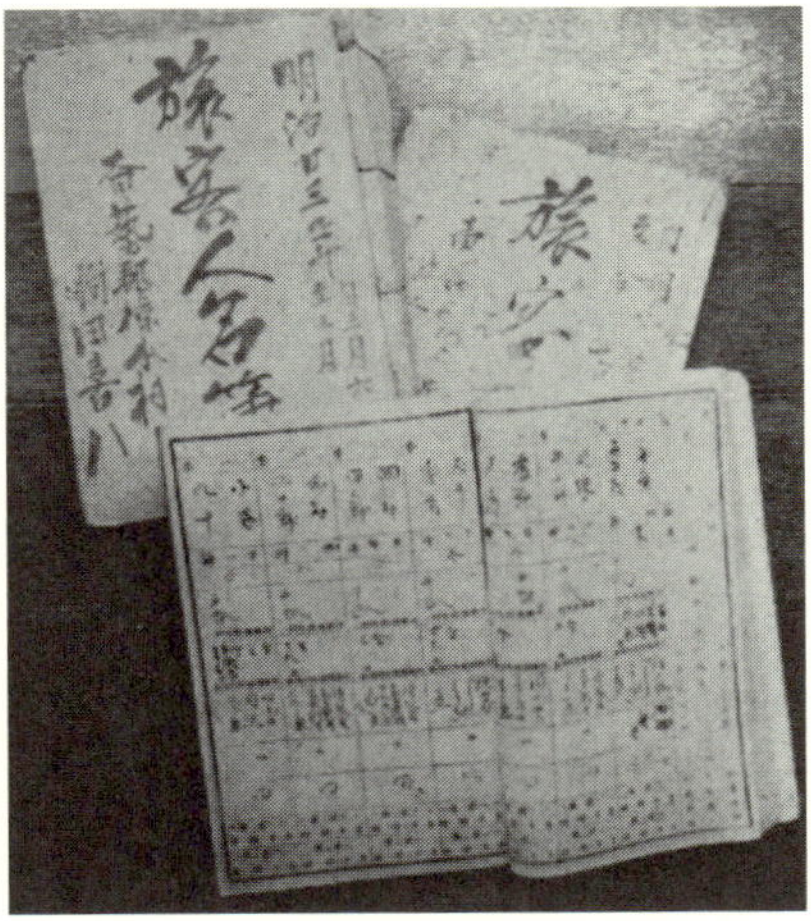

角屋の宿帳

福井、島根、富山、鳥取、石川といった近畿、北陸から山陰に限られているが、下向客の場合にはそれらのほかに、大分、宮崎、熊本、長崎、高知、愛媛、山口といったところがみられる。そして一組あたりの人数では一〇人以下の小人数のものが圧倒的に多いが、なかには大阪の一〇五人、京都の一〇二人、八一人、五〇人、滋賀の七〇人といった大きな団体もある。これらは講社による参拝であろう。女も多く含まれており、年齢もかなり広い範囲にわたっている。

明治二十三年のおかげ参りについては『明治東京逸聞史』に簡単に引かれている以外にはわからないが、それほど規模は大きいものではなかったものであろう。ともあれそれを最後にしておかげ参りは姿を消している。

おかげ参りの施行

おかげ参りにはおびただしい人が参加し、道中筋の混雑が一通りでなかったことはさきにみたところであるが、往来する人が急激に増加すれば当然物資の不足をきたすことになる。その結果物価の値上りは著しかった。明和八年の壺仙の日記には時々の値段が注記されており、値上りの様子がよくわかるが、それによると、白米一升はおかげ参りがはじまってすぐの四月十八日には五八文であったものが、五月四日六〇文、六日六二文、八日六四文、十九日六九文、六月十六日には七〇文となっており、また草鞋は誰もが必要でその需要が甚だしかったものだから、値上りも著しく、五月三日には段々高値になって、安く売っている所で八、九文になったといっていたのが、七日には一三、四文から一五、六文と倍位になり、九日には一七、八文から二四文となっているといった具合である。旅籠屋でも道者が大変多いので、木賃などで泊るような貧しい道者や、二人連れ、三人連れといった小人数のものは相手にせず、大勢で銭を多く出すような道者を選んで泊めるといった有様で、一〇〇文くらいの旅籠では干魚などの粗末な食事しか出さないという所もあるそうで、ほっておけなくなった奉行所から旅籠八〇文、木賃二四文といった定めが出されたが効果がなかったようである。五月七日のことである。そういう状態であるから、すべて金を費って参宮をしなければならないということになると、貧しい人たちはとてもおかげ参りなどはできないことになるのであるが、前にもふれたようにぬけ参りなどにつきものの施行が大規模におこなわれ、金を持たない道者の参宮も可能であったのである。

施行のことはおかげ参りのことをしるしたものにはどれにも多少とも書かれているが、街道筋どこでもおこなわれたものであった。大坂からの施行の有様を『譚海』では次のように興味深くしるしている。まず大坂の宿を出ると金持ちたちがそれぞれの分限に応じて、一〇〇文、二〇〇文と往来する人びとに施しており、これをもらってゆくと、行先々でもおなじように銭を施している。八軒屋では舟賃の施行だといって伏見までただで渡してくれるし、伏見につくと船宿や旅籠屋などが申合せて、貧しいので物で接待はできないが、そのかわりに据風呂をわかして、是非をいわさず風呂に入れるといった有様であり、東海道の関から神宮までの参宮街道では銭を施し、食物をふるまってくれるところが絶えないので、疲れるとか、なにか欲しいなどといった気持もなくなってしまい、夜昼の区別もなく歩き、疲れたところで泊るということになる。駕かきもたくさん道端で待っていて、いらないといっても無理に乗せてかついでいく。これだって銭をとるということはないので、ある人などはあまりたくさんの銭をもらったのはよいが、使うようなこともないので、荷物になり、重いからといって道端の松の木に掛けていってしまったが、帰りにみるとまだそのままにかかっていたという。そういったことが大変面白いので、その年のうちに八回も参宮をしたという。

伊勢別街道沿いにあるぜにかけ松

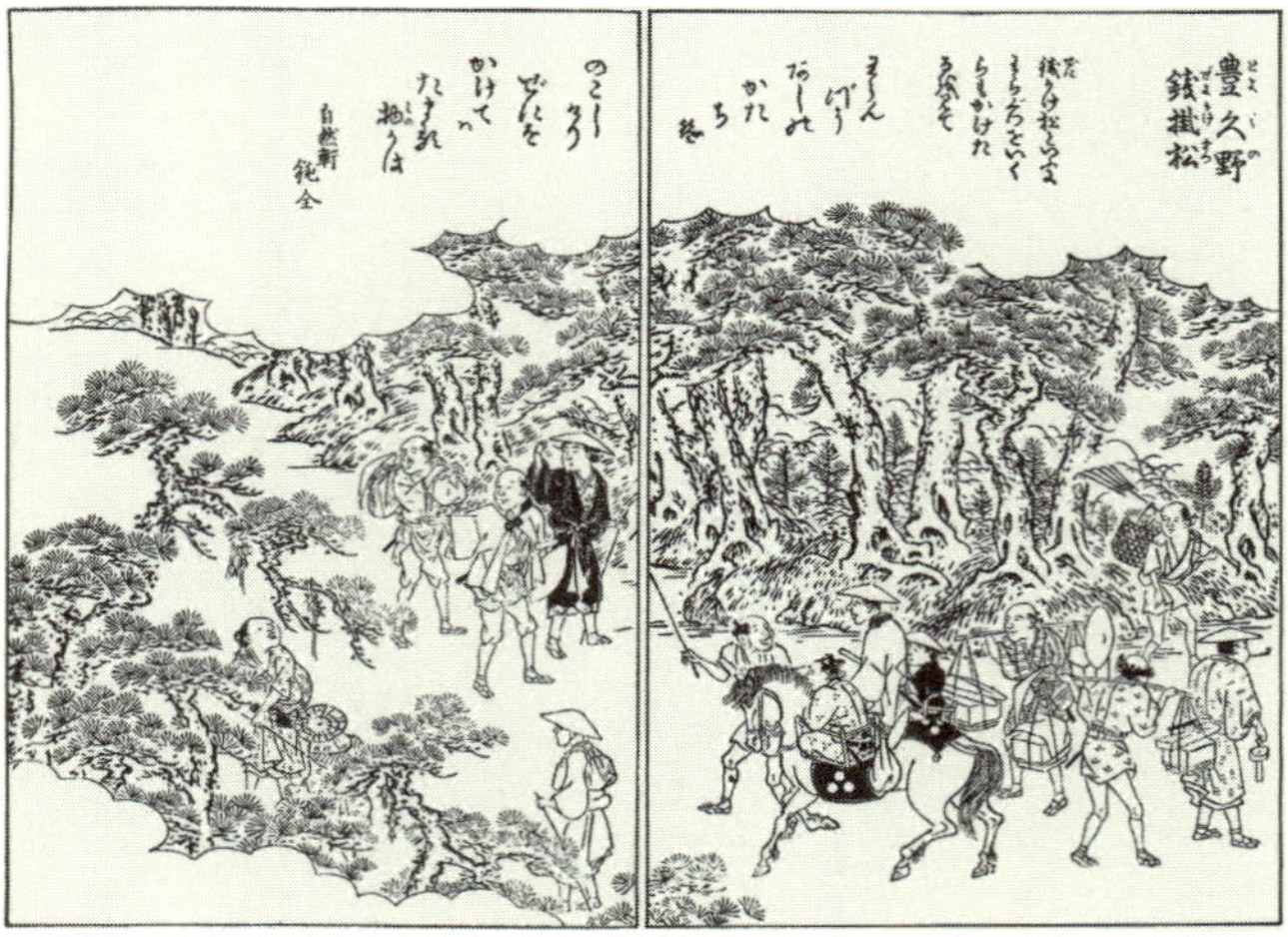

銭掛松（豊久野「伊勢参宮名所図会」より）

嘘のような話であるが、そういうことがあってもおかしくないほどのものであった。施行は街道筋の宿場、町などで主におこなわれたものであるが、伊勢周辺の在からは施行駕、馬などに出るものも多かったし、また施行団を組織して遠くからそのためにきたものもあったようである。施行するものも馬、駕、舟、食物、銭といったものにとどまらず、雑多なものがあった。神宮の神前では剣先祓の施行をおこなっており、笠、ぞうり、草鞋は方々でおこなっている。食物にしても、粥、握飯、餅、赤飯、素麺、はったい、煎物、塩煮、空豆、味噌汁などがある。そのほか、団扇、扇子、即功紙、竹の水呑、三尺手拭、これは子供を背負うときのかえ帯にするものという。さげ提灯、牛車、三宝荒神の仕立馬、はては四条縄手辺では髪さかやきの施行まであったという。人それぞれの施行をおこなったもので、大坂の加島屋作十郎は豪商であるが文政のときに闇峠《くらがりとうげ》で盛んに施行をおこない、およそ一万両ほどの施行をしたという。伊勢の万金丹で有名な野間家でも、文政十三年には三月から九月まで施行の銭、粥を出し、ま

万金丹の野間家

た施行宿をして泊めているが、そのための粥米六〇石、泊めた人数が二一六三人と『御蔭参雑記』にはかかれている。

一方では物価の著しい高騰がありながらも、それに堪え得ない人びとには、施行があった。そのことが上下、貴賎をとわず広範な人びとをおかげ参りに狩り出す大きな理由になっていたのである。

もっとも大変な人出であるから、その混雑を利用して悪事をおこなうものがいなかったわけではなかった。次にあげるのはその一つの例である。

人買船一件

文政十三年六月中旬というからまだおかげ参りで参宮街道はにぎわっている最中であった。伊勢からはるかにはなれた日向国細島湊もおりから祇園祭でわきたっていた。その祇園会のにぎわいとは縁遠いほどに汚れた子供が二人、細島の薩摩屋という家の裏木戸からはいり込み、食を乞うた。所をきくと一人は江戸牛込、一人は大坂西宮という。薩摩屋の女房も西宮の人であったから不愍《ふびん》なことに思って食を与え、種々話をきいてみると牛込の益五郎はこの春おかげ参りに出かけて、その途中大磯宿で人買にだまされ、西宮の勝蔵もぬけ参りの途中を石部の宿でさらわれて大坂につれてこられ、飫肥藩の船に乗せられ飫肥に向う途中、細島に船がかりし、船頭等が祭見物に上陸したすきに逃げ出してきたという話である。

船にはまだ同じようにしてかどわかされてきた子供たちが何人もいるというので、驚いた薩摩屋では、二人に息子の着物を着せ、玩具の面をかぶせ、祭の雑踏にまぎれて、富高の陣屋に訴えて出た。

役人が踏みこんで調べると藩船二艘に十歳から十六歳までの子供一三人、うち女の子一人が乗せられていた。逃げ出した二人をいれると、一五人が積まれていたことになる。子供たちを調べてみると、一五人のうち、四人は親などによって奉公人として売られたものであったが、一一人はいずれも浜松、三島、名古屋、大磯、荒井、宮、大坂、石部などでかどわかされてきたものであった。

江戸麻布の万吉は十三歳であるがぬけ参りの途中、名古屋で飫肥の役人市井元右衛門という者と連れになり、日向という所は大変良い所で米の飯、菓子、饅頭などは毎日のように食べさせる。脇差も買ってやり、その上参宮をさせて親元に帰してやるからというようなことをいわれて大坂につれてこられ、飫肥藩の蔵屋敷にいれられた。ほかの子供も同じようにしてつれ込まれたもののようであった。

大坂では道頓堀の銭屋武平という男が役人たちと同腹で、この

かつて人買いがいたという日向飫肥

子供たちはいずれも孤児であり、親類もない子供たちであるから武平が拾い育てて、飫肥に奉公に出すのであるといった趣旨の証文を書いて体裁をつくっていた。こういうようにしてさらってきた子供たちが三〇人くらいいたが、半分ほどは舟に乗せるときに逃げたという。調べの上子供たちは日田の代官所におくられ、衣類なども新しいものを着せ大坂に送り返された。藩の御用船を利用した大がかりな人さらいで世間を騒がせた事件であった。小寺鉄之助氏の『宮崎県社会経済史』に載せられているものである。

おかげ参りの陰におこった忌わしい出来ごとの一つで、こういった暗い部分もあったことは事実であろうが、どちらかというとおかげ参りにともなう悲劇は伝えられているものが少ない。それはおかげ参りそのものが大らかな気分を持ったものであったからであろう。

3　参宮の風俗

参宮道者のおくにぶり

参宮する人びとの服装についてはさきにケンプェルの観察したところを紹介した。一般にはあのようなものが多かったようで、参宮風俗を描いた風俗画などにも多く、白の道者着あるいは袖無しを着、菅笠に杖を持ち、草鞋に脚絆がけで背中に莫蓙を負い、腰に柄杓を差すといったものが描かれている。そして笠には生国、名前を大書するのが普通であった。また集団で参宮する講参りや、混雑のはなはだしいおかげ参りのときには幟などを押したてて目印にし、はぐれないようにしたものであった。時には伊勢参り、何人連、国名などを書いているのであるが、おかげ参りなどの浮きたったときには戯れに、あらぬ卑猥なものの絵をかいたり、そのものの形をつくって杖の先などにさし、また口々に猥褻なことをいいはやしながら道中するといったことにもなるのであるが、こういうときには、

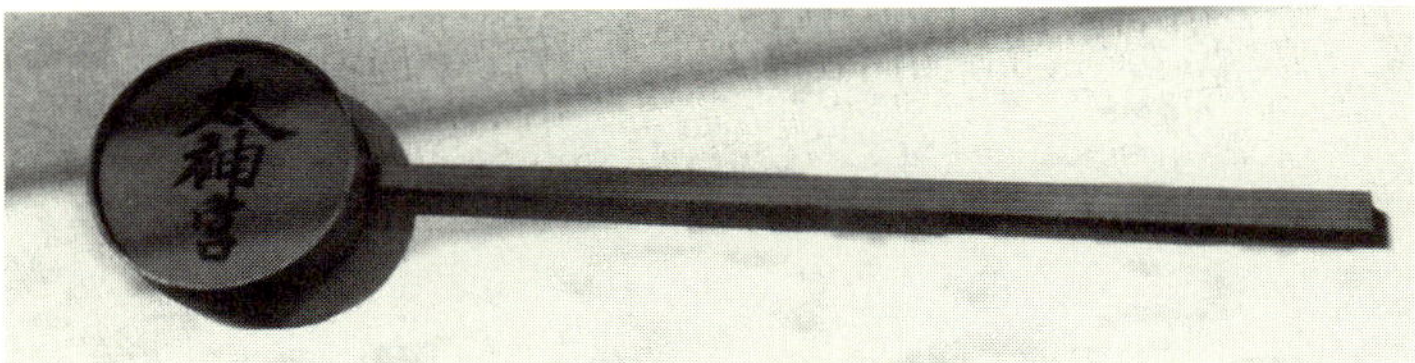

道者の持ってあるいた柄杓（伊勢古市参宮街道資料館蔵）

伊勢参りの絵馬（三原市能地　明治末か？）

それぞれに趣向をこらして出かけたものであった。

とくに京・大坂などの近畿地方からのものに派手に目立つものが多かったようで、文政十三年のおかげ参りのときのものを一、二あげてみると、大坂から男女一〇〇人余の人びとが、女は男模様の浅黄縮緬に赤白の御祓を染散らしたものに、白絹、丸ぐけの帯をしめ、髪は茶せんに結い、男は白絹の上着にビロウドの腹掛けの金紗におかげと縫い散らしたものをかけるといった揃いの姿で、行列つくって繰り出すさまは目を驚かすばかりであったという。この組も髪はどびんではげ長の旗持が、

抜け参り追手のものに大坂の

あはつも同じ伊勢の同行

と大書した旗を持って先にたっている。そして、

〝おかげでさ、するりとな、抜けたとさ〟

というはやしにつれてやっさもっさと練りこんだものであったし、また京からは緋縮緬の旗に白絹の縫い取りで、

明かたやすっぽり夜着を抜けまいり

と大書した旗を持った一団があった。この組は鬼の面をかぶったり、長袖の上に腹掛をつけ、股引から脚絆にいたるまですべて赤ね（茜）の仕度で、大柄杓を肩にかけ一本歯の高足駄をはいて、祈禱をする太夫の格好をしたりといったように思い思いのたわけた趣向をこらしており、めずらしいものであった（『伊勢御蔭参実録鏡』）といったように目立つものは京・大坂あたりのものであった。森壺仙はその日記にこういった道者たちの様子を施行を受ける態度などからみて、山城は良い、大坂はうるさい、四国は良い、紀州は悪いといったように評しているが、道者たちの道中風俗のなかにはたくまずして地方毎のお国ぶりとでもいうようなものがあらわれていたものである。そういう違いは明治の参宮客のなかにもみられたものであった。各地の参宮客に接することの多かった古市の妓たちなどは地方毎のお客の特徴をよくつかんでおり、親しみやあるいは多少の蔑みの意味をこめていろいろに呼んでいたものである。たとえば関東方面の客はその言葉尻にベェーをつけることから「関東ベェー」と呼ばれていたが、金放れが良く、さっぱりしており、その遊び方のスケールも大きかったから古市では最も歓迎され、もてていたという。これに対して名古屋方面からくる客は遊び方もしみったれており、ケチである

おかげ参りの人びとの服装
（玉柳亭重春画「文政十三庚寅御影参道の粧」）

からあまり好感は持たれず、「ゲンタ」と呼ばれていた。ゲンタというのは丸太棒の意味である。また東北地方の客は背中に赤い毛布を羽織って道中するものが多かったから「赤ゲット」と呼ばれていたという（野村可通『伊勢古市考』）。

明治時代の参宮客の様子は、井村かねさんの『わが生涯の記』に興味深く語られているので、それによりながらみてゆくことにしよう。

お神楽のお客さま

関東方面から参宮する人たちは明星あたりの人からは「お神楽のお客様」と呼ばれ、その通りが待たれていたものであった。春二月の中頃から三、四月頃になるとこのお神楽のお客様たちは、モスの紫地に白抜きで、神奈川県何村とか埼玉県何村とかいうように書いた大きな旗をたてた講元の車を先頭に、赤、青、黄などとりどりの旗をたてて六、七〇台もの人力車をつらねて乗りこんできたものであった。明治の二十四、五年頃には汽車はまだ津までしか開通していなかったので津から先は人力車で道中したもの

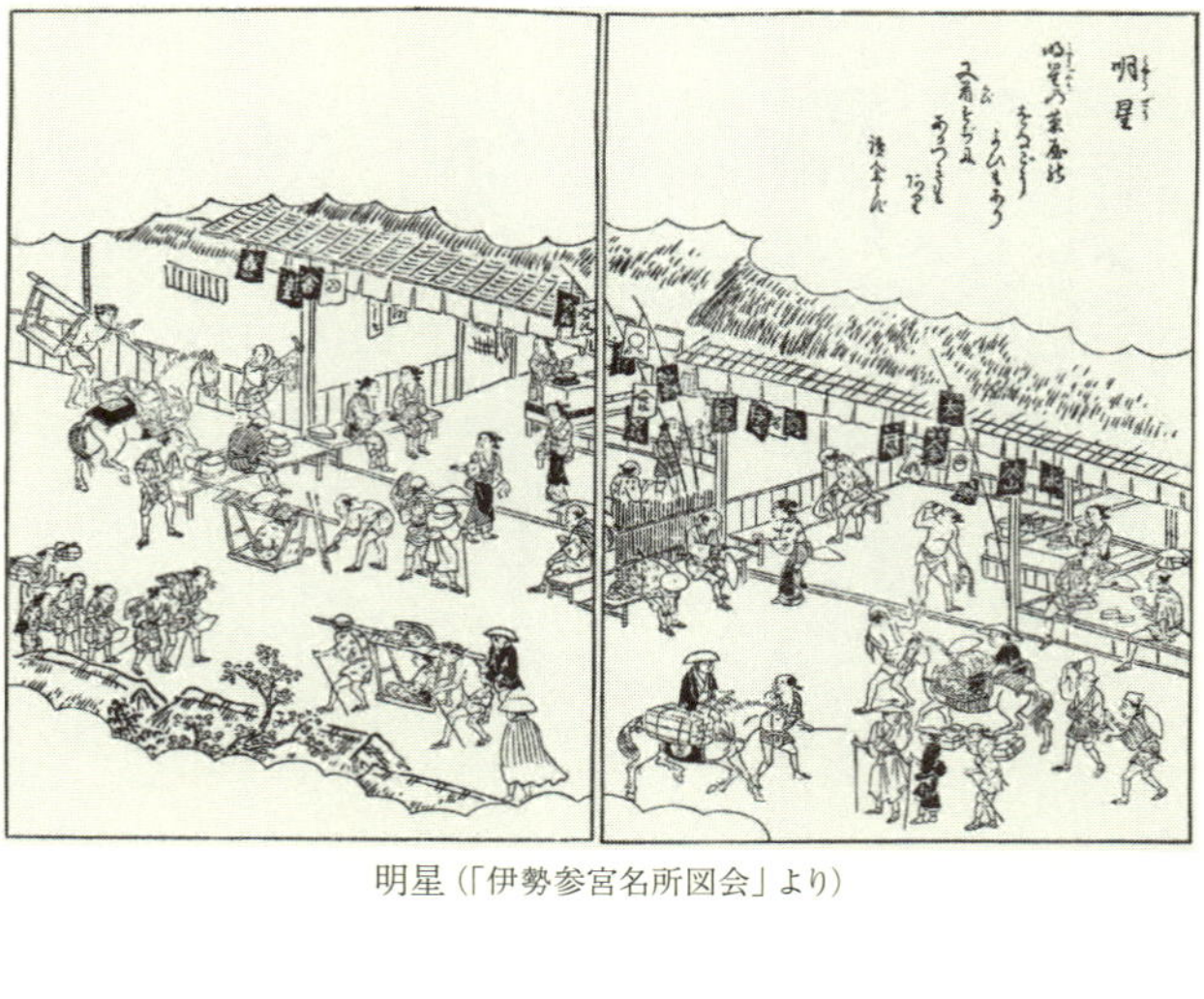

明星（「伊勢参宮名所図会」より）

であった。そのため街道ぞいの村々の中以下の農家では人力車を持っており、春の農閑期には車曳をして稼いでいたものである。

さてお神楽のお客様たちは明野のヘンバ屋までくると、二毛銭、五厘銭、天保銭（八厘）、あるいは一銭、二銭などの小銭と取替えて、明野の縄手のあたりで車の上から蒔銭をするのであった。明星村の人たちは春の三ヵ月くらいはどこにも仕事などに出ずに毎日それを拾っていたので、俗に明星の長袖といわれていたという。一日に三〇銭から五〇銭くらい拾っていたというから、現在の金になおすと、一〇〇〇円か一五〇〇円くらいになる。大変結構なもので、どの家でも一応神棚に上げてお供えをしてからつかったものであった。

またこの一行は宇治橋の上からも蒔銭をするのが慣しで、ここでは橋のたもとに四、五軒も両替屋が店を出していて、一割の手数料をとって小銭とかえていた。橋の下では大きな網を竹竿の先につけたものを持った網受けがいて、どんなに遠くになげても上手に受けるのでいつも橋の上は蒔銭をする人で一杯で

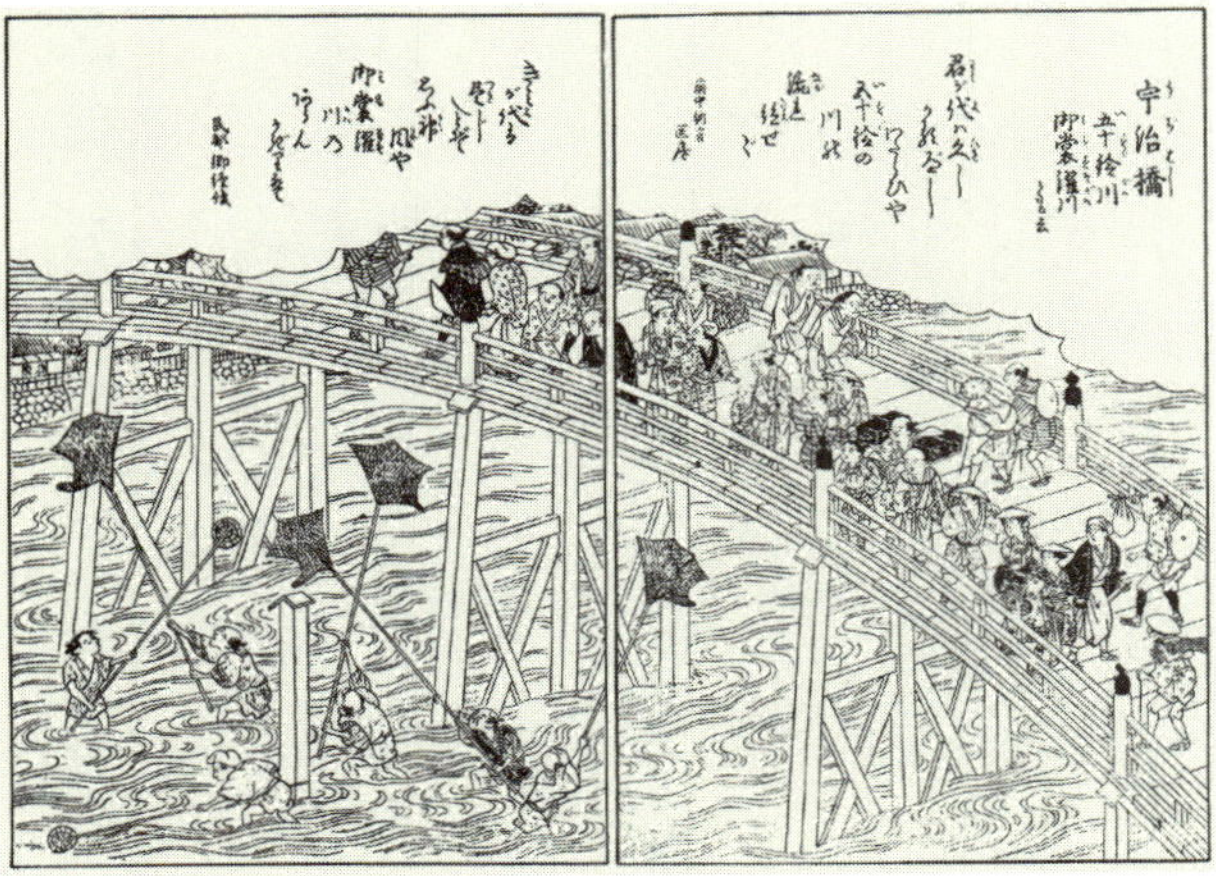

宇治橋網受けの図（「伊勢参宮名所図会」より）

あったという。この関東の参宮者たちは大てい三日市太夫とか、竜太夫といった昔の御師の株を買った大きな旅館に泊っていたもののようで、こういう旅館（御師のことか）のことを御神楽様といっていたので、お神楽さまのお客さまと呼んだのである。二、三日は山田に泊って古市でも派手に遊んで帰っていたものである。

　蒔銭あるいは網受は後に述べる間の山のお杉・お玉とならんで参宮名物の一つとなっていたもので、すでに近世初期からみられたとされている。その起源などについてはわからないが、一説によると信長の家臣鳥羽右京という槍使いが、本能寺の変の後浪人して伊勢に流れてきて、身すぎのため宇治橋の下に立ち、参宮客に銭を投げさせ、それを受けとめてみせたのが網受のはじまりといわれている。ともあれ参宮客めあての袖乞の一種であった。

宇治橋

伊勢音頭を唄って

人力車に乗って蒔銭などをしながら乗り込んでくる関東べェーに対して、近畿地方からの参宮者は馬車に乗ってくるのが大方であった。春になると毎日、馬車を一五台も一六台もつらねて御者のおんどにつれて大きな声で伊勢音頭を唄いながら、にぎやかにやってくる面白い参宮客であった。この人たちは外宮までは馬車でいくが、それから内宮までは歩いて、伊勢音頭をうたいながら参拝するので、なんともにぎやかなことであった。外宮から内宮までの間には間の山、古市があり、さまざまの見世物などが並んでおり、見物しながらゆくので半日はゆっくりかかったものであった。

煙草入れ（伊勢古市参宮街道資料館蔵）

この関西からの参宮客はとてもお土産をたくさん買うので、山田の土産物屋にとっては書入れになる大事なお客さんであった。この頃の土産物の第一は有名な伊勢の紙煙草入れであった。これは特等の手漉き紙を何故も貼りあわせて油でかため、天日に晒してつくった擬革紙で仕立てたもので、天明の頃に稲木の壺屋清兵衛がつくりはじめたもので、蜀山人の狂歌に「神風や伊勢の稲木の煙草入れ、降る鳴る光る強い雷」とあるように、古くなるほど光る紙なりで、丈夫で手軽く安価であったので大変はやり、諸国に売り出すほどであった。幕末には松坂から山田までの間にこの紙煙草入を商う店が数百軒もあったといわれるほどであったが、明治二十六年に参宮鉄道が宮川まで延長されたことで、椋本、明星、小俣などの伊勢街道の宿はしだいに衰微してゆき、紙煙草入れも明治の末年頃までは売れていたが、あとはなくなった。明治二十年代では古市に井村屋、三忠支店の紙煙草入を商う大店があり、番頭、丁稚一五人くらいもおいて盛んにまだ商いをしていた。宇治のつぼや支店も大きかったし、街道筋にもまだ何軒かあったから、関西の参宮客は一人で二〇個も三〇個も買い込んで、帯の見えなくなるほど腰に差して帰ったものであった。

そのほか、参宮土産として知られていたのは、貝細工、竹笛、赤手拭、はさみ板、杓子、火縄、守箱、皮籠、榊箸、五色箸、浜荻筆、土鈴、二福神、山田傘、神代杉の箸、黒塗の小つづら、籠、青海苔、馬の玩具、かんざし、物差、岩田帯、真田紐、伊勢白粉、万金丹、櫛などさまざまのものがあって、それぞれが思い思いの土産物を買ってかえり、お祓や三社託宣などとともに親戚や隣近所に配っていたものであった。また参宮の旅は伊勢だけで終るのではな

小西万金丹薬舗

く、そのついでに江戸や京・大坂、あるいは金比羅参りなどをおこなうことが多かったので、そういった地方で土産物などを買って帰ることも多かった。

上方の札者

近畿地方からの参宮客には前記のもののほかに、どういうことから呼ばれるのかわからないが、俗に「上方の札者」と呼ばれる人たちもあった。これは主として京坂地方の大きな商家の主人などが講元になって五〇人、一〇〇人というように大勢を連れてくる講社の連中で、五月にはいるときていたもので、大坂で栄進講、教誠講、大榊組、長久講、日之本組、榊組、金輪講、堺では末広組、神風講、商徳会、和合講、竜神講、乳守遊廓の講などがあった。竜神講は竜神遊廓の講中であった。これらは皆大安を定宿にしていた講中で、なかでも神風講は男が女のかつらをかぶって腰巻をするなどの扮装で妓楼の備前屋まで三味線、太鼓のはやし

伊勢みやげのひとつ妙薬「万金丹」

榊組講社札

入りで練りこんでゆくなど大層にぎやかな連中であった。また京都にもいろいろの講があったが、祇園の楼主たちで組織されている講が矢張り派手なもので、大安から備前屋まで練りこんでゆく道中などは見物人で古市中が一杯になるほどであったという。

そのほか尼ヶ崎にも曙講、親友講の二つがあり、親友講の講元世話人は朝田巳之助という人で明治五年に十六歳で参宮して以来、昭和十四年の五月までに一三五回も参宮をしたという珍しい人であった。

こういう参宮講は戦前まではずいぶんたくさんあったもので、毎年講元につれられて参宮をおこない、にぎわしたものであったが、戦後米軍の指令によって解散させられてしまった。参宮講は道中にそれぞれ定宿がきまっていたもので、その宿には定宿であることを示すために講社の名前を書いた講社札を掛けていた。現在でも参宮街道の古くからの宿屋にはその講社

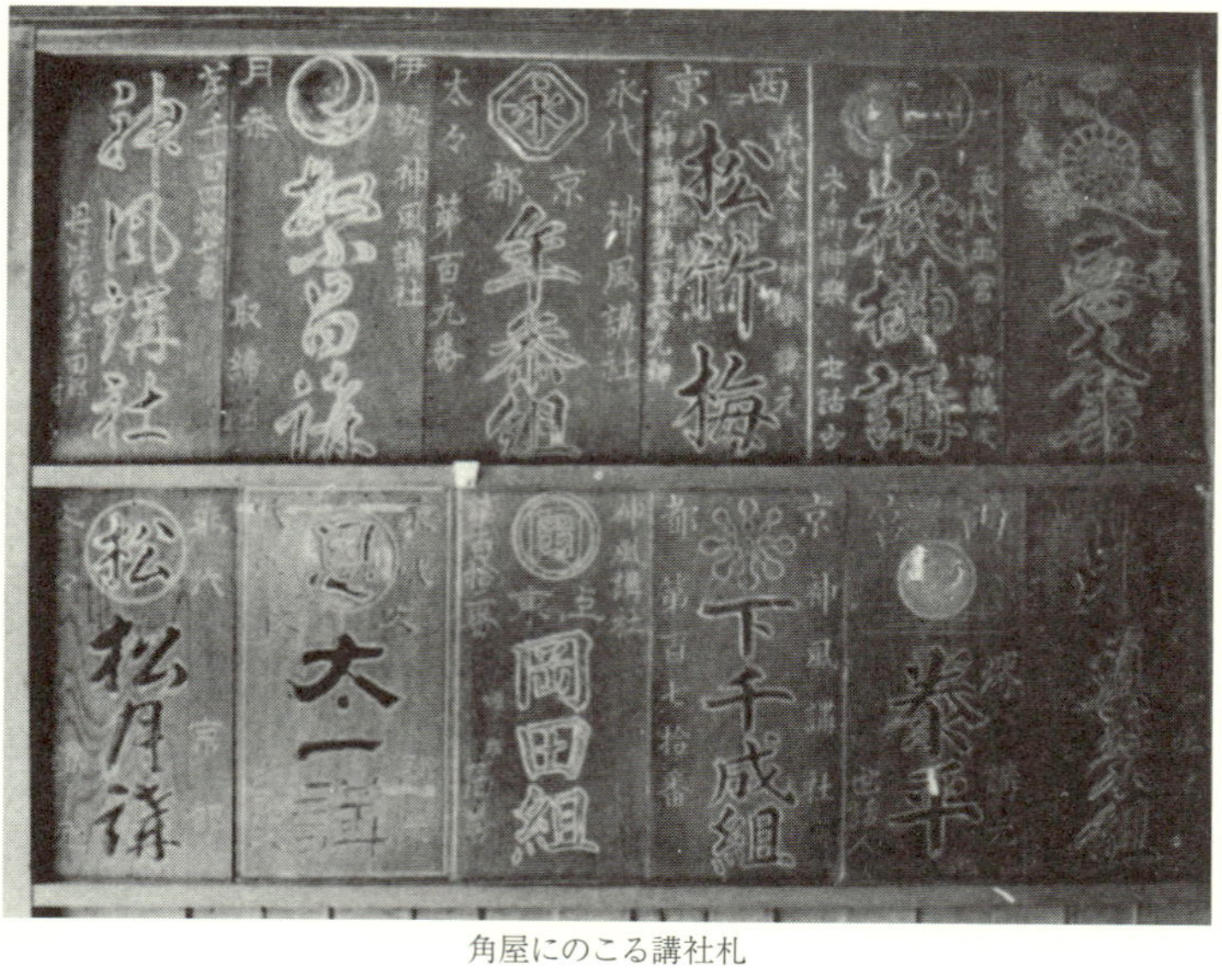

角屋にのこる講社札

札が掛けられたままになっている。初瀬街道阿保の俵屋には一〇〇枚以上の講社札が残されており、椋本の角屋には現在四〇枚ほどが掛けられていて、講社参りの盛んであったさまを知ることができる。

どんどこさん

また、海路を舟で参宮する人たちも多かったが、そのなかでは愛知県、静岡県あたりの農漁民の参宮は特色あるもので、「どんどこさん」と呼ばれて親しまれていた。どんどこさんは八丁櫓の漁船で伊勢湾を渡って、大湊にはいり、勢田川水道をさかのぼって二軒茶屋の河岸に舟をつけ、そこから歩いて参宮するのであるが、水道にはいると風も凪ぎ、波も静かになるので、この人たちは鐘や太鼓を持ち出して「ドンチャカ、ドンチャカ」と囃したてるのであった。それは大変にぎやかで、印象深いものであったから、土地の人たちから「どんどこさん」と呼ばれるようになったも

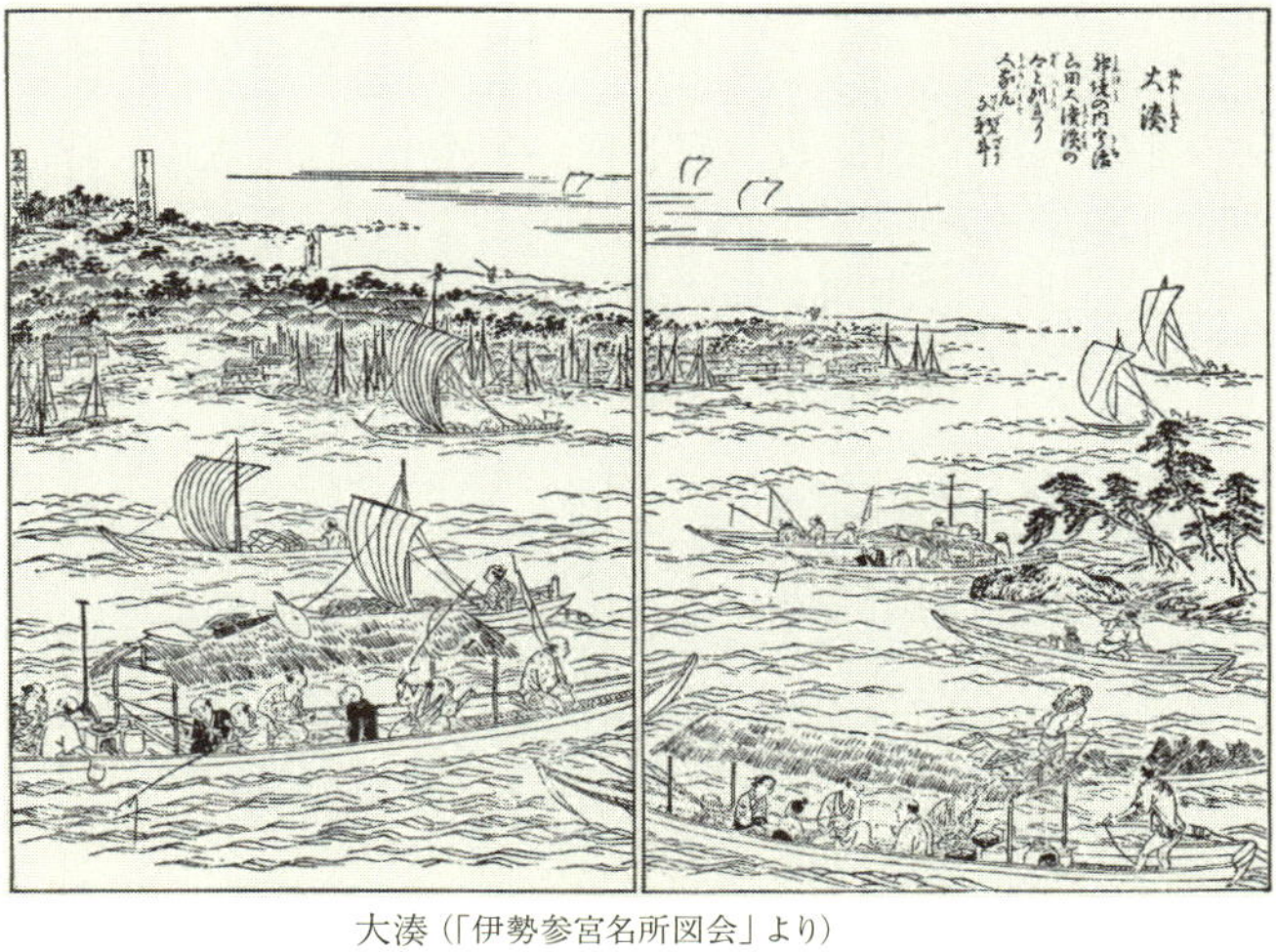

大湊（「伊勢参宮名所図会」より）

のであるという。二軒茶屋に着いたどんどこさんたちは、早速茶屋にあがって濡れた着物を乾いた新しいものに着替えて、古市まで伊勢音頭を唄いながらくりこんでくる。古市には大安旅館のとなりに「とふ六」という知られたうどん屋があり、かならずそこに寄ってうどんを食べて腹ごしらえをし、内宮に参拝するのがならわしになっていた。愛知や静岡の農村の人たちの間では、伊勢に参ってとふ六のうどんを食べてきたといえばそれだけで土産話になったというくらいのもので、一杯二銭のうどんを一人で五杯も食べ、団扇をもらって腰にさして皆帰ったものであった。

船でくるどんどこさんのなかで浜名湖のそばの雄踏町宇布見、山崎、村櫛、佐浜などの人たちは七月八日に参宮をするのがならわしになっていた。そのあたりではこの日が野上りになっており、その祝を兼ねて参宮をするのであった。野上りの人たちは気性のさっぱりした人たちで、この人たちが泊ると宿屋の前には紅提灯を吊した氷屋の屋台が

古市　大安のたたずまい

五台も六台も出たものであった。帰りはまた二軒茶屋から舟であるが、海に慣れた人たちであったから風に逆って舟を出すようなことはせずに、西風の吹くまで四日でも五日でも滞在するのであった。そして帰りには二軒茶屋の名物きな粉餅を土産に持ち帰るのが常であった。

愛知県では常滑、半田、成岩、亀崎、植大などの村から多く参っていた。植大の人は、伊勢の青海苔をたくさん買って帰り、野上りの御馳走にその青海苔で巻ずしをつくるということであった。どんどこさんは昭和十二年頃までは盛んに参宮をしていたものであったが、しだいに汽車、バスなどを利用しての日帰り参宮ができるようになり、昔日のにぎやかさはみられなくなった。

道中日記から

いままでにあげたいくつかの例は、地元の人たちの印象に強く残るような、それだけにどちらかというと派手なものであったといえる。そういう参宮客も多かったであろうが、また一方では印象に強く残らない地味な道者の方が数は多かったはずである。そういう一つの例として、明治十一年に宮城県遠刈田新地の木地屋の青年たちの参宮を、そのうちの一人である佐藤茂吉さんの旅日記によってみてみよう。この旅日記は菅野新一氏の『山村に生きる人びと』に載っているものを使わせていただいた。

茂吉の一行は遠刈田の宿屋の主人大宮保太郎、三十八歳を先達に十九歳の者四人、十七歳一人の同行六人で、遠刈田を明治十一年旧九月三日に出発し、伊勢から金比羅をまわって旧十一月六日に帰着するまでの約六〇日に及ぶ大旅行であった。こういった遠国からの参宮の場合には伊勢参宮だけでなく、ついでに他もまわってくるのが江戸時代からの風であった。そんなにたびたび出られるものではなかったから、出るときには少々無理をしてでもできるだけ多く、広くまわったのである。

さて茂吉たちの伊勢金比羅参詣は、十九歳の青年が主であるところから、十九の厄年の除難祈願を目的としたものであろうという。その頃は旅立ちにあたって、裏の竹やぶで女の子供にチョンマゲを切ってもらい、これを紙に包んで、道中安全のために懐に入れていったものであったという。明治になってまだ間もない頃のことであるから、行程のほとんどが徒歩であるが、品川から横浜までは汽車に乗っており、二本松では「きかい見物」をしたり東京で博覧会を見物するなど、記載は簡単であるが、江戸時代の道中記にはみられない興味深いものがある。

さて一行の道中を簡単にみると、九月三日、遠刈田を出発して宮町から白石に出て奥州街道を大田原までいき、それから日光街道にはいり、日光に参詣して宇都宮に出て古河までは奥州街道をたどり、そ

コケシの村　遠刈田の新地

れから船で船鼻津に、それから小船で東京小網町に着き、馬喰町壱丁目の苅豆屋茂右衛門に九月十一日午前十一時頃着いている。古河から先は江戸川沿いに舟で下ったものらしいが、船鼻津というのはどこのことかわからない。東京までの間で見物、参詣したのは二本松できかい見物とある。これは明治六年に造営されたイタリヤ式の二本松製糸工場のことであろうと菅野氏は注記している。そして二本松の杉田薬師参詣、九月七日には陸奥と下野の境にある境の明神に参詣、九月九日日光参詣、案内付御山詣で一七銭五厘の案内料と下駄銭六厘の支出がみられる。九月十二、三日は東京見物で、神田明神、湯島天神、橋池弁天、上野東照宮、両大師、大仏、清水観音、下谷稲荷、東御門附、浅草観音、金比羅山、芝愛宕山、七代将軍、二代将軍、増上寺、東照権現に参詣し、愛宕山からは東京を目の下に眺め、そのほか、博覧会、動物の見世物や喜生人形（「どのようなものか不明」との註あり）、吉原、両国橋、永代橋などを見物している。吉原では昼飯を食べて金四銭也を支払い、よろしき所に御座候と書いているが、登楼した様子はない。東京での案内銭十二日四銭五厘、十三日は半日で二銭五厘、十三日には見物を終えて品川に出て横浜まで汽車に乗っている。汽車賃は二五銭であった。

横浜では舟附場、金銀替所、唐人の両替所、天主堂などを見物し、南蛮人の茶屋で茶菓子代二銭を払い、大神宮に参詣して横浜を目の下に見て鎌倉に向い、九月十四日は円覚寺、鶴岡八幡宮、大仏、長谷観音などに参詣、江の島に出て泊り、翌日は東海道を上る。箱根湯本ではさすがに箱根細工の木地物、箱物に目をとめている。東海道では箱根権現、三嶋神社、清見寺、久能山、東照宮、秋葉山、鳳来寺、豊川稲荷などに参詣し、名古屋から佐屋廻りで甚目寺、津嶋天王に参詣している。

佐屋から舟で桑名に渡り、四日市の日永の追分から参宮街道にはいって旧九月二十六日、伊勢に着いた。伊勢では山田の三日市太夫次郎に泊る。三日市太夫次郎では泊代二五銭、御祓二五銭、案内が中飯付で拾銭を払っている。そして外宮、内宮、朝熊山、二見に参詣し、二十七日も太夫次郎に泊って、二十八日十二時頃出立し、松坂から六軒屋、月本というコースで長野峠をこえる奈良吉野高野道を通って奈良に出る。

奈良から吉野、高野に参詣して大阪に、旧十月七日に大阪から蒸気船で多度津に渡り、金比羅参詣をしてまた多度津から田の口に渡り、諭伽山に参り、岡山から赤穂廻りで西宮へ、それから郡山、淀、伏見とまわって京都についたのが十月十四日で、十五、十六日と見物して、十七日出立、これより木曾路をたどり、洗馬から善光寺道をとって善光寺に参詣し、越後の高田、新潟を経て米沢道を通り、山形から笹谷峠をこえて旧十一月

桑名の渡口（「伊勢参宮名所図会」より）

六日に遠刈田に帰着といったコースをたどっており、普通の道中と比較するとかなり違った道を通っているところがある。

そして伊勢から後は略してしまったが、道中のいたる所で社寺に参詣している。そのために遠まわりをするといったこともたびたびみられるところで、岡山からの山陽道なども赤穂浪士の墓に詣るためだったようである。前頁の表は道中の費用一切を日毎にまとめたものであるが、これでみてもわかるように大変つつましいもので無駄な費用はほとんどつかっていない。

この伊勢金比羅参詣は明治にはいってのものであるから、製糸工場を見物したり、横浜までは汽車を使ったり、博覧会や金吹場（大阪の造幣廠）を見物するとか、瀬戸内海も蒸気船を利用するなどといった点が、さすがに江戸時代の旅とは違っているが、それ以外のことではほとんどかわらないようで、一般庶民の一生一度の大旅行は大変つつましいものであったことがわかる。そしてこの道中記にしるされた金額でみる限りでは、吉原や古市で楽しい遊びをしたような様子はみえない。また岡山でも遊廓で知られた中島町に泊っているけれども、泊り代一二銭で中食付というのであるから普通の宿であろう。

参宮街道

さて茂吉さんとその一行は東海道日永の追分から道を左にとって参宮街道にはいり、神戸、白子、上野、津という経路をたどっている。この道すじは一般に東海道を上ってくる参宮道者の順路になっていたの

月日	宿泊（△中飯付）	中飯（△中飯吸物）	道銭 橋銭	舟渡銭	鉄道 舟代	燈明 御守	案内 見物	土産	間食
16	今井△13.0	1.0	原―今井 0.3			箱根権現お守り0.5 三嶋神社お守 0.5			
17	久能 12.0	興津 1.5		富士川 1.1					
18	藤枝△11.0		安倍川 0.4 うつのや峠切通 0.6 岡部―藤枝 0.2						
19	森松 11.0	掛川 1.0	大井川 0.8						小夜、中山道なめもち 1.0
20	いちのせ△11.0	坂下 1.5	三倉 2.4 小奈良安 0.4	天竜川 1.3					
21	鳳来寺下門 △11.0	大平 1.0				鳳来寺お守 0.5			
22	藤川△11.0	豊川稲荷 1.0							
23	名古雲△11.0	池鯉鮒 1.0							
24	桑名△11.0				佐屋―桑名 4.0	津嶋天王お守 0.5			
25	津 △11.0	追分 1.0	神戸 0.5					はさみ 8.0	
26	伊勢 25.0			櫛田―東櫛田 0.2 宮川 0.2					
27	伊勢 25.0					お祓 25.0	案内・中飯 10.0		
28	かわい町△11.0								
29	上野△12.0	永野 0.7							
小計	368.5	29.9	7	11.5	45	29.5	37.8	8	4
9/30	奈良△11.5	笠置 1.5							
10/1	三輪△11.0	1.5				春日大社お守 0.5	博らん会 1.5		

佐藤茂吉道中費用（単位は銭）

月日	宿泊（△中飯付）	中飯（△中飯吸物）	道銭 橋銭	舟渡銭	鉄道 舟代	燈明 御守	案内 見物	土産	間食
9/3	藤田 14.0	越河△2.0		0.4					
4	福島△14.0			0.4					
5	郡山△13.0	二本松 0.8	福島 0.5						
6	白川△12.5	久来石 0.8	日出山—笹川 0.2 滑川—すか川 0.2 大田川—小田川 0.2						
7	大田原△12.5	足野 0.8		白坂—足野 0.8 足野—越堀 0.8 越堀—鍋掛 0.6					境ノ明神餅 1.0
8	日光△16.5	玉生 0.8		箒川 0.8 鬼怒川 0.8					
9	大沢△12.5						日光 17.5 げたせん 0.6		
10	古河夕飯 7.5	小金井△2.0							
11	鼻津朝食 5.0 東京 16.0		0.3	2.5	古川—鼻津 16.0				
12	東京 16.0	吉原△4.0				浅草観音 1.5	博らん会 0.2 とりけだもの見物 0.5 案内 4.5		
13	横浜 16.0	品川△2.0			品川—横浜鉄道 25.0		案内 2.5		
14	江の島△13.5	鎌倉△6.0				江の島弁天燈明代 0.5 お守 0.5	横浜案内 2.0		茶菓子 2.0
15	湯元△14.0	大磯 1.0		江の島—藤沢 0.5 酒匂川 1.1					

月日	宿泊(△中飯付)	中飯(△中飯吸物)	道銭橋銭	舟渡銭	鉄道舟代	燈明御守	案内見物	土産	間食
17	草津△10.5	大津△4.0							
18	鳥居本 △10.0	清水 1.0							
19	赤坂△10.0	今須 2.0							
20	今渡△10.0	鶏沼 1.0							
21	中つ川 △10.5	大久手 1.0							
22	三富野 △10.0								
23	宮越△10.0	立松 1.0							
24	村井△10.0	贄川 1.0							
25	桑原△10.0	本条 1.0							
26	野尻△11.0	あら松 1.0	篠ノ井―丹波島0.75			善光寺お守0.3			
26(27?)	今松△12.0	新井 1.2	高田―今松0.6						
27(28?)	荒浜△12.0	鉢崎 1.0							
28(29?)	椎谷△12.0								
29(30?)	竹の松 △12.0	寺泊 1.0							
11月1日	木崎△13.5	新がた 1.2			新がた―木崎7.25				
2	川口△11.0	菅谷不動 1.0	新発田0.4 川口―関村0.4	菅谷―川口0.8					
3	白子沢 △11.0	小口 1.0	2.4						
4	米沢△13.5	小松 0.8							
5	山形 △9.0	中山 0.8							
小計	421	51.6	8.05	11.1	98.45	7.4	10.9	13	1
合計	789.5	81.5	15.05	22.6	143.45	36.9	48.7	21	5
総計 11円63銭7厘									

月日	宿泊 (△中飯付)	中飯 (△中飯吸物)	道銭 橋銭	舟渡銭	鉄道 舟代	燈明 御守	案内 見物	土産	間食
2	吉野△12.0	四軒茶屋 2.0				長谷観音 お守 0.6			
3	北室院 13.5	まぢつ峠 1.2		橋元―ま ぢつ峠 0.4					
4	三日市 △10.5	中飯△5.0					じゃこう 玉見物0.4		
5	大阪 14.0	境 1.2							餅 1.0
6	大阪 14.0	中飯△5.0					案内 3.4		
7				小舟 3.0	大阪―多 度津 85.0				
8	福島夕食 6.0 田の口朝食 5.5 岡山△12.5	金毘羅下 うどん △3.0		福島―田 の口 6.2	金毘羅お 守箱 4.0 お守 2.0				
9	三ツ石 △11.0		藤井― しと市 0.5 片上道銭 3.0						
10	手野△10.0	松の木 1.0		あこう 3.0 片嶋― 正条 0.3			四七士墓 案内 1.0		
11	別府△10.5	まめ崎 1.2						姫路た ばこ入 13.0	
12	兵庫△13.0								
13	郡山△13.0	西宮大神 宮 2.0		神戸― 西宮 0.9 西宮― 昆陽 0.3					
14	京都 15.0	淀 1.0		淀川 0.4 紀の川 0.4					
15	京都 15.0	白峯社 △5.0					とりけだ もの見物 0.6 知恩院見 物 1.0 案内銭3.0		
16	京都 15.0								

であるが、このほかにも参宮街道はいくつもあったし、時代によってもかなりの変遷がみられるのであるが、ここでは江戸時代の主な参宮街道を大まかにみておこう。まず京都方面から鈴鹿峠をこえて東海道を下ってくる人たちは関の追分から右にはいって鈴鹿川を渡り、椋本、一身田を経て津にはいる。津の北端にある江戸橋で、日永からはいる参宮街道に合流し、六軒、松坂、櫛田、斎宮、明星、小俣などを通って宮川の下の渡しを渡り、山田にはいったものである。

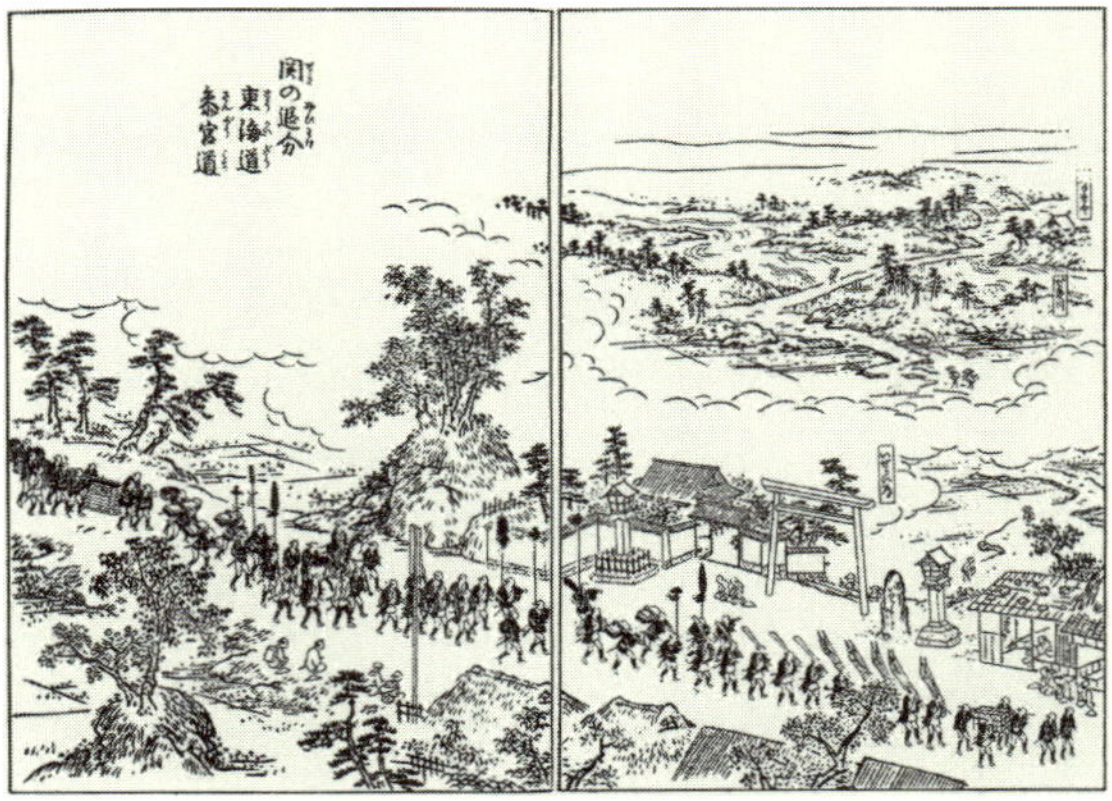

関の追分（「伊勢参宮名所図会」より）

江戸橋（津「伊勢参宮名所図会」より）

　これは江戸時代には最も通行の多いものであったと思われるが古くは北街道といわれていた。この北街道に対して大和平野の南部から石割峠、鞍取峠をこえて御杖から奥津、多気、横野、大石、相可を経て田丸で熊野街道と合い、川端から宮川の上の渡しを渡って山田にはいる道は中街道と呼ばれていた。この道中は途中にいくつも峻しい峠があって難路であったが、大和からの最短コースであり、最も古くから開けていたと考えられるもので伊勢本街道とも呼ばれており、榛原町の中央名張道との分岐点や、相可の熊野街道の入口には「伊勢本街道」と刻んだ道標が残っているという。そして明治の中頃までは河内あたりからの参宮道者がまだ盛んに利用していたものであった。また、高見峠をこえて宮前、丹生などを経て田丸で本街道に合する熊野街道は南街道とも呼ばれていた。そのほか奈良から八伏峠をこえて針ヶ別所を通り、名張、阿保を経て青山峠を越え、久居を経て六軒で北街道に合する初瀬街道も多く利用された道であった。これらの街道筋には参宮記念の常夜燈やおかげ灯籠、道標などが方々に残って

関の追分にある道標

阿保の青山にあるおかげ灯籠

いる。

　なおこういった陸路のほかに三河や尾張の知多半島あたりの海に近いところの人びとは海路を利用して大湊にはいり、勢田川水道をさかのぼって神社港、あるいは二軒茶屋に上陸するとか、二見にあがって垢離をとり、内宮に参詣するといった方法で参宮をしていた。

　これらの街道筋には宿屋や茶屋が早くから発達しており、土地土地で名物と称するものが売られていた。名物のなかで有名であったものをあげてみると、桑名の時雨蛤、富田の焼蛤、日永の長餅、関で関の戸の餅などは東海道であるが、参宮街道にはいると津の南にあった高茶屋の雲出の焼塩、松坂の南徳和畷の白酒、明野のヘンバ餅などがあり、初瀬街道では七見峠、青山峠の伊賀茶屋、伊勢茶屋の餅があったし、また高見峠でも餅が名物になっており、伊勢本街道でも相可の松笠餅などが名物になっていたといったように食物、とくに餅を名物とする

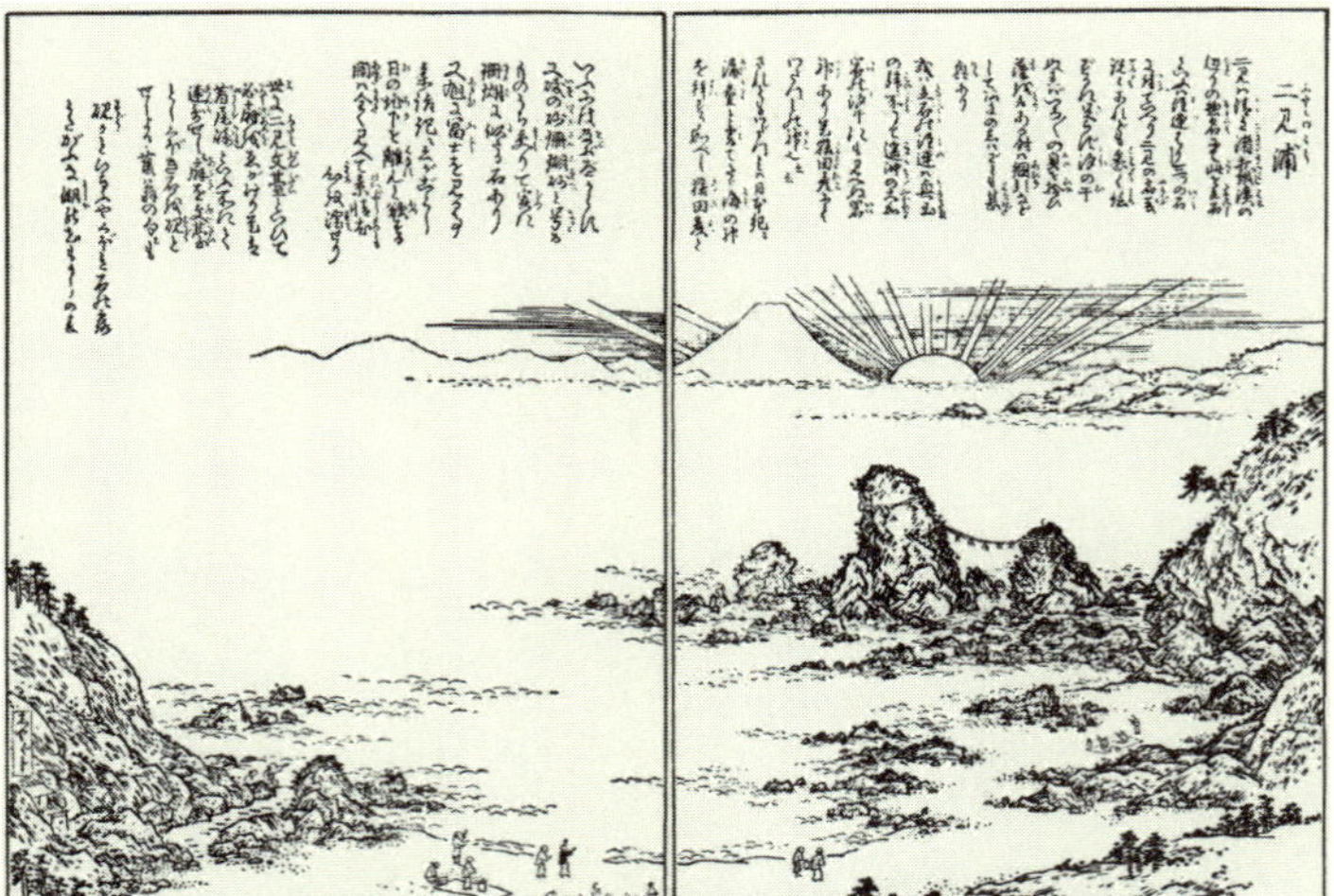

二見浦（「伊勢参宮名所図会」より）

ところが一般に多かったが、食物以外のものではさきにもあげた稲木壺屋の煙草入れが知られていたし、食べ物や土産物とはちがうけれども、三宝荒神なども参宮風俗の上からは忘れられないものである。三宝荒神は参宮道中に多くみられた馬稼ぎで、馬の鞍にちょうどコタツのやぐらを逆にしたような木枠を二つ取付けて、背中と両側に一人ずつ三人客を乗せられるように工夫したものであった。その鞍の一つ

富田の焼蛤（「伊勢参宮名所図会」より）

伊勢の名物“赤福”本店

三宝荒神の鞍（神宮徴古館蔵）

が神宮徴古館に所蔵されているが、それをみると、丸の中に金の字を大きく染め抜いた腹当をつけ、緋の組紐の先に房をつけた鞅《むながい》、しりかけをつけ、それに鈴をつけているといった大変派手なもので、それに打ちまたがって参宮街道を往来した時代がしのばれるものである。この馬稼ぎは街道筋の農家の副業としておこなわれているものが多かったが、明治二十六年参宮鉄道の開通によって姿を消してしまい、それにかわって人力車と馬車がしばらくさかえたのであった。

宮川の渡し

陸路をくる参宮者は北からくるものも南からくるものもすべて宮川を渡って神都にはいったのである。

お伊勢さんほど大社はないが
　なぜに宮川橋がない

と唄われたように、明治時代になるまで宮川には橋がかけられていなかったから参宮客は大変不便を感

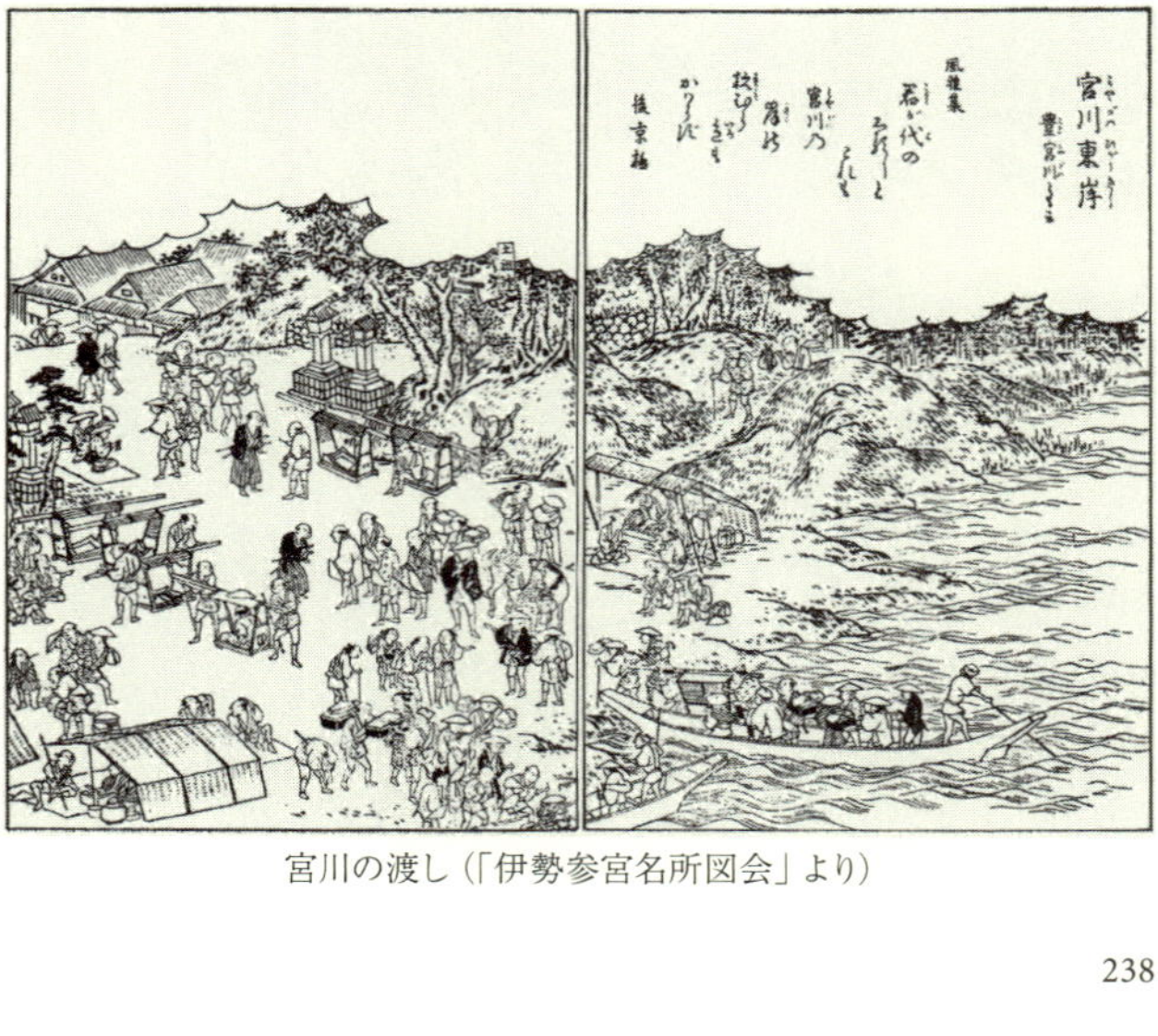

宮川の渡し（「伊勢参宮名所図会」より）

じたものであったが、それだけにまたこれを渡ると神都にはいったという気持が強くするのであった。さて宮川には三つの渡場があった。上流から川端の柳の渡し、小俣の桜の渡し、磯の渡しとそれぞれ呼ばれていたが、磯の渡しは近在の人たちが利用するもので、参宮客は上流にある二つを利用していたのである。

そしてこの柳、桜の渡口の磧《かわら》には掛茶屋が軒をならべ、豆腐田楽やみたらし団子などを商っており、大変にぎわったもので、それを渡ると山田側では御師の手代などが客を迎えに出てきており、往来の両側には比丘尼や袖乞の者たちが鈴を振り、三味線をひき、あるいは子供に踊らせるといったようにして参宮者の袖をひくといった具合に独特の風がみられたものであった。また参宮の場合には宮川で祓をおこない、禊《みそぎ》して身を清め山田にはいるのが古くからの習であったが、次第にその風もうすれてき、江戸時代になると自分では禊をすることがなくなって、若干の銭を

現在の桜の渡し

与えて代垢離をとらせるようになっている。代垢離をするのは、

井上了閑の『伊勢参宮紀行』には、

「此夜は小畑に宿をかり、枕の明れば、心いそ〳〵宮川に歩む、郷の童の代垢離せんというに、お脚とらせて、

代垢離や苦もなき夏の鴫」

としるされているように子供たちであった。また祓女などと称して、白浴衣を着た老女が、川で禊をすました人を見かけては

参宮街道・宮川の渡し付近の道標

「宮川の渡し」（広重画）

寄ってゆき、川原祓といって大麻を振りかけて銭をもらうといったこともおこなわれていたことが『囲炉裏談』などに書かれている。伊勢参宮はそのはじめは信仰を持つ人たちによっておこなわれたものであり、参宮の方法や次第にはそれなりの法式があったことが『文保記』などによってもわかるが、参宮客が多くなり、とくに近世にはいって物見遊山をかねたものが多くなってくると参宮のしきたりなども忘れられ、なおざりになってくる。が一方において代垢離や祓女、あるいは比丘尼などのように道者の信仰を生計の種とするものが多く出てくるのである。

参宮の順路

宮川を渡って山田に足を踏みいれた道者たちは、御師に案内されてひとまず自分の出入りの御師宅に草鞋をぬぐ。御師以外にも客をとめる一般の旅籠は江戸時代には妙見町などにかなりでき

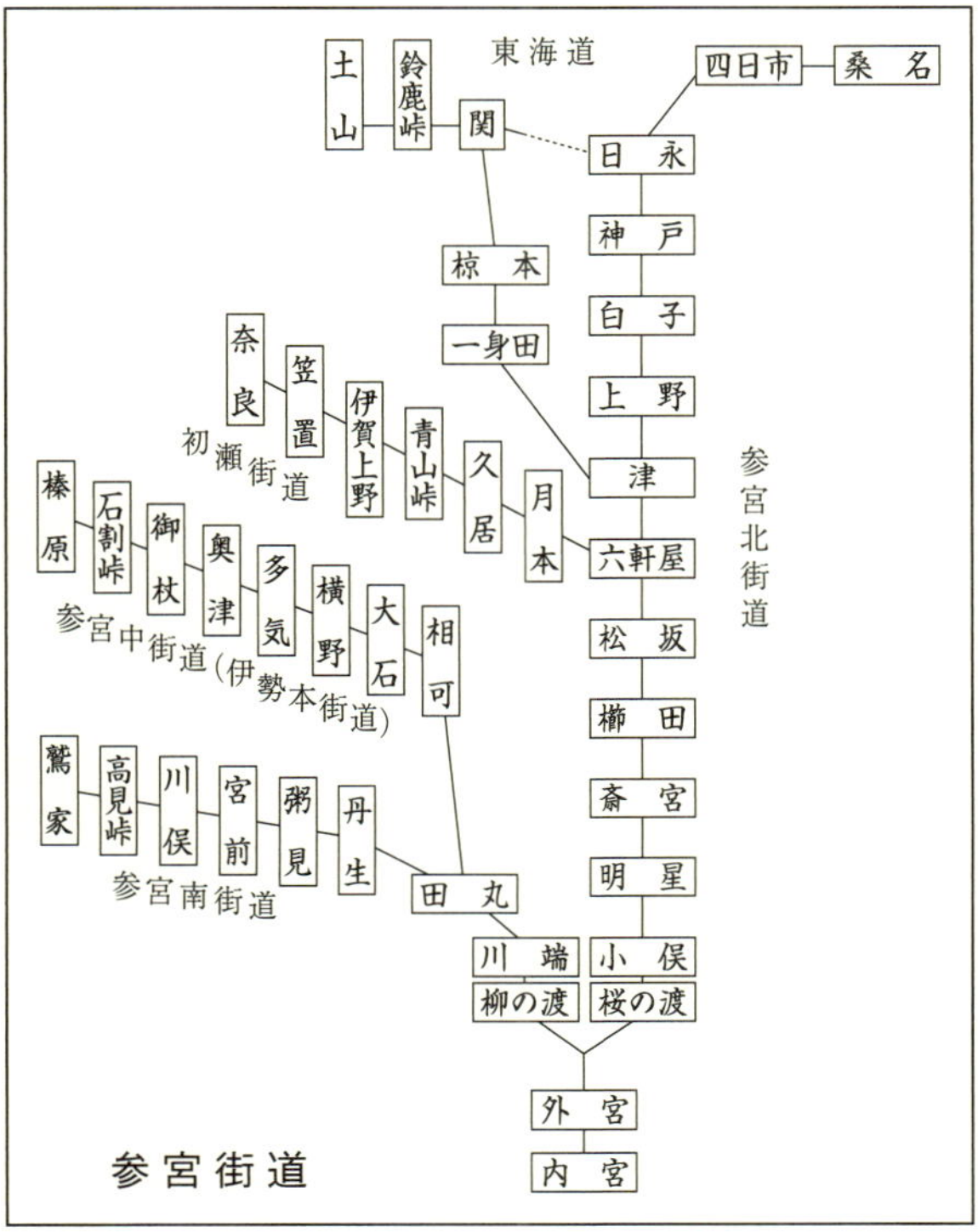

参宮街道

ていたが、御師宅を宿とするのが普通であった。旅籠を利用するのは弥次喜多のようなフリーの客であった。御師の家にはいるとまず最初に小豆餅、ついで素麺を出してもてなされ、夜は神楽を奏し、御祓をして、翌日御師の家から案内がついて外宮、内宮、朝熊、二見といった順で参詣をすませ、翌日は中河原あたりまで見送られて帰途につくのである。

参宮の順序は外宮からはじめて内宮に向うのが古くからの習であった。外宮からは岡本町、妙見町、間《あい》の山、古市、牛谷坂を経て内宮に至るのであるが、その道中には岡本町の岡本櫛や妙見町の万金丹支店などの名物、あるいはお杉・お玉、古市の遊廓など参宮客の足をとめるものが数多くあった。

お杉・お玉というのは、古市の入口間の山に出ていた女の乞食で、西鶴が『織留』のなかに描いているように、

「間の山の乞食、むかしは遊女のごとく小袖の色をつくり、味噌こし提げたるもをかし。其のすがたには似ざりき中にもお玉お杉とてふたりの美女あって、身の色をつくり、三味線をひきならし、あさましや女のすえと伊勢ぶしをうたひける。毎日の参詣あだぼれをしてここに立ちどまり、前なる真紅の網の目より顔のうちをねらいすまして銭をなげつけるに、一度も当たる人なし、自然と顔をよける事を得たり」

といったもので、かなり早い頃から間の山に出て三味線をひきながら、うたを唄って参宮客から銭を投げてもらっていたのが、のちには小屋を掛け、絹ものなどをまとって遊女のように着飾って客の投げる

小銭を三味線をひきながら巧みに撥で受けとめ、あるいは身をかわして身体にあてないようにする芸当を身につけ、評判となったものであった。お杉・お玉の三味にのせてうたう歌は間の山節といわれるもので、哀調をおびたメロディであった。

ゆうべあしたの鐘の声
寂滅為楽とひびけども
聞いておどろく人もなし
野辺より彼方の友とては
血脈一つに数珠一連
これが冥途の友となる
花は散りて野に返る。
鳥は古巣へ帰れども
行きて帰らぬ死出の旅。

作者も時代も不明であるが、お杉・お玉の評判とともに、この間の山節も有名になり、近松の『傾城反魂香』など文学作品に多くとりいれられている。

古市から内宮方におりてゆく牛谷坂にも同じようなお鶴・お市とよばれる物乞の女がいた。明治二十年に書かれた『五十鈴の落葉』によると、牛谷坂の西側の地所を借りて間口二間奥行二間半くらいの小屋をたて、床板を高く張り、一段高く框《かまち》を入れ、美しい幕を張りめぐらし、藁葺の軒先だけを青杉でふき、外壁はむしろ張りにした小屋であるが、それに牛谷村の若い女子供たちが、派手な染模様の浴衣のような振袖に紅白三枚ずつの重ねにして、襟は紅、浅黄、黒などの色取りをしたものをかけ、帯は黒と紅の中形模様などの腹合せにしたものを長く垂れ結びにし、紅か紫の前掛をかけ、白木綿の手覆、髪は島田、花櫛、花かんざしなどに身を飾って、三味線をひき鼓弓をすり、銭を貰うのを業としている。小屋には三味線ひき一人、鼓弓一人という二人組のものもあれば三人組のものもある。これらの小屋にも一等、二等、三等とあって、今までに書いたようなのは一等である。三等になると五、六歳くらいの子供を美しく着飾らせて、張合人形が風にふかれて動くような、手振りも身

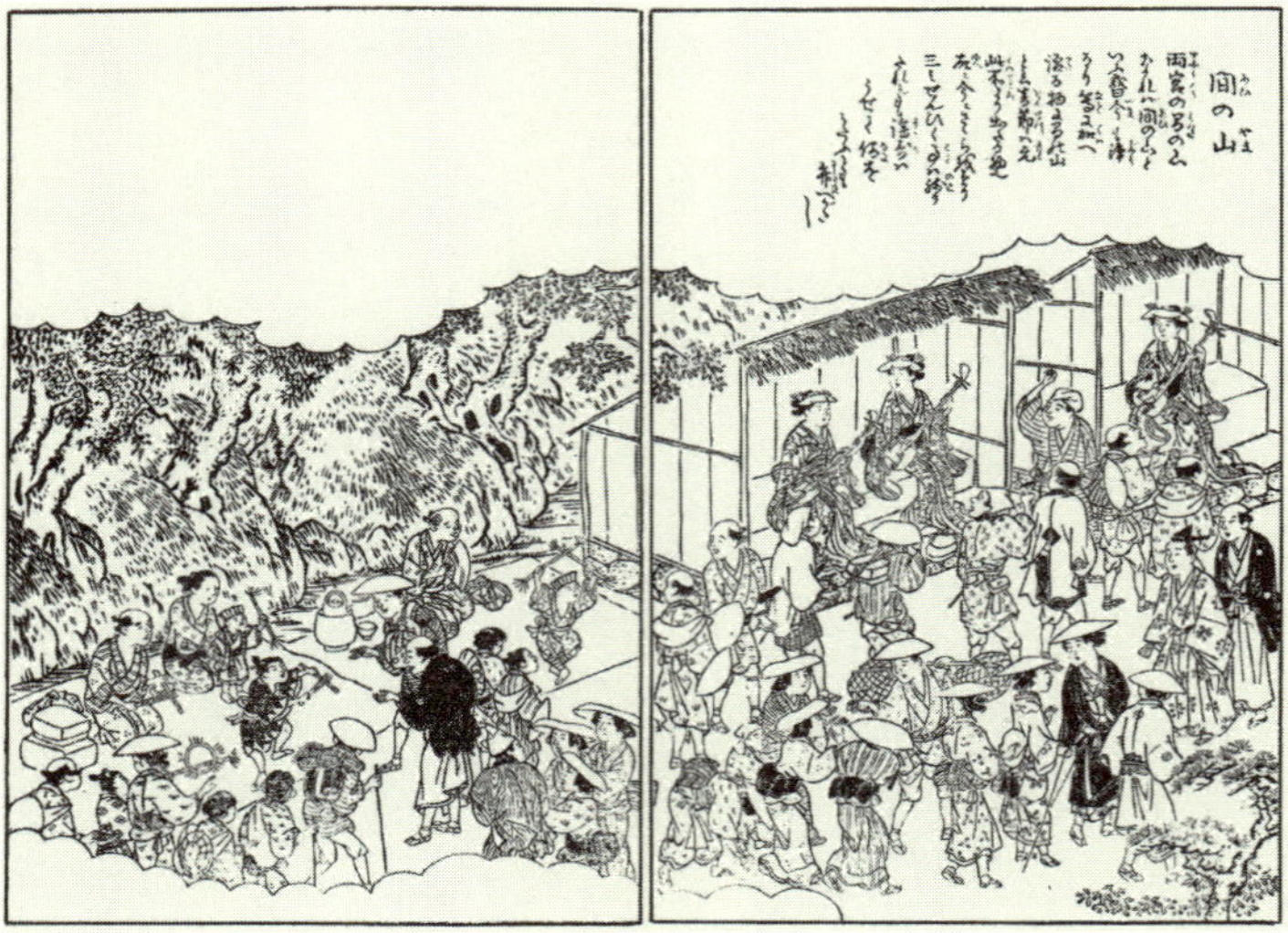

お杉・お玉（間の山「伊勢参宮名所図会」より）

のこなしもないような踊りをおどらせては金を乞うのである。歌も唄うがなんのことやら意味はよくわからない。小屋には三、四十歳くらいの年増女が立番していて、客に銭をもらうのだが、客のなかには渡すよりも三味線をひいている女に投げつけるのを楽しみにするものもいて盛んに投げるが、上手に顔をそむけてあてさせないので思わず財布を軽くしてしまうようなことになるのであった。また立番をしている女は早口で「親方さんテ、お杉の顔へ投げてヤランセ、ホッテヤランセ、ナゲテヤランセ、ホッテヤランセ」と立続けにまくしたてるのであった。

間の山のお杉・お玉も幕末から明治の頃には、恐らくこんなものであったと思われる。

参宮客の良い慰みになっていたお杉・お玉も明治の末には禁止されて姿を消すことになる。

神都にはいってからの参宮路には、こういったものがあって参宮客を楽しませていたのであるが、なかでも一番の楽しい場所は古市であった。

お杉お玉の碑

4　古市のはなし

神都の慰安場

間の山から古市にかけての一帯は神都伊勢のくつろぎの場であった。昭和二十年七月の空襲によって、宇治山田の町は三分の二までが灰になったといわれているが、そのとき古市も大きな被害を受け、昔の面影はすっかりなくなってしまって、現在では口碑や文献によってしか知ることはできないが、江戸時代から明治大正あたりまでは妓楼が軒をならべ、夜ともなれば絃歌さんざめき、参宮客の遊心をそそり、心をとろかす所であった。

　伊勢参り大神宮へもちょっとより

という川柳がある。参宮の目的の第一はもちろん両宮参拝であるが、古市のはなやかさに心を奪われてしまった好きものの道者が、その目的を忘れてしまって、申訳程度に参宮をすませ、いそいそと、生き

かつてにぎわった古市の家並み

仏さまの鎮座まします妓楼の門をくぐっていった様子が、目に浮かぶようである。

古市のあたりは、江戸時代初期には間の山の六軒家といわれ、まだ人家も稀な松並木の続く嶮路であったというが、外宮から内宮への参拝順路の中間にあたり、間の山の急坂をのぼって一息いれる場所になるところから、次第に茶屋などもでき、アンニャと呼ばれる娼婦なども集ってくるようになったものであろう。承応年間（一六五二～五五）には中之地蔵町六三軒、古市町九六軒の人家ができており、あまりの著しい増加ぶりに楠部領の農民たちから、奉行所にあてて、中之地蔵、古市両町の家作増殖を止めてくれるようにという願が出されているほどである。これに対して両町からは、私共は参道筋にあたっているので、田畑山林に望みはありません。本郷（楠部のこと）から割当られた田畑は返しますから、家作りだけはお任せいただきたいと願い出ており、農業ではなく参宮客を相手にすることによって生計をたてるものであったことがわかるのである。しかし、この頃にはまだ遊女を抱えて営業することは

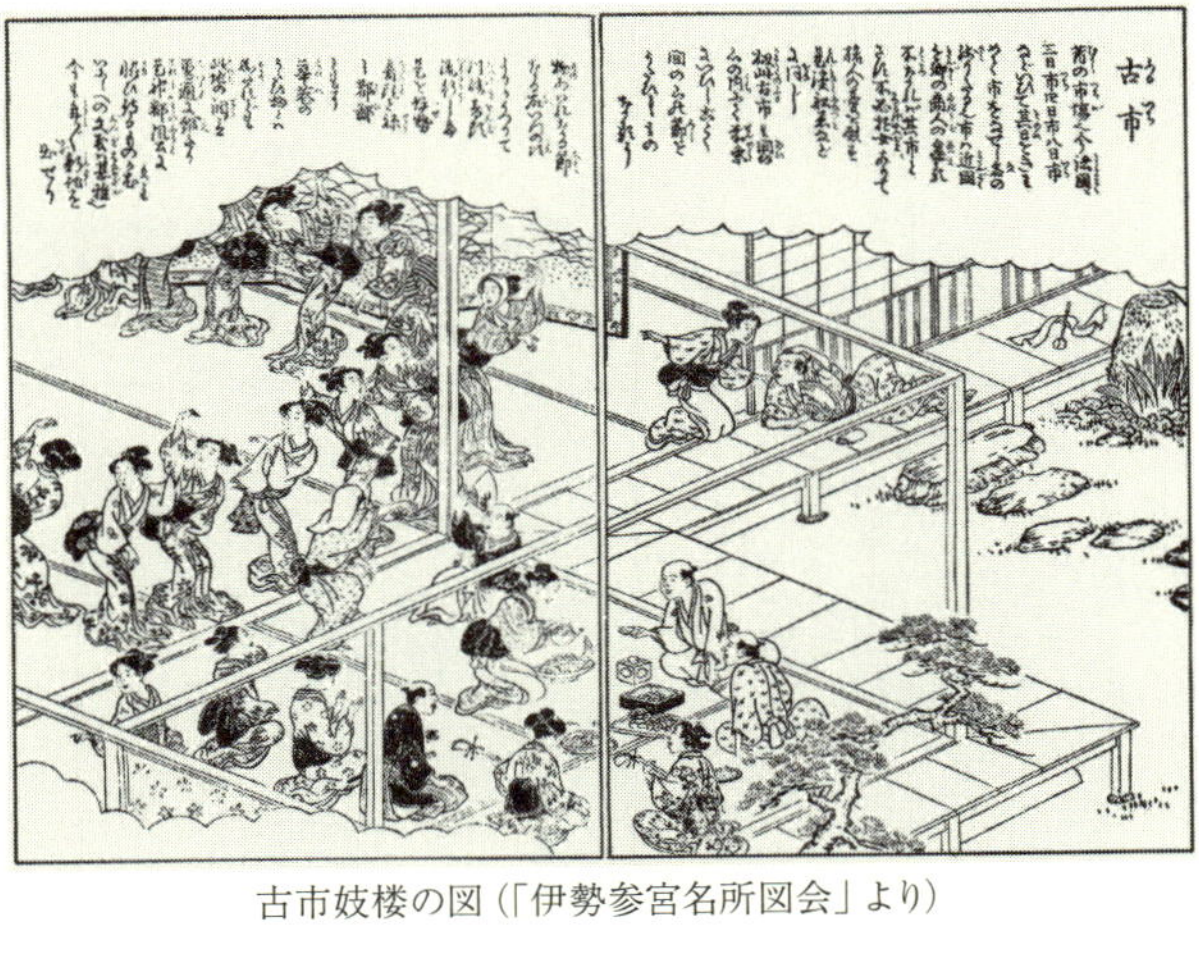

古市妓楼の図（「伊勢参宮名所図会」より）

許されておらず、何回も禁止されたり、追放処分を受けたりしているが、そういったことで禁止できるものではなく、遊女稼ぎをするものはふえるばかりであったから、ついにおさえきれなくなった山田奉行では、一軒につき二名に限り女を抱えることを許すことにしたのが寛文延宝の頃（一六六一〜八一）であった。ちなみに街道筋の宿場で飯盛女という名目で女郎を抱えることが許されたのは元文五（一七四〇）年のことであった。伊勢ではこれを寛延の遊女黙許と呼んでいるが、おもてむきは茶屋で茶汲女を抱えるという形をとっており、遊女のことを、茶汲女、あるいは茶立女と呼んでいた。後になるまで妓楼ではその入口に茶釜を据えていたのは、茶屋という名目で営業をおこなっていた頃の伝統がのこっていたものであった。

そういうようにして成立していった古市の遊廓は物見遊山を兼ねた参宮客の増加とともにますます発展してゆき、享保十七（一七三二）年には京・大坂などの遊廓とともに名古屋新地の設立に参加し、支店を出せるような大店ができていた。そして天明の頃には人家三四二軒、妓楼七〇軒、寺三ヵ寺、大芝居二場という大遊廓街に成長していたのである。数多くの妓楼のなかでも備前屋、杉本屋、油屋、柏屋などが大店として参宮客

油屋

に知られていたものであった。このうち油屋というのは歌舞伎で有名な「伊勢音頭恋寝刃《いせおんどこいのねたは》」の舞台となった油屋騒動のあった店である。

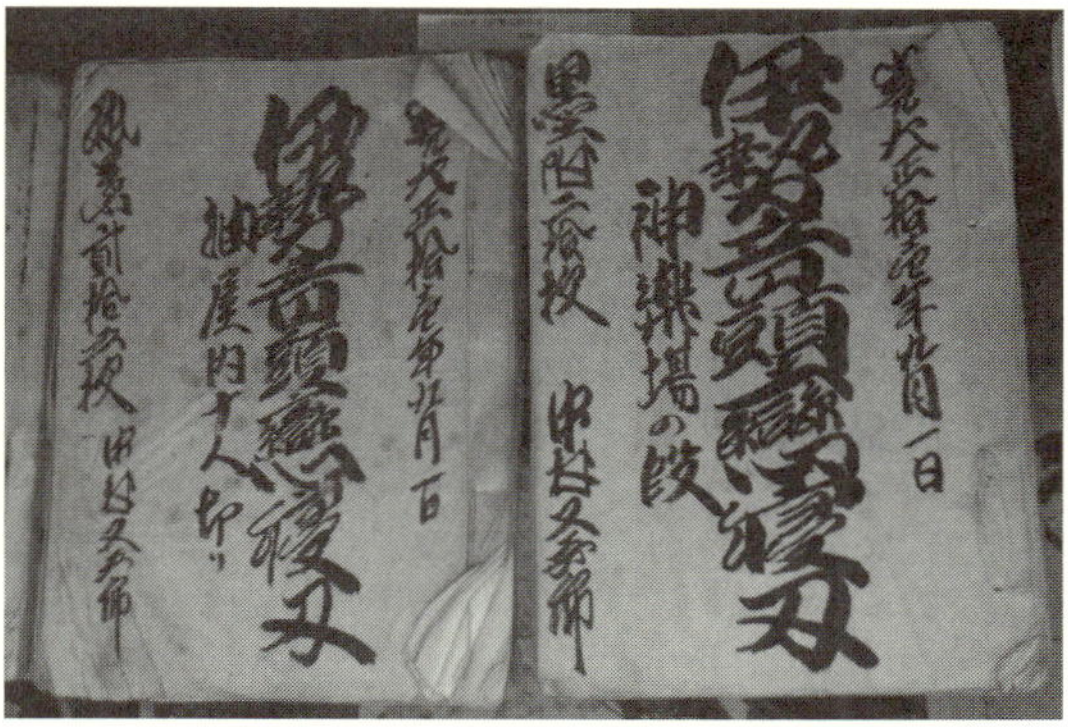

「伊勢音頭恋寝刃」芝居台本（伊勢古市参宮街道資料館蔵）

神宮会館の舞台で演ずる伊勢音頭

油屋騒動の図（神宮徴古館蔵）

油屋騒動というのは寛政八（一七九六）年五月に油屋に登楼した孫福斎という宇治浦田町の二十七歳になる医者が痴情関係のもつれかなにかで逆上して暴れ出し、店のものや客など一〇人近くを殺傷したという事件であるが、世に知られた古市での事件であるだけに、歌舞伎に仕立てられより有名になったものである。この事件当時の油屋は女郎三八人、料理人三人、下女二人、下男三人、子飼い一二人という多数を抱えていたという。子飼いというのは俗にこどもはんといわれる女郎見習の少女であろう。

さて、油屋のような大店になるとその構えも大変立派なもので、内部に舞台のついた広間を持っており、そこで毎晩伊勢音頭をおこなったものであった。伊勢音頭を踊るのはその店の抱女郎で、客はそれを見て敵娼《あいかた》をきめるという、顔見世としての要素を持ったものであった。

伊勢音頭は、もとは川崎音頭といわれる伊勢地方の盆踊唄であったものを、遊客のサービスのために座敷で披露したことにはじまり、次第に座敷に向くようにつくりかえられ、また店々で独自な歌詞をつくるなどして全国にひろまっていったものであるという。明治時代になると、古市の旅館などには必ず一人や二人は美声の女中さんがいて、講中の人たちなどの夕食のときなどは所望されてうたったものであったという。参宮客は旅館や遊廓でこの伊勢音頭を覚えて道中のつれづれに唄ったものであった。また一説によると伊勢音頭は参宮道者が道中つれづれのままにうたっていた道中歌が川崎音頭などとまじりあってお座敷向きにつくりかえられたものともいわれている。

別れの歌

アーアヨーオーイナーアー
明日はお立ちか　ヨーイヨーイ
お名残りー惜しゅーや
アーヨーイセーソーコセー
ア六軒茶屋まーで送りましょー
六軒茶屋のー曲りとでー
紅葉のようなー手をついてー
糸より細いー声を出しー
皆様さよなーらお静かにー
また来春もーきておくれー
来春来るやーらこないやらー
姐さん居るやーら居ないやらー
これが別れの盃とー
思えば涙ーが先に立つー
雨のナアー七日ーもヨーオイ
御連中さんよー降ればーよーォい

伊勢踊りの図（「伊勢古市備前屋踊之図」伊勢古市参宮街道資料館蔵）

ヤートコセーヨーイヤナー

アララーコレハイセエー

コノヨーオイトーセー

といった調子で送られたものであった。

明治の古市

明治三十八年九月頃、内宮二見間に電車が通るようになり、また現在の本通りになっている御成街道も明治四十二年頃にできてバスが通うようになるといったことで、古市も次第にさびれてくるのであるが、それでもまだ妓楼も三〇軒くらいあり、女郎も二五〇人くらいいるし、芸者も八〇人くらいいて朝の十時頃から三味線の音はきこえ、小店では引子が店の前にがんばっていて昼間の時間遊びの客を競って引きこむといった具合で昼も夜もないほどのにぎわいをみせていたものであった。さきにあげた大安のおばあさんの思い出によると、相当に上々の客でも夕食をすますと番頭を案内役にして遊びに出かけたものであった。番頭は宿の定紋入りのぶらぶら提灯をさげて備前屋とか杉本屋とかいった大店に案内することが多かった。店にあがると客はまず踊りの間に通される。なかなか立派なもので、拍子木が鳴ると広い廊下に朱塗りの手すりがせりあがってきて舞台ができ、右左から女郎が三〇人くらい揃いの衣裳であらわれ、芸者のはやしにあわせて伊勢音頭を踊るのである。客はこれを見て自分の敵娼をきめる。

こういった大店の女郎になると品よく仕込まれており、各自の部屋を持っていて、碁、将棋の相手はもとより、三味線の爪弾き、薄茶の接待など一通りのことはできたものである。それで料金は朝まで二円五〇銭（昭和十五年頃まで）、伊勢音頭が一座（五〇人まで）が五円であった。朝まで楽しく遊んで宿に帰るとすぐそのあとから文使の女中が敵娼の名入りの手拭と手紙を定紋つきの黒塗りの文箱に入れて一人一人丁寧に礼にまわったものであった。手紙は奉書の巻紙で上部を紅で染めたなかなか情緒のあるもので、文章は別にかわったこともない。「昨夜はどうもありがとうございました。不思議のご縁にてはべらしていただきまして、行届かぬことでございました。御ゆるし下さいませ。今度また伊勢にお参りにお越しの節にはぜひお遊びにお越し下さいますようお願い致します」といったものであったが、もらった方は大変よい感じを持って裏を返すことになるのであった。なかにはあまりの待遇のよさに帰ることを忘れて四日も五日も居続ける客もいたということである。

またさきにあげた旅日記も十九歳の青年を主にした参宮であったが、十九歳になると参宮をする風は他でも多くみられたもので、大安には滋賀、京都方面から十九歳になった若衆が、一五、六人とか二〇人とか連れだってきていたという。そのときには親元から宿宛に「この度内の息子たちが皆々連れだって参宮いたしますから、御参拝がすみましたら必ず古市で遊ばして下さい。初めて男一人前になるのですから、つまらぬ店にては遊ばしていただかず、大店にて遊ばして下さい」といった依頼状がとどいたもので、店では十分気をつけて、面白く遊べるようにと注意をし、番頭に案内させるのであった。朝まで杉本屋なり備前屋なりで遊んでニコニコ顔で帰ってくるとすぐ後から黒塗りの文箱がとどけられる。その名入りの手拭と手紙を持って国に帰ってゆくのであった。

また岡山あたりの村でも同じような習俗があったが、ここでは親たちが子供に自分が参宮をしたときは古市のどの妓楼のなんという女郎に男にしてもらったので、お前もそこにいって男になってこいといって送り出したものであるという。

今は昔、のどかにも大らかな時代の参宮の話である。

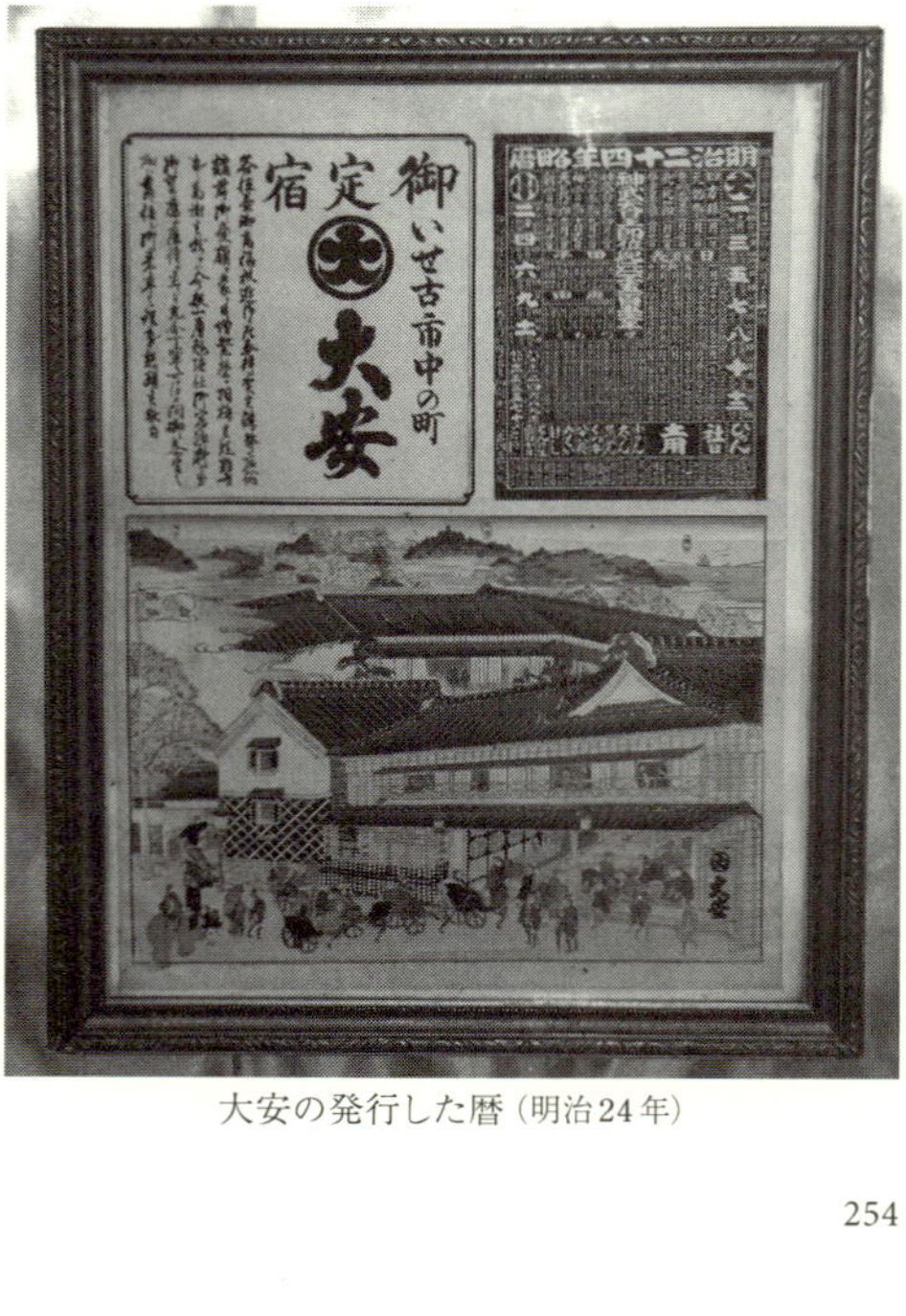

大安の発行した暦（明治24年）

四　伊勢信仰の話

1　御蔭参り

芭蕉の『奥の細道』をよむと、

今日は親知らず・子しらず・犬もどり・駒返しなど云北国一の難所を越て、つかれ侍れば、枕引よせて寐《いね》たるに、一間隔《へだて》て面《おもて》の方《かた》に、若き女の声二人計《ばかり》ときこゆ。年老たるを（お）のこの声も交て物語するをきけば、越後の國新潟と云所の遊女なりし。伊勢参宮するとて、此関までをのこの送りて、あすは古郷《ふるさと》にかへす文したゝめて、はかなき言伝《ことづて》などしやる也。白浪のよする汀に身をはふらかし、あまのこの世をあさましう下りて、定めなき契《ちぎり》、日々の業因《ごういん》、いかにつたなしと、物云をきく〳〵寐入て、あした旅立に、我々にむかひて、「行衛《ゆくゑ》しらぬ旅路のうさ、あまり覚束なう悲しく侍れば、見えがくれにも御跡をしたひ侍《はべら》ん。衣の上の御情に大慈のめぐみをたれて結縁《けちえん》せさせ給へ」と泪を落す。不便の事には侍れども、「我々は所々にてとゞまる事多し。只人の行にまかせて行べし。神明の加護かならず恙《つつが》なかるべし」と云捨て出つゝ、哀《あはれ》さしばらくやまざりけらし。

一家《ひとつや》に遊女もねたり萩と月

曾良にかたれば、書とゞめ侍る。

と言う哀れ深い一節がある。この旅は元禄十六年（一七〇三）のことで、春江戸をたった芭蕉が、北は象潟《きさかた》を限って、陸奥の所々をめぐり、羽越境の鼠ヶ関から「暑湿《しょしつ》の労に神《しん》をなやまし、病おこし」つつ九日の日を重ねて、市振《いちぶり》の関に辿りついたときの記事である。遊女の一行は僧形の芭蕉を真の僧と思い込んだものらしく「衣の上の御情に……結縁せさせ給へ」と言っているが、もとより詩の行脚、同行も難くて別れたのであった。

芭蕉はもと伊賀の産、従って伊勢参宮も屢々行うているが、奥の細道の旅の終もやはり伊勢で旅の物うさも未だやまざるに、長月六日になれば、伊勢の遷宮を（お）がまんと、又舟にのりて、

蛤《はまぐり》のふたみにわかれ行く秋ぞ

という句でこの紀行の一巻を結んでいる。彼の遊女と伊勢でまた出逢うたやらどうやら、この年の伊勢の遷宮拝まんとする人はことのほか多かったらしいことは、この紀行によってもうかがえるのである。そうしてその参宮者の中に、かくの如く遠い越《こし》の国の遊女もいたということは興深いことに思われる。

皇大神宮に対する民間一般の信仰の強くなったのは、武家が政治をとるようになってかららしいが、それがことに目ざましくなったのは徳川時代に入ってからであり、ことにこの元禄の御遷宮頃からが大きな境をなしているように私は思っている。平和が久しく続いて、世はやや太平に慣れていたときである。未だ何程もひらけていなかったと思われる陸奥へさえ、弱い身でもって旅の出来るほどの道路や設

備の、曲りなりにもすでに出来ていたらしいことは、この紀行によっても明かであるが、そうしたことが在郷の人びとを旅へ誘う力も大きくなりつつあった。そうしてこの正遷宮から一六年目には今日の我々にさえ想像し難い程の人びとが伊勢へ押し寄せたのである。世に宝永のぬけ参りというのがそれである。

ぬけ参りというのは家族の者につげずして伊勢に参宮することであったが、文献によれば、すでに室町時代より行われていたことがうかがわれる。『奇異雑談』という書物に、文明年中（一四六九～八七）のこととして「山崎のある人の下男が暇も乞はずして伊勢参宮をした。七日にして歸って来たが主人は怒って之を斬り仲間に捨てさせた。仲間は筵につゝんで遠くへ捨てた。さて翌朝仲間は、昨日捨てた下男が道を歩いているのを見て驚き、主人につげると、主人も驚き、早速死骸をあらためさせにやった。すると筵の中に死骸はなく、お祓箱が横筋かひに切れたのがあった」という話が見えている。信仰によって神仏がその身代りになった話はずいぶん多く各地に分布しているのであるが、大神宮の信仰にはこうした奇瑞談が甚だ多くかつこれが人の心をひいたことから強くなったらしいことが、徳川時代の諸資料によってうかがい得られるのである。そうしてこの信仰が市井、田間で行われたことによって、上流よりもむしろ、多く民間の書物に記録せられているのも興あることである。井原西鶴や、近松の文学にもぬけ参りがしばしば取入れられてあるところから見ても、その一般化が察せられ、かついかに人びとの目についたものであったかも思われるのである。若い男女にとってはこの道中で契りあう仲にまでなるというようなものもまた多かった。それほど華やかな空気も持って来たのである。かかるぬけ参りが宝永二年（一七〇五）には狂信的な現象を呈するに至った。『武江年表』七月の条を見ると「閏四月上旬の頃洛中洛外の童男童女七八才より十四五才に至り貧富を論ぜず、ぬけ参りをする者が多く、難波奈良は言ふに及ばず、畿内一時にいひはやして諸人は狂せるが如く、妻子従僕はその主人に暇を乞はず、主人はまた家人に告げず家を出て、伊勢街道は立錐の余地がない。一日の参詣者は二三万から多い時には六七万にも及んだ。京都では有福の人びとが神威を敬って、小袋、脚絆、米、金銭、或は菅笠の類を五條三條の橋詰でぬけ参りの男女にあたへ、江州膳所の城主は報恩の船を出した」とある。

また当時の調べによると（本居宣長『玉勝間』三の巻）、閏四月上旬は一日に二、三千であったが、十三日から十六日までは毎日十万を越え、十七日からだんだん減って二十四、五日には平均三、四万人となったが、その頃から大阪の者が多く参るようになり、二十五、六日には五、六万宛、二十八、九日は十二、三万宛、五月一、二日七、八万ずつ、三日から十二、三万ずつ、八日から十六日に至る間はだんだん多く、十六日は二十三万人に及び、それから逐次減って月末には一万人位の参拝者があり、おおよそで、四月五月両月中の参拝者は三百六十万を越えたであろうといわれている。もちろん大略で過大視されていると思うが、それにしても夥しい数であった。これだけの人が、しかも歩いて伊勢を志したのである。あの広野の道という道に人のあふれた日があったのである。暑くなって、田の忙しさから、ぬけ参りは自然に下火になったが、思えば恐しい信仰の勢いであった。

信濃国伊奈の谷に久しく住む熊谷家は熊谷直実の子孫といわれた家であるが、この家の主が代々書きついできた『熊谷家傳記』によると、「関東筋より抜参時花《はやり》、桑名御番所帳に五万千五百六十余人付と云々」とある。あの山の中の村にも噂は伝わって行ったらしく、かく記録しているが、船で熱田から桑名まで渡った者だけでもこれだけあったのである。たんに関西ばかりの流行ではなかった。何人《なにびと》も驚異の眼を見はり、その有様を見たのであった。しかしてこのぬけ参りは子供が多かったようで、

ぬけまゐりの子ともら杓をいたし物をこふに

杓ふれはそれといはねど天照

おかけまゐりと汲てこそしれ　（貞柳）

などの狂歌もあり、その様子がうかがわれるのである。ぬけ参りをおかげ参りとも言ったのは徳川もずっと後に属するが、要するに人の想像も及ばぬような現象が、徳川時代にはこの後にも三回起っている。宝永については、それより六八年目の天明八年（一七八八）春に流行を見ている。『抜参善悪教訓鑑』によると、丹後から起って丹波・山城・京にうつり、四月下旬から大阪、和泉、堺、摂津、播磨、備前、紀伊に流行し、京都は四月中旬より下旬にかけて十万人、大阪方面は下旬より五月上旬へかけて七十二万人に及んだとある。この時にも色々の奇瑞が伝えられている。

山城国久世郡東殿村孫兵衛というもの、悴は当年五歳であったが伊勢のぬけ参りを思いたち親にしのんで家を出、宮川についたところが、ちょうど出水で渡る事が出来ず泣いていた。すると八十あまりの

老人が、その子を背中に負うて軽々と川を渡り、両宮へ案内し、大神宮の神前で消えたという。

また同じ村に八十才ばかりの老女が美しい男の子を生み、生れた日から成人の如く物をいい「我は神の化身で假に老女の体内を借りた。この時〔後?〕五、六年は世の中は大豊年で五穀成就して益々天下国家安全であらう。私は国へかへらう」と言って伊勢の方へ飛び去ったので、国中不思議の思いをなし、伊勢参りが流行しはじめたという。

しかして人びとは京から山田まで続き、道中通は八ツ（午後二時）にもなれば宿は一切なく食事も昼すぎては喰きれ、茶屋など夥しい人であったという。そうして草鞋など一時は百文もし、前代未聞の珍事は牛馬犬まで参宮したことで、犬などは人の如く手水をつかい、本宮を拝し、本宮の前の広小路で一宿し、宮守が御祓を首に結びつけて下向させたという。

また、京都では仙洞御所様より御粥の施行あり、また、町家の小者が御蔭参りしたさに近衛様の御邸に逃げ込み、近衛様より御直筆の「伊勢御蔭参」と書いた菅笠をいただいたため、大津から先ではこの笠を粗末にしてはならぬとて問屋で箱をつくり、これに笠を入れ人足が二人つき、小者は駕籠で宿々へ送り迎えられ、伊勢参りをしたという。

これらの話はいずれも前記『熊谷家傳記』に見えているものであるが、かかる噂が、京大阪の地から細々《こまごま》と伝わって来るほど、色々の噂がたったのである。

次の御蔭参りは文政十三年（一八三〇）で、この時はぬけ参りというよりも御蔭ということばが多く用いられている。この時の記事は大阪に住んでいたという一医者が幕末の世相を細々と書きとめた『浮世の有様』という書物の中に実にくわしく出ている。

文政十二年に伊勢の正遷宮が行われ、きっとまた御蔭がはやるだろうと老人たちが言っていると、案の定、十三年には阿波の国を皮切りに全国にわたって流行を見、この時は天からお札が降ってこれが人びとの気持をあふりたてたのであった。無論、またこれをあふりたてる仲間も多かったのだが、その狂信ぶりは前回にも増し、阿波一国には一時人なしと言っても過言でないまでの有様であった。ことの起こりは、

子供が家を抜出るので親が怒って柱にくくりつけておくと、子供の姿は見えず、その跡に御幣だけがくくりつけてあった。

また、八才の子供が家出して戻って来ないので家では探していると、しばらくして戻って来た。訳をきくと「よその小父さんに連れられて白い馬で伊勢へ参ったという。その小父さんは何処だというと、門口まで送って来て、ここがお前の家だから一人でかえれと言って別れ、馬は垣根につないである」という。そこで見に行くと馬も人もなくお祓が残っていたというのである。

こうした事がもとで四国からの参詣者が多く、大阪加島屋はその倉を宿として提供し、安治川筋でもそれぞれに施行宿をなしたが、三月上旬から中旬にかけて泊ったものだけでも三万人余であったという。

この時にも、色々の奇瑞談があり、足腰たたぬ者が、すっくと立って伊勢参りをしたり、悪事をした

ものが足腰たたなくなったり、巷説は巷説を生んで実に徹底した狂信ぶりを発揮し、米をとぎかけたまま、ぬけ参りしたり、子に乳をのませていたのがふらふら出かけたりしたとさえ伝えられている。

第四回のお蔭参りは慶応三年（一八六七）で、明治維新の戦乱をよそに群衆が伊勢へ伊勢へとなだれをうって参った話は、八十を越えた老人なら未だよく記憶しているところである。この時もお札が降って、これを取締る触が幾度も出ているが、人びとはただ「えらいこっちゃえらいこっちゃ」と伊勢街道を踊り狂うて行ったのである。

しかし人びとの参宮はこの四回に限られたのではない。毎年のように春先の、百姓としては田仕事も暇、気候はよいという時節になると野から山から人びとの群が流れ出て来たのである。『玉勝間』に、享保三年（一七一八）春の頃、参宮者が正月元日より四月十五日までに四十二万七千人余あったとある。これが普通の年の状態だったのである。伊勢国関の町は、東海道鈴鹿峠を南へ越えた宿場であるが、関西線の通過するまでは、道が横切れぬまでに参宮者で埋ったものであるという。

2　伊勢信仰の民間における発達

皇大神宮に対する御歴代の崇敬は我々が口にするも烏滸《おこ》の沙汰であるが、これが民間においてはいかなる状態であったかという事については、なお何程も明かにされていないように思う。ただ華やかなる伊勢道中の話ばかりが、徳川三百年の文学に書き留められているが、この信仰は決して浮ついた物見遊山からばかりではなかった。中には、御蔭参りを群集心理で片づけた学者もあったが、私など必ずしもそうでないと信じている。そうして伊勢信仰の根強さが、ひいては明治維新をも容易ならしめたのではないかと思っている。上層においては政治の幾変遷があり、世の記録は時に武家のためにのみ作られたような時代もあったが、最も下層なる庶民の心は、それらに左右せられない根強さに生きていたように思う。しかしてこういうことは今後ますます明らかにして行く必要があるかと思うのである。

元来神宮御鎮座の当初は伊勢国度会・多気・飯野の三郡が神領として神宮祭主の支配を受け、何人もこれに容喙《ようかい》することは出来なかった。然るに後、神宮に対する信仰は漸次隆盛を加え、神領・神戸の寄進相つぎ、その分布は全国に及んだ。ここにおいて刀禰《とね》なる職をおき、神領の郷保を支配し、その政治を行わしめたのである。しかしてこの神領を通じて伊勢信仰は全国的になりつつあった。が、一方皇室の御稜威《みいつ》高き頃は、朝廷から奉られる幣帛のほかは皇族といえども幣帛を供えて私にお祭する事を禁ぜられ、信仰の地方流布は極めて徐々に行われた。これが一般的になったのは全く武家政治が勃興して、神領を押領し、神宮が式微《しきび》したことに起因している。これはむしろ皮肉の中の皮肉とでも言うべきものであろうか。

無論それまでに民間の参拝者も多かったのであろうが、私幣私禱の禁止のため、いかなる状態であったかはあまり明らかでない。ただ、全国に分布する神領よりの神税を取りたてのために、代官下向のことあり、あるいは神税運上のことあり、神領および近傍の人びとは祈禱をこれらの人に頼む風を生じた。しかし前述の如く、私禱は禁止されていたので、禰宜はこれを行わず、別に詔刀師《のりとし》というものが出来て、これに当った。その文献に最初に見えるのは後朱雀天皇の長暦の頃（一〇三七〜一〇四〇）であるというから、ざっと九百年の昔に遡りうる訳である。詔刀師とは祝詞師と書くべきものであろう。禰宜とは別で、全く私禱を業とした類らしい。御祈師、祈師、大夫、師職などといわれ、近世では主として御師《おんし》とよばれた。御師の家には子良《こら》とよばれる巫女がおり、祈禱にはこの子良が当ったのである。芭蕉の句に、

御子良子《おこらご》の一もとゆかし梅の花　　猿蓑

というのがあるが、即ちこの御子良子がそれである。さて奉幣祈禱にあたった御師は礼として、伊勢から大麻を持下り、人びとにいただかしめ、地方からの参宮者は御師の家を宿としたらしい。『伊勢参宮

名所図会』にも「諸国の参詣人を御師より人を出し中川原に迎ふ。御師の名、講の名、組頭の姓名を書して此所の家毎に、招牌を出せし事竹葦の如し」と見えている。こうして参拝者と御師との間には先祖代々の連絡が生じたようである。これについて天野信景はその随筆『塩尻』に、

「宇治の祠官語りて云、山田は中世より大麻を国々に送り初穂を求む。専ら僧家の師檀の如くせしかば遠国の人もよく是をしりて、参宮の時先《まず》其師職をたのみなどせしかば、いつとなく家も富んで、夫につきたる市井もにぎはしくなりける。

宇治の祠官は大麻を諸国に送る事なかりしに、豊臣秀吉神地の封度を掠《かす》めてより祠官恒《つね》の産なし。之より山田のする処に倣《なら》ひて、漸く麻筥土宜《あさばこどき》を送りて始めて今は遠国までも持行侍る。されば山田の十が二もなし。此故に所さびしく侍る。」

御師の手代が迎えにくる（中川原「伊勢参宮名所図会」より）

と書き記し、但し宇治の方の大麻を配りしが豊臣氏より後のこととは思えないと言っている。しかして『塩尻』の考証の如く、宇治の大麻配りも、山田よりは遅れたであろうが、武家争覇の世に入ってその流行を見るに至ったらしいのである。即ち武家がその神領を押収し、神税を納めざるに至って、神官禰宜達の生活は頓に窮迫を加え、畏くも神宮の荒廃をさえ来すに至ったのである。にもかかわらず、神官達は固くその伝統を保持しつづけたのである。高等小学国史教科書に見えたる慶光院清順尼は丁度こうした折に現われたのであった。室町時代に入って、神宮の遷宮は後花園天皇の御代に行われてより百余年を経つつその修造すら不可能で、まことに畏れ多い極みであった。これを見た清順尼が、神宮復興に志して、しかも成功の容易でなかった因由は、地方人の無関心よりもむしろ、神宮の禰宜達が、僧侶が、公然神宮に関係することを潔しとしなかったにほかならぬ。ここに清順尼はまず、朝廷、幕府の御許可を仰ぎ、勧進の事を先に行うたのであった。即ち民衆に訴える方が、なお容易であったのである。何故なら民衆の信仰は強烈に神宮に結びつきつつあったからである。即ち信景の随筆の如く、大麻を通じて、信仰の糸は神都に集中する形勢をとったのである。諸国神領の武家押収によって窮乏に瀕した師職が、やむなく祈禱の御祓大麻を全国の檀家に頒布するに至って、民間から直接に初穂料を受け、その間の介在者を排したことから、急激なる信仰の成長になったことは言うまでもなく、祠官もまた秘かに私禱をなし大麻を出すに至ったのである。

しからば一体御師にはいかなる人びとがなったかも一応考えて見る必要がある。まず地方民との連絡を十分にとるためには、また自らがすぐれたる旅行者であらねばならぬことであった。由来、中世旅行の徒は今日の如き旅行者とはおよそ趣を異にし、寺社を中心にして信仰を持ち歩く類が多かった。高野を中心とせる高野聖の如く、住吉神社を中心とせる願人坊主の如く、あるいは京都八坂、下関阿弥陀寺を中心とせる琵琶法師の徒の如きがそれで、これらの仲間の文化伝播に致した功績もまた大であった。かかる仲間の中、熊野信仰を中心として起った熊野の先達の如きは、その活躍の最も目ざましいものの一つであっただろう。熊野は平安時代、皇室の御尊崇きわめて厚く、ために民間もこれに倣うもの夥しき数にのぼった。かくて熊野への参詣者たちを熊野道者とよび、道者の案内者である先達の数もまた多かった。この先達等はやがて伊勢道者の先達ともなり、後には熊野から分離して独立するに至ったといわれている。同様に絵とき説経で名高い熊野比丘尼の後身がまた伊勢比丘尼であるという。即ち刀禰職あるいは代官以外にかかる仲間の参加がきわめて多かったのである。そうして熊野信仰の衰えるのと、伊勢信仰の隆盛とが反比例した事は、武家政治の横暴以外に一つには、熊野から伊勢へ先達の転住を考えねばならぬのである。無論これらの徒は伊勢の祠官とは公の上での関係はほとんどなかったようだが、神宮の信仰を持ち歩いた功績はきわめて大きく、ここに伊勢信仰の全国化し民衆化せられた一つの因由がある訳である。

神宮は彼の戦国において前述の如く衰退を見つつも他方においてはかく力強いものが湧き上り、国民的な反省は弥《いよいよ》高まり来っていたのである。これを国民信仰の復古とでも言おうか。後年、伊勢松阪が本居宣長を生むに至ったのも実に偶然ではないように思えるのである。

さて御師たちはそれぞれに地方信者と連絡をとったものであるが、御師と信者との間には特別密接な関係も生じ、御師の方ではそういう人びとを檀那とよび、その地域を檀那場と言った。檀那場に対して御祓大麻などを配るに当り、その土産として暦本を配る風を生じ、これが世にいう伊勢暦であった。これは京都の官暦に対して農家の便に資すべく、八十八夜、二百十日などが記入され、極めて好評に迎えられたのである。ここに伊勢信仰はいやが上にも高まって来たのであった。ただし社家などが初穂をそなえた檀那場に対して土産を配る風は独り伊勢だけではなかった。大和山上岳を中心とする山上講（行者講）の社家はその檀那場に桶を土産としたといわれ、近江多賀神社は、年八卦《としはっけ》を配っている。その他かかる風は多かったと思われ、あるいは中世信仰の形はこうしたものではなかったかと思っている。

かく反省して来る時、吾人は必ずしも武家政治のために目かくしされていたのではなかった。その壓迫に対してむしろ、全国民的反発となって来ているように思うのである。

しかし民衆一般がいかにこれを受け入れ、いかに伊勢を尊崇して来たかを見て行かぬとその根強さは真には分らない。

3 伊勢講

民間における伊勢信仰は、伊勢講とか、太々講とかいわれる信仰団体があって、きわめて組織的であった。由来、講とよばれる信仰組織は日本において独自なる発達を見たものらしい。古く平安時代の文学あるいは記録に、寺々で講の行われた事が見えており、仏教の民衆化に伴うて発達したもののようであるが、かかる組織が発達するにはどうしても、それ以前にそれに似た形式の信仰団体のあったことが想像せられる。即ち氏神を祭る方法がこれに結びつき講として発達したのではないかと思う。是については其の一々をここに考証する余裕がないので、他日にゆずることにするが、要するに民衆一般がその村々において相結んで一つの団体を作り、これが祭祀の頭屋をきめて祭日には一同がその頭屋に集って祭を行ない、飲食を共にするのが講の普通の形式であった。（氏神祭祀もかかる形式をとる）しかして伊勢講はその上に代参者を伊勢に差向けたもので、代参講ともいわれたのである。これが古い記録に見えはじめるのは南北朝の頃からで、『鈴鹿家記』の延元元年（一三三六）二月十二日の条に「備中・山城・大藏口をそろへて三月は伊勢構の當人にて御座候、伊勢構とかねて可仕由申候」とある。構は講の当字であろう。講に当屋（頭屋）のあったこともこれで分るし、それが順番にまわって行くらしかった事も、この文にうかがわれる。かかる講は前述の如く延元頃にその記録を見ることが出来るが、その発達が民間にあっただけに、これが記録せられる機会はきわめて乏しく、恐らくこの講の発生は更にその以前に遡り得るものであると考える。しかして、これが代参講として発達した事は、『犬筑波集』の中に、

結解をやする伊勢講の銭
道者船さながら算を沖津船

とあるを見ても察せられるのである。そうして伊勢道者の群が既に相当の数にのぼっていた事は道者船の出たことによって肯定されると思う。これは大永享禄頃（一五二一〜三二）のことと察せられる。かかる講が僧侶の参加によって発達したらしい様子も『室町殿日記』に「上京今出川に大宗坊という客僧、伊勢講中の懸銭方々より借用し何れも返弁せざりしかば、検断所へ訴訟申によりて裏書を出されけり」とあるによってうかがわれる。したがってこの信仰団体を仏教風に講と言った訳も分る。しかもまたそれが漸次僧あるいはよそ者の手をはなれ、自治化して来たことも事実で、後年の伊勢講はほとんどよそ者の介入を許していない。さて伊勢講はただ単独に発達したものではない。前期『鈴鹿家記』によれば、蔵王講、稲荷講夕飯衆、愛宕講、春日講の名も見えている。かくの如く、民衆の自治組織による祭祀団の発達があって、信仰は漸次民衆化して行き、同時に村落の自治組織はこれによって複雑化していったのである。ここに信仰の根強い浸透化が見られる。即ち民衆は信仰を生活したのである。徳川時代におけ

る御蔭参りが単なる浮ついた気持からのものでないことは、これだけの事実からでも肯定出来るので、世に偶然なる流行というものは有りようがないのである。

しからばこの講がいかなる分布を見せているかを検討する要がある。最近地方における熱心なる民俗学徒の調査報告書および中央学徒の地方調査によって、漸次全国各地の講制度等の自治組織が明らかにされつつあるが、これによれば伊勢講は実に全国的のものであった。即ち北は青森から南は鹿児島まで、ほとんど一様に存したのである。世に講の種類はきわめて多いがかくの如く広い分布を見ているのは独り伊勢講のみであろうか。他は多く局地的職業的であるのを普通とする。例へば関東から中部へかけての庚申講、中部に多い秋葉講、近畿の山上講、中国の出雲講、四国の石槌講などはそれで、その他においても船乗の金比羅講、杣人狩人の山神講、商人の恵比須講、大工石工の太子講等職業によって組織されているものも多い。その一々の細説に余裕がないので之を省略するが、これらの講が「何等かのために」行われるのを普通とするにかかわらず、伊勢講にはこれぞという信仰の特殊目的はなかったようである。例えば、秋葉講は火の神として、庚申講は富裕のために、金比羅講は航海安全のためにというように、一つの信仰の目的があるのを普通としているのであるが、伊勢講のみはそういう形跡が少ないのである。ただ一生に一度は伊勢へ参らねばならぬものとしているのである。

熊本県菊池郡陣内村の如きは伊勢参宮をした者は、村集会その他、人の集まる場所で身分の上下を問わず上座に坐る権利があったという。(「旅と伝説」九巻十号)

今全国における講の様子を一通り見て行く事にする。

1　宮崎県馬関田　この村は大隅との境に近い地であるが、この地の菅原神社に鎮座するお伊勢様を郷内の個人の家に一年間お祭りし、四月頃に四八番の神楽を奉納した。この日たべる米とお酒を作る米が合せて八石要ったので八石祭と言ったという。頭屋はクジビキできめ、村内に部落がいくつもあるので、部落単位のまわり持ちであり、更にその当番にあたった部落で頭屋を選んだのである。頭屋に当った家へは近所から皆手伝いに行き、四五軒で組んで米一俵位を贈り、親戚の者は一軒で一俵と重樽を贈ったという。そうして村中が飲食したのである。別にまた霜月にも講があって、春郷中の者が松切をして枯らしておいたのを伊勢講の夜焚いたものであるという。（楢木範行『日向馬関田の伝承』）

2　宮崎県西諸県郡高原村　此の地の霧島東神社にも氏子仲間に伊勢講があり、十一月十六日夕刻から翌朝まで里神楽を行うたという。（両角井正慶『神楽の研究』）

3　鹿児島県にも広く伊勢講があったが、私の手許には今その精しい資料がない。

4　熊本県天草島一丁田　この地では大神宮の崇拝が盛んで伊勢講を設け、正月、五月、九月に講を行ない、また講中は伊勢参宮をやった。筑後善道寺で旅行に必要な支度を調え、上り三五日、下り二〇日の日を重ねてこの旅をしたという。また六月十八日の観音祭の晩にぬけ参りすることもはやったという。どんな方法でぬけ参りしたものであるか不明だが、ぬけ参りが日本の南端にもあったことはうかが

われる。(「民俗学」第二巻 四四二頁)

5 長崎県五島 この島々にも伊勢講はあって、伊勢参宮を行ない、次に行歌〔抜けあり?〕をうたって郷内をねり歩く風があったという。(橋浦泰雄『五島民俗図誌』)

6 佐賀市附近 佐賀市付近では参宮者を送ると、伊勢講のために設けてある田から出来た糯で餅をつき、参宮者を迎えてその酒宴をした。また氏神社に仮宮をたてて参宮者の平安を祈ったという。(「旅と伝説」九巻十号)

7 香川県五郷村 五郷村にも伊勢参宮のための講があり、酒宴の時二五銭を持寄り、五銭は酒代に、二〇銭はその旅費として積みたてているという。(柳田國男編『山村生活の研究』)

8 愛媛県御槙村 御槙村の伊勢講は代参があるかどうか不明であるが、正月十五日に宇和島市の和霊様へ行って伊勢の御札をうけて来、これを祀る風があるが、その時講中は村境まで出迎に行く。これをサカムカエと言っている。その夜当番の家でお講をなした。このお講は儀式がきわめて厳重であったという。翌日はイタナガシとて近隣の人を招いて酒宴をした。(『山村生活の研究』)

9 高知県高岡郡にも参宮講のあった事が「山村生活の研究」に見えている。

10 山口県阿武郡見島 この地では男は一生に一度はきっと伊勢参り、高野参り、熊本の清正公様参りはすべきものとし、対岸の萩の町に渡って、そこから徒歩で四五日をかけた。出発の日には隣近所から挨拶に来て餞別を渡した。またその帰って来る日には村人はヒラキの山のテッペンの不動様に行って、帆船の入るのを待った。村の人からお土産をもらったうつしに、詣った所の名物をお土産に買って来るという。（瀬川清子『見島聞書』）

11　山口県大島郡　大島郡は私の故郷であるが、この地方にも伊勢講があり、伊勢参りが盛んであった。大島郡のうち平郡島では、男は一生に一度は伊勢に参らねばならぬとし、嫁をもらう前に、一〇人二〇人と組を組んで村を出かけて行った。そうして戻って来たものはその同行者で講を組んだ。講仲間の者はその後毎月講を続け、親類同様に交ったという。したがって村内にはいくつもの伊勢講があり親と子が別の講に属する事が多かった。

12　広島県海岸地方にも伊勢講があった。（進藤松司『安藝三津漁民手記』※）

13　大阪府泉南郡東信達村　伊勢に最も近い近畿一帯はこの講もまた最も盛んで、各村各字にその組織があり、講維持のために多くは講田があり、伊勢田、伊勢講田の名はいたるところに残っている。また、この講では毎夜御燈を大神宮に奉る風があり、村端の伊勢に面したところには必ず、大神宮常夜燈が設けられているのを見る。（山口康雄氏調査談）

和泉のこの地などは講の最も盛んな所で、葛畑という字は和泉山脈中の二七戸ほどの小部落だが、この部落では一月二十五日をカネハジメと言って寺へ行って百万遍の大珠数をくり鉦を叩いたが、十二月八日のカネオサメからこの日まで、村では鉦は叩かなかった。その席で伊勢へ参る者を二人宛きめた。このほかに別に六年目に一回一戸から一人宛まいる講がある。これは村を四つに分け、六、七軒が一つになっている講で、各組とも会計は別であったが、参宮から帰って来ると講屋（講の頭屋）で飲食し、その日は村全体が煙をあげぬという位、講屋で村中が飲食したものである。

14　大阪府南河内郡高向村　この地では正月・三月・十月の十一日に講を行ない、当番をきめて伊勢参宮をした。頭屋になった家は大神宮の御厨子を祀り、講の当日は講仲間をまねき、お祭をして神前に供へた神酒をいただいた。これは上座からお酌をしてまわり、まことに儀式的なもので、その場での挨拶の言葉など決っていた。そうしてそれがすむと、頭屋渡しが行われ、次の頭屋が厨子をうけて帰って行くのである。しかして伊勢講は部落の中が更に垣内と言って小区域に分れているが、その垣内の一つずつにあったものである。（拙著『河内国滝畑左近熊太翁旧事談』）

15　大阪府南河内郡丹比村　この地の伊勢講には講田等の財産が相当にあり、その利得によって毎月十六日に講を行うた。しかし後、諸費節約で三月十六日一回だけ集まる事に変更された。講の前日講仲間の者は、玄米を持って頭屋へ行った。その量は家々で違っていた。頭屋ではこれを搗き、鮓をこしらえまた餅をついた。その酒宴には当主と子供が各一人宛つらなった。そうして参宮の協議をした。参宮は三年に一度で若者が参った。留守中にはおばあさん達がシンコと言って、餅で色々のものをつくり、留守見舞をした。参る時、村人は村境まで送り、身内の者は大和との国境まで送ったものである。（杉浦瓢氏調査談）

16　大阪府豊能郡田尻村　この地では、もう伊勢講も余程崩れ、毎年一月十一日まわり番で講をつ

とめ御馳走をするが参宮の計画はなく、ただ数年に一回位有志の代参が行われるのである。（「旅と伝説」六巻四号）

17　京都の町にも伊勢講のあった記録はあり、人びとが参宮者を逢阪山に坂迎えした事がうかがわれるが、今日も講形式が残っているかどうか。

18　滋賀県高島郡朽木村　朽木村では一月十三日に講があり、前日、当番の家では二三の副食物を整えておく。仲間の者は早朝自分の食えるだけの飯を持って集まる。一同揃うと皇大神宮と書いた軸をかけ洗米神酒を供え、心経を三回繰返して唱える。それがすむと、持参の飯と当番の副食物で朝食を食べ、今年の代参者をきめる。代参者はクジビキである。但しすでに代参したものは除く。小さくきった四角な紙を人の数だけ作り、その中二枚だけまん中に孔をあけ、これらをまるめて、お盆にもられた一升の白米の上におく。之を八、九寸の長さで大人の指位の太さの棒の先に紙製のふさをつけたもので釣りあげる。年長者からこの方法で次々と廻し、孔のあいた紙をとった者が代参者となる。この時茶の子代として、煮豆・栗・柿など盛ったものが出、また一升のお神酒が出る。（「近畿民俗」一巻六号）

この講の面白いのは朝集まることで、恐らく朝日を拝するお日待と称する講と結合したものであろう。太陽を天照大神として崇拝する風は民間各地にあり、これが太陽を崇拝するお日待講と結合する因となったものであろう。

19　奈良県宇陀郡地方　宇陀地方のお日待はそのよい例である。土地の人たちは「オヒマッツァン」

と言っている。毎月行う他、一、三、七、九月に行う地等期日は一定していないが形式はほぼ同様である。当番の家は二三日前に「何日の晩にオヒマッツァンたかしてもらいます」と言って白米二三合、御酒料として一二銭を集めにまわる。講は十軒位で組んでいる。当日日暮から当番の家に集まり、夕飯酒肴をたべ、朝早く氏神に参拝する者もあり、朝日を拝む者もあり、また伊勢神宮を遙拝する者もある。(「民俗学」三巻 七一四頁)

20　和歌山県岩出町　岩出町の日待も、月の一日、十六日に行ない、天照大神を祀っている。村の年長者が音頭を取り「南無天照皇大神」を七回、「南無八幡大菩薩」を三回、「南無大日本大小神祇」を七回唱え、最後に「なうまくさんまんだばざらだくだまからしやだくわたようんたらたかんまん」と唱えるという。講の様子がはっきりしないけれども、伊勢信仰と複合している事は明らかである。(「民俗学」一巻 三四七頁)

お日待と言わない伊勢講も、大和平野地方、紀ノ川筋に多かった。吉野山中の天川村の伊勢講の如きは代参者をクジで選ぶこと滋賀県朽木の如く、講の次第河内高向村の如き古風なるものであった。(梅元左重郎氏談)

21　三重県森村　この村では旧十一月十六日と正月十六日の年二回頭屋へ集まって講を行ない、共に食事する。しかして正月七日にクジで二人の代参者を選び、参宮せしめ、十六日に帰って来る。村ではサカムカへをなし、お札をいただくのである。(『山村生活の研究』)

22　長野県下伊那郡山原　部落全体で伊勢講を組織し、講日には頭屋に一同集まって、酒や吸物を出したりして酒宴があった。代参はあったが、毎年は費用の関係で行けぬので、四年に一回宛行った。（竹内利美『南伊那農村誌』）

23　関東から東北にかけて　江戸の町にも伊勢太々講があったことは『嬉遊笑覧』などにも明かであるが、千葉にも足利附近にもまた那須地方にも伊勢講はあった（清水文弥『郷土史話』）。東北地方は熊野信仰のきわめて盛んなところで、今も毎年の三山参拝者の数は四、五百人はあるといわれているが、熊野信仰に伴って民間に広がった伊勢信仰もきわめて盛んで、その代参講は各地にあったようである。但し、今その多くの資料を持ちあわさないが、山形県小国村では年一回二円七〇銭掛の講があり、講仲間二〇人あり、五四円の金を得、当選者が代参を行うているが、更に五〇銭ずつ仲間の者は餞別を出している。宮城県筆甫村にも代参講があり、病気その他の無難を祈るために行うていると言っている。（『山村生活の研究』）

青森県田子町あたりでは伊勢講と言わず、「伊勢とう」と言っているが、内容はやはり講組織で、この北の端からも、春が来れば遙々と代参者を差したてているのである。（筆者見聞）

24　伊勢のお札　講の組織は不明だが、大麻御祓を祀る風は各地にある。これらは個々の家の神棚にまつられたもので家の守とせられたのである。

以上あげた諸例は全くほんの僅かな資料にすぎず、これを全国的に仔細に見れば、実に夥しい講の数を見るであろうと思う。しかもこれらの講の報告がきわめて断片的であるのは、既にほとんど廃絶しているからである。そうして多くは老人の記憶をよびさまして筆録したものであるかである。かかる講の衰亡は明治も半ば以後の事に属する。交通の利便と信仰の観念の変改が、急激にこれを亡したのであるが、一つには交通費や宿泊費が無暗にかさんで、その積立では参拝のむずかしくなったことも原因している。そうして信仰の方法が著しく変わったのである。それはさておいても伊勢信仰がいかに根強いものであったかは、かかる組織を見れば分る。しかもかくの如く全国に分布するには短日月で出来る相談ではない。これが記録にあらわれる延元年間よりも遙か以前に遡ると考えるのである。そうして、それが組織化されたために、単なる通り一遍の信仰に終らず、この信仰によって村人は結ばれ、育てられ、成長したのである。

けだし村における講は伊勢講の一つに限らず、実に多種であったが、その組織は大同小異で、人びとはこれによって信仰の教育をされたのである。伊勢講の発達も、かかる講との比較研究に待たねばならぬが、かくの如くにして生い立った人達の間に御蔭参りの流行を見たのはまた当然であって、決して附和雷同の性格によるものではなかった。かくて政治の形式はいかように変化しようとも、その信仰の形式に時代的な色彩がついて来ようとも、伊勢信仰は武家政権の拡張に正比例するの現象をとったのである。幕府はこれに対して山田奉行をおき、宇治年寄、山田三方という、自治制にまで圧迫を加え、遂にはこれに侵入するに到りつつ、遂にそれ以上を一歩も出るを得なかったのは、要するに国民的伝統の然らしむるものであると思う。しかしてまたかかる全国的流布を見たのは、これが中央からの指令や統制によらざる発達であると考える。指令や統制にはこれを行う側からいえば無理が多いのである。したがってこれを自己の生活に即せしめることは相当困難である。伊勢講が伊勢講として認められる点は天照大神をお祀りすること、頭屋の存すること、伊勢へ代参者を出すことの三点で、その他の点は前掲の諸例について見れば分る如く、それぞれいろいろの差があった。即ち自分たちの生活に最も適したような方法で、講を組織し、かつ信仰したのである。この事がかえってまた全国民を統一せる感情においたともいえる。民族文化の発達というものは実にかかる形式をとるものであり、かつ必ずしも政治の規画し、意図する所に添うものでもない。しかしてこの茫洋たる民族精神の流れこそは、時に旧弊と罵られ、時に時勢に無関心と非難せられつつ、実に古今を一貫せるものを失わなかったのである。しかしてこれこそ最も讃えられてよい民衆の功績であると考えるものである。

しからばかかる信仰団体を組織せしめたる講以前の精神と行事にいかなるものがあったであろうか。即ち講を組織せしめたる力はいかなるものであっただろうか。

4　出立と坂迎え

前述せる如く、講の発達には氏神祭祀などの形式の流入のあった事は認められるが、更にそれ以前があった筈である。それは即ち人間生きて行く上に多人数の結合が何よりも尊しとされた事にもとづくかと思う。たんに多人数が集まることによってその大なる力を認めるというばかりでなく、魂の相寄ることによって、その力が目に見えぬ災厄をも排し得ると考えたことに基くと思う。これが祖先を祀る団体としての結合となり、また講となったもので、伊勢講にも講以外の要素が多分に含まれている。それは参宮者を送り、または迎える習俗にまずこれを認める。村を出る者を送り、また迎えるための儀式は実に古くから存したもので、万葉集に見えた、

君がため醸《か》みし待酒《まちざけ》安《やす》の野に

ひとりや飲まむ友なしにして　（四巻―五五五）

という待酒の如きものも、出立の酒宴ではなかったかと思う。待《まち》は人を待つことではなく、人びとの集うことを指すものであろう。小さな祭を何々マチとよんでいる例はきわめて多い。即ちここでは一同し

て酒を飲もうとしたのが、出発が急でその間もなく、一人で飲まねばならなくなった、という離愁を歌ったのであろう。旅を行くということは、ことのほか苦難の多いもので、村にいる人も出て行く人も、その日はお互に身をつつしんだのである。土地によっては箒を一切使わないとも言っている。日を選ぶことも災厄をまぬがれるためであった。出て行った後で家の者が蔭膳を供える風はいずれの地にもあった。旅先でひもじい思いをさせない親心からであったが、それが単なる迷信であるとするには、古くかつ深い由来を持っていた。

伊勢講の資料5において見られる如く、佐賀市附近では仮宮をさえたて、参宮者の無難を祈っているが、これは決してこの地だけの風ではなく、関東の足利地方にもあった。（中山太郎「旅と伝説」九巻十号）

足利市附近では、やはり男子一生に一度は参宮すべきものとし、伊勢講をもうけて、講員は月々積立をなし、クジ引で五人七人と代参者をきめ、出発に際し産土神に木造萱葺の小祠をたて、参拝者の家では立振舞とよぶ酒宴をなし、産土神、小祠に詣でて出発したという。家の者は毎朝蔭膳を供え、また産土神、小祠に日参したのである。帰村の日は家族一同酒肴をつくって講員と共に村の入口まで出迎えた。

下総地方でも参宮者は家の門前に小祠をたて、神職寺僧に祀ってもらい、家族はこれに祈ったのである。しかして無事帰村すれば、社をこぼち鎮守の社におさめた。これをオシメオロシと言ったという。（中山太郎「旅と伝説」九巻十号）

新潟県の北隅三面村あたりでは、社を建てる風はないようだが、自宅では家の入口にシメを張り、家族の者は毎朝氏神に参った。この時小石を一つずつあげるのである。これは参宮人が足腫せぬためであるといわれている。入口のシメの白紙のくるっと巻上がる日は参宮人が宮めぐりする日にあたるとて赤飯をたいたという。（丹田二郎『三面村布部郷土史』）

長野県東筑摩郡地方でも、子供の伊勢参宮する時は、家では人形をつくって、毎朝顔を洗う時、その人形に水をかけた。こうすれば旅をしている者の足が疲れないと信じたのである。また日を繰って、伊勢に行く時は人形をむこうへ向けておき、帰途につくと思う頃から、こちらを向かせておいたという。（「民族」二巻一号）こうして家族の者たちは言葉や、食物などをつつしむ物忌の生活をしたのである。これはたんに伊勢講にのみ限ったことではなかったが、特に伊勢講にかかる行事の多く附随したのは、その信仰が全国にわたっており、したがって遠い旅の日を重ねなければならない者の多かったことによるためであろう。これが比較的伊勢に近い地方においては、旅行団の組織となってあらわれている。

三河挙母町地方では、伊勢に参らぬ者は盗人だといわれ、一生に一度は参るものとされた。春になると十二、三才から十五、六才までの男女幾人かが組になり、後見とも言うべき人を一人か二人見たててまず頼んだ。この相談は親にさえも知らさなかった。子供だから金を持たず、それを一切立替えるのが後見の役であった。その役をはたすために現金のない時は米などを売って路銀を才覚した。人に知られず路銀を才覚するのが後見の名誉であった。参宮仲間は夕方にそっと抜け出て熱田に至り、そこから船に乗ったのである。普段着のままであった。家ではぬけ参りと知ると神棚に燈明をあげ、神酒を供え、氏神にも神酒をそなえて参宮の無事を祈ったのである。いよいよ帰るという日、子供達の親一、二名が代表で熱田へ迎えに行って後見に礼をいい、子供を連れてかえるのである。村人はこの時、潮目鏡の丘というところまで出迎えたという。（「民族」一巻六号）

長野県東筑摩郡山形村地方では、ぬけ参りは女に限られ、これが団体を組織しているのである。汽車開通の前までは、参宮の費用は三年の中には自然に戻って来るものだと言って、参る者が多かった。木曾福島に関所があって女の通行を禁じていたので、伊那谷を下って三河の方へ出たからぬけ参りというのだとのことだが、必ずしもそうした理由から起った語ではあるまい。ぬけ参りと言ってもこれを親兄弟には話したのである。正月から二月までの忙しくない時に、十四才から二十才までの娘たちが一緒に行うた。親の許しのないものは、今井村の十左衛門という人を頼んで承知させるようにしてもらった。また路銀の足らぬものは、十左衛門に借りたのである。路銀のあるものはこれを十左衛門に托した。十左衛門は後見人を定めた。これを宰領と言った。こうして旅へ出て行ったのである。（「民族」二巻一号）

河内玉川村あたりでも、これに似た制度があった。この地の伊勢参宮は三月二十五、六日頃に出発して四月十二日に帰るのであるが、その頃になると深江村から三度笠を売りに来た。二十才になった男はこれを買い、この笠の紐は、男をおもうている娘たちから贈られた。その年参る家の親たちは、ゴーリキを土地の長者に依頼した。長者の方でなる者が多いと札入でこれを定めた。これが案内役で宿の支配や金の差配をし、若者を引連れて行くのである。（「近畿民俗」一巻三号）

群から離れた個は極めて力弱いものである。それが更に、目に見えぬものの災害に対しても個々は一段と弱いものであると、古い人たちは考えていたのである。されば家郷の者は群から離れて行く者に対して、日々神に祈り、その不慮の災厄を払わんとしたのである。しからずんば群をなして歩いたのである。これらの旅において、「旅は道連れ」の意味はたんに旅が面白く出来るという以外に、神明の加護が信ぜられたのである。この事情は広く各地にのこる共同祈願の方法を見て行けば肯定出来るところである。神を拝するにも一人では力がないと考えていたのである。大勢の祈願の力を以て災厄は払えると信じたのである。今次の事変における千人針などもこの観念の一つの現れである。

しからば我々が何によって一つに結ばれるかといえば、共同飲食をするということにおいてであった。「一つ釜の飯を食う」という言葉が今もなお不思議なほど親しみの情を催さしめるのも、かかる古い習俗によって来るが故であると思う。したがって出立に対して、坂迎えも重要な意味があった。即ち坂迎えの酒宴の起った所以は「信心の旅では慎しみが多く、飲食は孤立していたから身の力が衰えている。それを改めて多数の連帯によって恢復しようとする」にあったと柳田國男先生は言っておられる。即ち再び我々の群の中へ迎え入れて強力なる組織の一つにする事だったのである。西日本ではこれをドーブルイとも言い、東日本ではハバキヌギなどの語があるが、一般には坂迎えの語が通用され、これは古く今昔物語にも見えている。

河内高向村あたりでは伊勢参りの下向の日には、御馳走を作って出迎に行き、その出会ったところで食事を共にそれから村へ帰って氏神に参拝したという。大和天川村でも、やはり村境まで迎に行き、そこで食事を共にして家に帰っている。近畿一円には広くかかる風習があった。

三河挙母町でもぬけ参りの子供が帰って来るとまず神社で神酒のふるまいがあり、それから個々の家へ帰ったのである。長野県東筑摩郡山形村でも、女たちが伊勢から帰って来ると、まず今井村の十左衛門の家に着く。それが家にきこえると、父兄は馬をかざって花嫁を迎えるように迎えに行ったのである。そうしてオボブキに着がえさせられ、馬には炬燵ヤグラをのせ、その上に二人か三人づつ娘が乗り、父兄にひかれて氏神にまいり、氏神で礼拝して家に帰って酒宴をなした。（娘が中心だから酒も甘酒であった）下総地方では帰国の日には足洗酒とて、かねてかもしておいた濁酒を洗足の湯に加えてこれで洗い、その後で知己相集うて酒宴を催した。

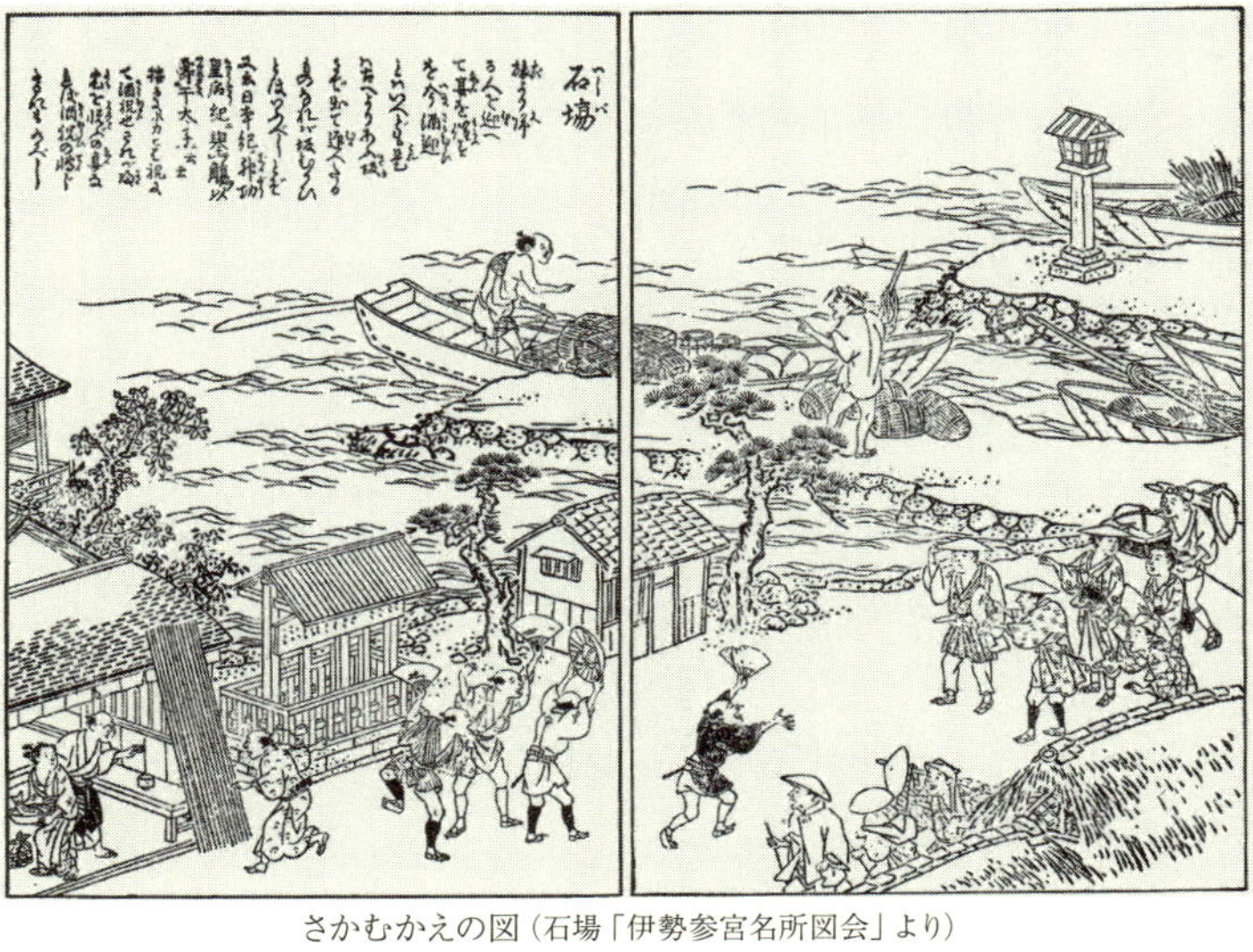

さかむかえの図（石場「伊勢参宮名所図会」より）

新潟県三面村でも、参宮人が帰って来ると七港というところまで馬をひいて迎えに行った。家へつくと屋根のグシ（棟）へ上って伊勢の方に向って三遍笠を振った。そうしてハンバキノギという大振舞をしたという。

かくて旅人を迎えての酒宴が次第にもとの心を忘れて華美になった地方も多かった。河内玉川村などはそのよい例である。この村では、伊勢参りの者が出て行くと若連中は坂迎えの準備をはじめた。まず長さ一丈五尺もある大幟をつくる。これは毎年ではなく五年目毎で、その年参った家の者が費用を負担する。村の娘が全部寺の本堂に集って縫い、これに大神宮と書く。この方法は麦を字の形にならべ、その輪廓を後で墨で彩るのだという。戻る前日大阪八軒家まで家の者たちは迎えに行き、若連中は大幟を先頭にして各自仮装して、隣村まで迎えに行き踊った。次に氏神に帰ってまた踊った。参った人たちは参宮での使い残りの銭を、拝殿から人びとに撒いた。家では酒盛をなし、若連中はその家々をまわって踊り、酒をのみ、心づけをもらった。

こうして華美になって来ると、その多くは廃止せられるのであった。だがかかる行事がいかになつかしく、人びとの心を結び付けた事であろう。かくの如き坂迎えは他の神詣にも多かった。かくて神を信仰する事も、旅行する事も決して個人的な意志からではなく、すべて協同があり、多人数の参加があった。しかしてこれが村人を損益を越えて固く結合せしめたのである。また全国的にも結合せしめたのである。その形式や方法に多少の地方差はあったとしても如上の例が示す如く、庶民大衆はほぼ同様な観念に生きて来ていたのである。明治以後の政治あるいは教育はかかる信仰組織や観念を痛烈に排撃した。性急に政治の功果をあげるためにはそういう方法も必要であったろうが、我々としては、その前にかかる制度を十分に調査してからのことにしてほしかった。そうでないと、過去の国民全般がどんな事を考えていたかさえもう不明になろうとしているのである。そうして我々の祖先は、支配者たちの政治動向のままに生きていたように考える者がもう余程多いのである。しかし国民全般はそれ程不明ではなかったのである。我々の祖先は大和民族としての賢明をその観念の上に持していたのである。今日既に講の多くは亡び、町村の組織は近代的な整備を持ち、法規に認められたもののみが村を支配しているように見えるが、なおその残存は多く認められる。今日、出征兵士の送迎の如きは未だ古い形をそのままうけついでいる。そうしてこれを迎えるのを坂迎えと言っている地も多い。鹿児島県大川内村などでは小学生の修学旅行に坂迎えを行うている。村の婦人会の者が餅、鮓など持って出迎えに行くのである。その夜家々では御馳走があり、親類からはぼた餅を持って行くという（『山村生活の研究』）。こういう事を行うてもらう子供達と、然らざる者との上には、人間的な一つの差が生じて来はしないであろうか。饗膳、あるいは千軒の家から米をもらって焚き、これを食べさせて出征せしめる風などいずれも共同飲食の名残や変形にほかならぬ。こうして個々の家に保存せられつつ長く後世に伝わる事であろう。昨年秋の事、飛騨の山中である農家の井戸ばたに一椀の水の汲み置いてあるのを見て、聞きただすと「戦争している兵隊さん達の喉がかわかぬようにと思って毎朝あげています」との話で、強く心をうたれた事がある。

永く目に見えぬものの力を信じて来た我々には、それが学校教育では所謂道理にあわぬものであっても、最も切実なる思いに立至った時、むしろ忘れしめようとし、自らも忘れんとしたものが知性を越えて生きて来るのである。国民の精神文化とはこういうものであろうと思う。今次事変がいかに多くの過去を甦らせたかを思ってもうなずける。されば我々はこれらのものに正しい解釈をあたえるために、なお多くの過去を探らねばならぬ。しかるに庶民が文字を覚えたのはここ五、六十年のことで、それ以前、民間における記録は特殊のものを除いては極めて稀少である。これを民間の古老の伝承に求めて、全国的に比較すれば、相当に明らかにされて来るかと思う。古老と言っても、明治二十年以前を知る者でなければならぬ。即ち西欧文化流入以前の文化停滞時代を生きたものでなければならぬ。そういう人は、すでに甚だ乏しくなりつつある。今かかる人を求めて多くを記録せずんば、我等は徒らに多くの不明を将来に残し、空想を加えずんば国民過去の歴史は語れないような日を迎えるのではないかと思う。しかしてその日こそ悔いて再び帰らざる慨《なげ》きを持つであろう。我々はみすみすこの愚さを持ちたくない。書かれざる過去の歴史はなお庶民の生活の上に、心の中に多く生きている。ここにこの一文を未熟なるままに書きつけて見たのもこの事実を見んとしたにほかならぬ。

伊勢信仰についてはなお書き得なかった多くがある。即ち信仰が日常の生活の上にいかに生きていたかというようなことがそれである。例えば伊勢の御田植とて、民間では田植をしない日があったり、あるいは伊勢に向って苗を捧げたりする風、東日本における樹が伊勢参宮した伝説、伊勢音頭その他の歌謡の流布、伊勢神楽のことなどきわめて多い。また参宮旅行の道筋なども問題になる。参拝者は多くは京都へ廻り禁裡を拝んでいる。大阪平野あたりでさえ、真直に行って真直に帰ったのではない。必ず京都をまわったのである。これらの一々についてはすでに相当明かにされたものもある。が今後の調査に待たねばならぬものもまた多い。

（昭和十四年六月二十二日）

〔註（本文中の※）〕

275頁　この書物には伊勢講、伊勢参りの話がくわしく出ている。本文を書いてしまって気がついたので、ここに簡単に報告すると「六月一日に行ない、夜海岸で伊勢さんを拝み、泳ぐ。伊勢参宮は金主に金の世話をたのみ、夜ぬけをして参宮した。大抵四五人が組をつくった。参宮は二月に行はれた。」

解説

佐藤健一郎

宮本先生を中心にした日本観光文化研究所では「日本人とはどういうものであるか、日本文化とはどういうものであるか」ということが常に意識されていた。私たちメンバーは、現代社会の表面に見える事象や具体的な事物、あるいは、過去から伝えられてきた習俗や物品等の調査・研究を通じて、日本の文化、あるいは、それを生み出し作り上げていった日本人というものの本質に迫ってゆこうとしていた。そのテーマの一つに《旅》があった。この『旅の民俗と歴史』というシリーズは、そこから生まれてきた成果である。

この『伊勢参宮』という書物が企画されたのは、もちろん、伊勢神宮に参詣するための《旅》があったからには違いないのであるが、その他の旅と異なる性格がそこにはあり、それを明らかにすることによって、日本文化解明への手がかりが求められると考えたからである。

我々日本人は寺社参詣が好きである。現在でも〈三十三観音〉や〈八十八ヶ所〉を巡礼する人は多いが、そこまでの信仰を持っていない人でも、旅の途中に寺社参詣をはさまない人はいない。日本人の旅は、たとえ単なる観光旅行といおうとも、寺社参詣旅行の色彩を持った旅なのである。

昔から多くの人が寺社に参詣するために旅をしている。しかし、伊勢神宮への参詣をそれらと同じとみることはできない。伊勢神宮は、私幣禁断といわれ、勅宣による以外は王臣といえども幣帛を奉ずることは禁じられていた。ところが、そのような神社であるにもかかわらず、第三章に記したように、承平四年（九三四）の神嘗祭の際には十万人もの人びとが参詣しているのである。十万人というのであるから、王臣貴族どころか一般民衆までもが伊勢神宮に群集していたことは明らかである。平安時代の中頃には、すでに伊勢神宮は皇室だけのものではなくなっていたのである。江戸時代の宝永二年（一七〇五）の〈おかげ参り〉の際には、五十日間に三六二万人もの人が伊勢に集まっている。もちろん、それは伊勢信仰の浸透・普及があったからに違いない。第二章に示したように、伊勢の御師によって組織されていた檀家は驚くべき数にのぼっている。伊勢信仰を考える上で重要なのは、これらの人びとが、政治の力によって伊勢への信仰を強要されたのではなかったということである。日本人は、武士も農民も、信仰の世界では自由だったのである。

伊勢信仰を考えてみようということになったのは、そこに、日本人のすべてにわたる一つの統一した姿を感じることができたからである。日本人の多くは仏教を信じてきたし、また、各地で同じような祭事が行われてもいる。しかし、これほどまで多くの人が、同一の神社を信仰するという例はないのである。

私たちは、日本の民衆社会の、そこに生きる人びとの心を明確にしなければならない、現代社会の根底に何が潜んでいるのかを明らかにしなければならないと考えていた。伊勢信仰を対象としたのは、単に伊勢神宮に対する信仰の諸相を明らかにしようということではなく、それを通じて、日本の民衆の心の問題を追及したかったからである。それによって、日本の文化の根底に近づくことができると考えたからである。

著者

宮本常一（みやもと・つねいち）

1907 年、山口県周防大島生まれ。
大阪府立天王寺師範学校専攻科地理学専攻卒業。
民俗学者。
日本観光文化研究所所長、武蔵野美術大学教授、
日本常民文化研究所理事などを務める。
1981 年没。同年勲三等瑞宝章。

著書：「日本人を考える」「忘れられた日本人」「民具学の提唱」「日本の宿」「山の道」「川の道」「庶民の旅」「和泉の国の青春」「宮本常一とあるいた昭和の日本（あるくみるきく双書）」「旅の手帖〈愛しき島々〉」「聞書 忘れえぬ歳月」「歳時習俗事典」「飢餓からの脱出」「日本の年中行事」など。

宮本常一　伊勢参宮　〈増補改訂版〉

1987年10月31日　初版第１刷発行
2013年 3月25日　増補改訂版第１刷発行

編著者　宮本常一

発行者　八坂立人

印刷・製本　シナノ書籍印刷（株）

発行所　（株）八坂書房

〒101-0064　東京都千代田区猿楽町1-4-11
TEL.03-3293-7975　FAX.03-3293-7977
URL.：http://www.yasakashobo.co.jp

ISBN 978-4-89694-151-7